荣获全国优秀畅销书

北部湾崛起

新政策·新机遇·新发展

秦勇 时永久⊙主编

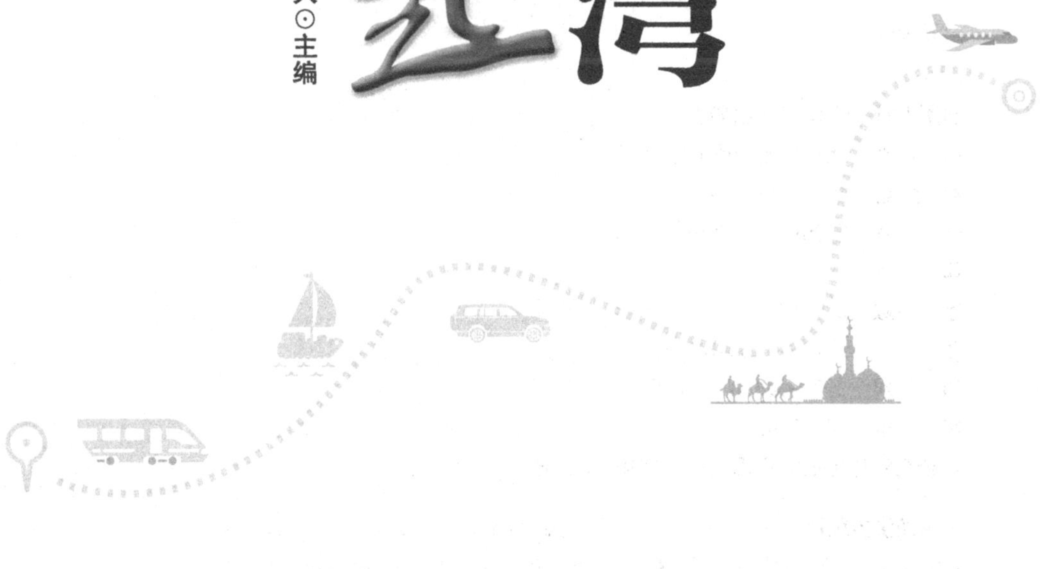

中国经济出版社
CHINA ECONOMIC PUBLISHING HOUSE
北 京

图书在版编目（CIP）数据

北部湾崛起 / 秦勇，时永久主编．—3 版．—北京：
中国经济出版社，2015.7
ISBN 978−7−5136−3815−9

Ⅰ.①北…　Ⅱ.①秦…②时…　Ⅲ.①北部湾—经济区—经济发展—研究　Ⅳ.①F127.67

中国版本图书馆 CIP 数据核字（2015）第 103059 号

责任编辑　杨　莹
责任审读　贺　静
责任印制　巢新强
封面设计　任燕飞

出版发行　中国经济出版社
印 刷 者　北京建宏印刷有限公司
经 销 者　各地新华书店
开　　本　710mm×1000mm　1/16
印　　张　19.5
字　　数　240 千字
版　　次　2015 年 7 月第 3 版
印　　次　2025 年 3 月第 10 次
定　　价　48.00 元
广告经营许可证　京西工商广字第 8179 号

中国经济出版社 **网址** www.economyph.com **社址** 北京市西城区百万庄北街 3 号 **邮编** 100037
本版图书如存在印装质量问题，请与本社发行中心联系调换（联系电话：010−68330607）

编委会

随着国家推进“一带一路”建设，广西在国家对外开放大格局中的地位更加凸显。要加快形成面向国内国际的开放合作新格局，把转方式、调结构摆到更加重要位置，做好对外开放这篇大文章。“一带一路”战略规划对广西的定位，是发挥广西与东盟国家陆海相连的独特优势，加快北部湾经济区和珠江—西江经济带开放开发，构建面向东盟的国际大通道，打造西南中南地区开放发展新的战略支点，形成21世纪海上丝绸之路和丝绸之路经济带有机衔接的重要门户。如果能够形成这样的一个格局，广西发展这盘棋就走活了。为此，广西要实施更加积极主动的开放战略，构建更有活力的开放型经济体系，扩大和深化同东盟的开放合作，构筑沿海沿江沿边全方位对外开放平台，在开放中加强交流合作，在竞争中争取先机和主动。

——习近平总书记2015年3月8日与广西代表团座谈时的讲话

把“一带一路”建设与区域开发开放结合起来，加强新亚欧大陆桥、陆海口岸支点建设。推进京津冀协同发展，在交通一体化、生态环保、产业升级转移等方面率先取得实质性突破。推进长江经济带建设，有序开工黄金水道治理、沿江码头口岸等重大项目，构筑综合立体大通道，建设产业转移示范区，引导产业由东向西梯度转移。加速资源枯竭型城市转型升级。加强中西部重点开发区建设，深化泛珠三角等区域合作。

——第十二届全国人民代表大会第三次会议《政府工作报告》

序　言

本书系统地论述了我国如何走经济和平崛起道路，重点阐述在世纪之初国内社会环境深刻的变化，启动西部大开发战略，不断深入寻求西部地区发展的新思路与新方法，走出传统的发展模式，抓住西部大开发战略带来的战略机遇，促进西部地区以及全国经济的不断发展。在启动西部开发的进程后，我国面临新的经济发展机遇与危机，2001 年我国顺利加入世界贸易组织，在危机和机遇面前，科学地提出因地制宜的经济发展方向和相对应的方法，转变我国经济发展方式，走中国特色新型工业化道路。

改革开放以来，广西不断加强对外开放的力度，在进一步对外开放的历程中不断创新、突破，充分利用两种资源（国内、国外资源）、打开两个市场（国际、国内市场）、学习两套本领（国内建设和对外经济交流本领），为广西现代化经济的发展探索出一条新途径。在广西发展经济的过程中，广西北部湾经济特区的成立起到举足轻重的作用，因此被纳入了国家发展战略。深刻认识北部湾经济特区的发展战略，认真把握北部湾经济特区发展所面临的机遇与挑战，充分发挥金融在现代化经济中的重要地位，全面落实国家战略部署，促进北部湾经济特区的经济大发展。随着中国—东盟“10＋1”合作机制的实施，“两廊一圈”和“一轴两翼”的合作，北部湾经济合作已经向更深更高的层次逐步推进。

北部湾经济特区采用特殊的经济发展模式——虚拟经济与实体经济相结合。这一模式直接推动了北部湾消费发展战略，拉动了北部湾经济特区内经济增长，实现了北部湾经济特区虚拟经济与实体经济的和谐发展。

本书以通俗易懂的文字图案讲解政策制度的变化、对外开放的历程、经济特区的建设，给热心参与北部湾经济特区经济建设的有识之士，提供一个认识北部湾，了解北部湾，成长在北部湾，收获在北部湾的机会，从而为祖国经济建设贡献力量。

随着泛北部湾经济圈经济合作的深化、东盟自贸区的启动，国家有关优惠政策的落实，广西北部湾经济特区的建设与发展定会日新月异。投身于特区开发的建设者的自身事业也将会伴随特区的成长壮大而成效显著。

再版序言

2012年对于中国是非凡之年，11月15日，中国共产党第十八届中央委员会第一次全体会议选举产生了新一届中央领导机构。

在新一届中央领导人记者见面会上，中共中央总书记习近平同志说道：我们的民族是伟大的民族。在五千多年的文明发展历程中，中华民族为人类的文明进步作出了不可磨灭的贡献。我们的责任，就是要团结带领全党全国各族人民，接过历史的接力棒，继续为实现中华民族伟大复兴而努力奋斗，使中华民族更加坚强有力地自立于世界民族之林，为人类作出新的更大的贡献。我们的人民热爱生活，期盼有更好的教育、更稳定的工作、更满意的收入、更可靠的社会保障、更高水平的医疗卫生服务、更舒适的居住条件、更优美的环境，期盼着孩子们能成长得更好、工作得更好、生活得更好。人民对美好生活的向往，就是我们的奋斗目标。

习近平总书记的讲话朴实而富真情，真正把党和人民的利益捆绑在一起，决心让全国各族人民过上更好更幸福的生活。

2012年12月15日至16日，中央经济工作会议在北京举行。会议强调经济工作的首要任务是“促进经济持续健康发展”，以提高经济增长质量和效益为中心，突出“稳中求进”的总基调。全面深化经济体制改革，坚定不移扩大开放。深入研究全面深化体制改革的顶层设计和总体规划，明确提出改革总体方案、路线图、时间表。

改革开放以来，广西一直以党的民族理论为指导，贯彻落实党的民族政策，在各级党委和政府的正确领导下，经过广西人民的团结拼搏，艰苦奋斗，广西在经济发展、政治稳定、民族团结、社会进步等方面取得了令人瞩目的骄人成绩。

在经济建设方面，广西不断加强对外开放的力度，在进一步对外开放的过程中，不断创新、突破，充分利用两种资源（国内、国外资源）、打开两个市场（国际、国内市场）、学习两套本领（国内建设和对外经济交流的本领），进一步促进广西经济社会发展，加强广西北部湾经济区建设，加强西江黄金水道建设，努力实现“富民强桂”新跨越。

在广西经济快速发展的过程中，广西北部湾经济区的成立及建设对广西的经济发展起到举足轻重的作用。广西北部湾经济区自成立以来，特别是 2008 年 1 月国家批准实施《广西北部湾经济区发展规划》以来，党中央、国务院和国家部委对经济区给予了精心指导和大力支持，自治区党委、政府提出了“产业优先发展、交通优先发展、广西北部湾经济区优先发展”的战略部署，明确把经济区开放开发作为全区发展的战略重点和龙头，出台了加快经济区开发建设的一系列优惠政策和措施，设立了重大产业发展专项资金，组织动员各级各部门力量加快推进经济区开发建设。几年来，广西北部湾经济区开放开发风生水起，逆势而上，经受住国际金融危机冲击的重大考验，已成为我国发展最快，经济最活跃、最有活力的地区之一。

在新的形势下，广西壮族自治区党委、政府为推动北部湾经济区发展再出大手笔，提出坚持“四个非常”，抓住“八大重点”，推动北部湾经济区取得重点突破，实现跨越发展，开创全新局面，努力将北部湾经济区建设成为“大产业、大港口、大交通、大物流、大城建、大旅游、大招商、大文化”的新格局。

在新的环境下，广西北部湾经济区面临新的机遇与挑战，随着泛北部湾经济合作圈的合作与深入，中国一东盟自由贸易区的建设，北部湾经济区只要在广西壮族自治区党委、政府的正确领导下，一定会开辟出属于自己的一片蓝天。

浩瀚的中国南海，充满着勃勃生机；茫茫的北部湾，扬起了开发风帆。“沿海经济发展新一极”将在充满希望的北部湾崛起。

最后，感谢一直观注本书的热心读者，这本书多次再版印刷得到了很多读者的支持和恳定，这次的修订也是应广大读者需求，根据现今形势进行调整和修改，为广大热心投身北部湾经济开发的建设者们助力护航；再次感谢热心投身于广西北部湾经济区开发的建设者，祝福你们随着经济区的成长而不断成长，从而迈向属于自己的成功。

目 录

第一章 世纪之交中华民族复兴的战略布局 …… 1

第一节 启动西部开发是我国迈向强国富民的基础 …… 4

第二节 我国对外开放新的机遇与危机 …… 17

第三节 金融是现代经济的核心 …… 34

第二章 探索广西对外开放新模式 …… 45

第一节 广西对外开放的起步 …… 47

第二节 进一步对外开放的历程 …… 49

第三节 对外开放的成就及问题 …… 66

第四节 进一步对外开放的启示 …… 72

第五节 非公有制经济建设起步 …… 75

第三章 “一带一路”是愿景也是刚需 …… 81

第一节 习近平谈一带一路:走活广西发展这盘棋 …… 83

第二节 广西在国家实施“一带一路”战略中的重要地位 …… 85

第三节 “一带一路”战略意义下的发展困境 …… 87

第四节 加快“一带一路”战略实施的建议 …… 90

第四章　实施泛北部湾区域经济合作与发展战略 …………………… 93
第一节　对实施泛北部湾区域经济合作与发展战略的认识 …………………………………………………… 96
第二节　泛北部湾经济合作构想具有可行性 ………………… 99
第三节　泛北部湾经济合作推动国家战略部署………………… 106
第四节　泛北部湾经济合作促进广西经济大发展……………… 110
第五节　推进泛北部湾经济合作面临的挑战与机遇…………… 111
第六节　推动泛北部湾经济合作的战略设计………………… 118
第七节　发挥金融功能　服务“泛北合作”………………… 122
第八节　加快泛北部湾区域经济合作与发展的建议…………… 144

第五章　虚拟经济与实体经济结合托起北部湾的腾飞………………… 157
第一节　我国政府批准实施《广西北部湾经济区发展规划》…… 159
第二节　虚拟经济的起源与本质………………………………… 164
第三节　我国虚拟经济的生存状态……………………………… 179
第四节　促进我国虚拟经济与实体经济和谐发展……………… 181
第五节　北部湾经济区迎来发展机遇…………………………… 198

附　录(一)　《推动共建丝绸之路经济带和 21 世纪海上丝绸之路的愿景与行动》 ………………………… 213
附　录(二)　广西北部湾经济区条例(草案)……………………… 227
关于《广西北部湾经济区条例(草案)》的说明………… 257
附　录(三)　广西北部湾经济区发展规划………………………… 263

参考文献……………………………………………………………… 295

Part 1 第一章

世纪之交中华民族复兴的战略布局

第一部

早在20世纪50年代，毛泽东在《论十大关系》的讲话中，就强调要处理好沿海工业和内地工业的关系。

1988年，邓小平同志提出“两个大局”战略思想：沿海地区要加快对外开放，较快地先发展起来，这是一个事关大局的问题。发展到一定的时候，又要求沿海要拿出更多的力量帮助内地发展，这也是个大局。1992年邓小平同志在南方谈话中提出：在本世纪末达到小康水平的时候，就要突出地提出和解决这个问题。

1999年6月，江泽民同志提出，加快中西部地区发展步伐的条件已经具备，时机已经成熟，要“抓住世纪之交历史机遇，加快西部地区开发步伐”。1999年，党的十五届四中全会和中央经济工作会议正式提出实施西部大开发战略。国务院召开西部地区开发会议，研究加快西部地区发展的基本思路和战略任务。会议提出了实施西部大开发战略的初步设想，至此西部大开发战略的实施全面展开。从此一个影响新世纪我国西部发展面貌的重大战略——西部大开发战略，正式出台。

西部大开发的范围主要包括重庆、四川、贵州、云南、西藏、陕西、甘肃、青海、宁夏、新疆、内蒙古、广西12个省、自治区、直辖市等地。整个西部地区国土面积约占全国国土总面积的71%，1999年末人口约占全国的29%，其中少数民族人口占全国少数民族人口的75%左右。

党的十六大以来，党中央多次强调要积极推进西部大开发，促进区域协调发展。国务院印发了《关于进一步推进西部大开发的若干意见》，温家宝总理多次强调，中央实施西部大开发的战略绝不会动摇，国家对西部大开发的支持力度不会减弱，西部地区经济社会发展步伐不会减慢。

党的十七大重申要继续实施区域发展总体战略，深入推进西部大开发。实施西部大开发战略，事关国家经济社会发展的全局，必将增强我国经济发展的动力和抵御风险的能力，也将促进少数民族和民族地区的发展进步，加强民族团结，维护祖国统一，实现各民族的共同繁荣。

图1　中国西部地区示意图

第一节　启动西部开发是我国迈向强国富民的基础

一、新思路、新办法，走出传统发展模式

江泽民同志指出，在发展社会主义市场经济的条件下，加快开发西部地区要有新的思路。新思路的深刻内涵就是不能沿用过去计划经济的老办法，必须要有新方法、新内容、新机制。具体要在三个方面有新的转变：由过去主要开发以能源为主的经济模式转变为既开发能源又开发知识人才；由过去以计划经济和政府行为为主转变为以市场为导向，以价值规律调节为主的开发方法；由过去单纯靠有形资本投入转变为既靠有形资本投入又靠无形资本投入，且主要靠无形资本投入的开发手段。西部大开发的新思路应以开发目标、开发体制、开发基点、开发导向、开发模式、开

发布局和开发观念为基准点。

（一）在开发目标上，彻底改变在西部建立能源原材料基地的着眼点，从根本上转向强国兴区富民的目标

“一五”时期以来，国家在西部进行生产力布局一直没有停止过，但是，国家对西部的投入除了国防安全、战备需要的考虑外，大部分时期主要着眼于当地的资源开发，把西部当作东部加工企业的原料、燃料产地，建立东西部垂直一体化分工体系。西部开发的结果并未使其获得应有的快速增长，西部地区的人民群众也没有得到太大的实惠。迈向新世纪的西部大开发战略的实施，在具体开发内容上仍然会包括能源原材料的开发，但从西部大开发的目的性上讲，其目标应该是强国兴区富民。强国，是指西部大开发战略的实施要满足整个国民经济发展的需要，要推进我国现代化建设的步伐，要为实现第三步战略目标作出贡献；兴区，是指实施西部大开发战略，其目标不再是服务于东部的发展，而是要实现西部社会经济的振兴，最终建设一个经济繁荣、社会进步、安定团结、山川秀美的新西部；富民，则是指实施西部大开发战略，归根结底是要树立以人为本的新发展观，使西部地区的广大人民群众摆脱物质贫困和精神贫困，实现个人的全面发展，提高西部地区人民群众的福利水平与生活质量，与全国人民一道尽快走上共同富裕之路。

（二）在开发体制上，不能再沿袭计划经济条件下国家集中开发的体制，要形成与完善适应发展社会主义市场经济要求和新的对外开放环境的新型西部大开发体制

西部大开发的新开发体制，在开发主体上，不能再是以国家为单一开发主体，而是要有广泛的经济主体参与，不仅要充分调动西部地区各类经济主体投资开发的积极性，特别要广泛动员、引导、吸引其他地区，尤其是

东部地区的各类经济主体参与西部开发；在开发的所有制结构上，不能再是单一的国有经济，而是要从西部地区的实际出发，进行所有制结构创新，大力发展非国有经济和非公有制经济，通过多种所有制经济的共同发展给西部大开发注入活力和生机；在开发的动力机制上，不能再是简单的精神动员，而是适应市场经济运行的经济利益激励，是开发投资回报的引导，是合作双方的互惠互利；在开发的调节机制上，不能再是简单的命令手段和行政控制，而是市场机制与国家的宏观调控、政策引导相结合，培育和优化以生产要素为核心的市场体系，通过大开发实现资源的合理、有效配置；同时，新的开发体制不能再是封闭的、自我封锁的，而应是全方位开放的体制，要面对经济全球化加速发展的趋势，充分利用国内外两个市场、两种资源，以大开放促进大开发。

（三）在开发基点上，要由单纯靠国家财力搞建设转向立足于区域经济成长，增强自身“造血”功能

改革开放以前在西部进行的大规模的生产力布局和建设，都是在传统计划经济体制下完全依靠国家投资来实施的。经过三十多年的改革开放，随着社会主义市场经济的发展，我国的市场化程度越来越高，国家直接掌握的经济资源在全社会的份额逐步降低，国家预算内的投资在社会总投资中的比重已降至5%～6%，要完全依靠国家大规模投资来进行西部大开发显然是不切实际。所以，西部大开发的基点，要立足于西部地区自身的经济成长，增强西部地区自身的“造血”功能。就西部地区而言，要彻底改变“等、靠、要”的依赖思想，把实施西部大开发战略建立在自力更生、发奋图强、开拓进取的基础上；要充分调动和发挥西部地区人民群众投身大开发的创造性、积极性和主动性，调动和挖掘一切可用的人财物资源投入大开发；要在大开发中通过结构调整和产业升级，实现区域自身的结构优化和资源的有效配置；要加快经济体制改革的步伐，完善社会主义市场经济体制，特别是要加快政府职能转换和结构精简的改革步伐；还要营造良好的硬环境与软环境，吸引、稳定国内外的资金、人才、企业进入西部进行开发，或以各种形式参与西部大开发。

（四）在开发导向上，要由传统的资源导向型开发转向市场导向型开发

西部地区资源丰富，因而很长时期以来的开发思路都是“立足于资源优势搞开发”。但资源性产业具有成本递增的特点，随着资源的深度开发，低成本的优势会逐渐消失，这在西部地区的一些能矿产业中已经或正在凸显；同时，我国的经济运行环境已经发生重大变化，大部分领域出现买方市场，从供给约束转向需求约束，加工生产能力的过剩以及大量低水平的重复建设，导致资源产业的生产能力严重过剩；此外，随着我国经济开放的深化，资源产品受国际市场价格和汇率变动的影响越来越大。近年来，国际市场原材料和初级产品严重供过于求，价格大幅度下跌，而东部沿海地区也凭借港口优势加快利用国外的资源，降低了对中西部资源的依赖程度。因此，在西部大开发战略的实施中，再以资源导向进行开发显然难以为继，必须转向以市场导向进行开发。从简单地着眼本地资源搞开发转向以市场需求为依据，确定具体的开发内容；从单纯地开发能矿资源转向根据市场变化，及时调整开发的方向；从大量消耗资源的粗放型扩张转向结构优化、技术创新、产品创优，培育和提高市场竞争能力。

（五）在开发模式上，要由传统的粗放型开发模式转向可持续发展的开发模式，更加重视资源保护、环境整治和生态建设

西部地区的生态环境十分脆弱，传统的“有水快流”、竭泽而渔、破坏资源和生态环境的粗放型开发模式，使西部地区的生态环境恶化呈加剧趋势，既不利于西部地区经济发展和社会进步，也严重影响全国的经济社

会发展，不符合时代要求和国际潮流。因而，西部大开发只有转向可持续发展的开发模式，才能得到其他地区的支持和全国的支持，才能造福于子孙后代。要实行重要资源的保护性开发，重要资源应先考虑从国际市场上低价进口，战略性资源应减少开采强度而留有储备，一般性资源在开发中要提高采收率；要采取切实有效的措施保护环境，在大开发中决不能再走“先污染、后治理”的老路，环境评估应成为开发项目的硬性约束；要把再造山川秀美、生态建设作为大开发的重要内容，严禁砍伐森林和破坏植被，保护长江、黄河等源头和上游水土资源，合理利用水资源，封山育林，植树种草；还要加强人口的计划生育管理，在大开发中打破“越穷越生，越生越穷”的贫困恶性循环，提高人口素质。

（六）在开发布局上，要抛弃普遍撒点、全面推进的企图，必须突出能够实现快速增长、具有辐射和扩散功能、关联效应较强的重点产业和重点区域，率先进行开发布局

西部地域广大，不同区域、不同产业之间有着很大的差异，开发条件、难易程度、经济效益和带动作用都不一样。无论是国家还是西部地区，都不可能在西部的整个区域和全部产业进行大规模的、平均分布的投资。因此，西部地区的开发，必须从区情省情出发，坚持有所为、有所不为的原则，防止刮风，防止一哄而起，突出重点，有先有后，先易后难，从点到面。突出重点，一方面是在开发区域上重点选择，要以若干核心地区作为经济增长中心，可以按照西部地区的区域中心、西部各省区的省区中心和产业聚集中心三个层次重点投资建设地区经济增长极，通过中心区域的重点开发和区域经济增长极的建设，辐射和带动周围地区的经济开发和增长。另一方面是在开发产业上重点选择，要大力发展优势产业和特色经济，面向市场，发展特色农业，积极调整和优化农业结构，依靠科技进步，推广适用性强、增产增收效果明显的优良品种技术，开发有区域特色的种植业、养殖业、节水农业、生态农业和精细农业，发展绿色产业；从生物资源丰富的特点出发，利用特有的生物资源优势，加强技术创新，开发和发展现代生物产业；要大力发展旅游业，把旅游业真正培育成为西部经济的重要支柱产业和带动经济开发的龙头产业；要推进高新技术产业的发展，逐步形成一批规模大、科技含量高、竞争能力强、效益好、能够带动地区经济增长和产业升级的高新技术产业；在一定地区，仍然要重视水电、石油天然气、盐湖、有色金属等能矿资源的开发，支撑整个开发进程和区域经济增长。

（七）在开发观念上，要解放思想，更新观念，确立新的资源观、开发观、发展观、优势观、人才观、合作观

确立新的资源观。不仅要重视土地、能源、矿产等自然资源，更要重视人力资源、企业家资源、技术、管理、信息、品牌、商标、市场网络、创新环境、创新制度等作为推动现代经济增长要素的后天性资源。

确立新的开发观。同新的资源观相适应，不仅要发现和利用各种自然资源，更要重视开发人力资源，开发企业家资源，开发技术、信息、管理和市场资源，要进行品牌与商标创优，环境与制度创新。

确立新的发展观。西部大开发的归宿点不是单纯的经济增长，而是包括经济增长在内的全面经济发展与社会进步。

确立新的优势观。自然资源优势不等于商品优势，科技优势不等于产业优势，比较优势不等于竞争优势，西部大开发立足于优势，充分发挥优势，要把着眼点放在形成商品优势、产业优势和竞争优势上。

确立新的人才观。首先是眼睛向内从西部地区自身发掘、培养、留住、稳定和激励人才，其次是吸引人才要不求所有只求所在，再次是使用人才要不求所在只求所用。

确立新的合作观。西部大开发中的合作、联合、协作，都应该是互惠互利的，要保障投资者的收益和回报，要实现合作双方的双赢。

二、西部大开发抓住了战略机遇

世纪之交，全国人民生活总体上达到小康水平，但西部地区发展明显滞后。从中央到地方，很多干部都希望西部地区加快发展，但有部分同志感觉时机和条件还不成熟。江泽民同志在这个时候提出西部大开发战略，并一再强调时机已经成熟、条件基本具备。深入领会江泽民同志所说的时机和条件，对实施西部大开发战略极为重要。

新时期西部地区亟待加快发展，从新中国成立到20世纪末，正好是半个世纪的时间，西部地区经济社会发展取得了巨大成就。由于历史原因和各方面条件限制，西部地区与东部地区的发展差距较大，并有逐步扩大的趋势，区域发展不协调的矛盾日益突出。

从经济总量和发展速度来说，西部地区与东部地区的差距已经拉大。1979—1999年，西部地区生产总值年均增长率比东部地区低1.4个百分点。经过20年的积累，东部地区的经济总量平均增长7.8倍，翻了近三番，而西部地区仅增长5.7倍。东部沿海的广东、福建的经济增长速度年均高达13.7%，而西部的青海却只有7.2%。1999年东部地区人均地区生产总值已达10276元，而西部地区只有4171元。如果不加快西部地区发展，地区差距不断拉大的局面就很难得到遏制。

从人民生活水平来看，西部地区与东部地区相比明显偏低。1999年，东部地区城镇居民家庭人均年可支配收入为7523元，西部地区为5284元；东部地区农村居民家庭人均全年纯收入为2995元，西部地区为1634元。全国尚存的贫困人口大多数分布在地域偏远、交通闭塞、生态环境恶劣的西部地区，脱贫难度很大。到1999年，按人均625元的贫困标准统计，全国3400万没有脱贫的农村贫困人口中，60%左右分布在西部地区。我国592个贫困县，西部地区就有307个。解决这些贫困人口的温饱问题，是我国扶贫工作中最难啃的骨头。

西部地区的财政十分困难。20 世纪末，西部 12 个省区市中有 9 个收不抵支，很多地区靠国家财政补贴过日子。教育、医疗等基础公共服务发展滞后。不少地区寅吃卯粮，拖欠工资的现象非常普遍。

西部地区的基础设施相对薄弱。主要是交通建设落后，妨碍了与外部的人员交往和物资流通；能源工业水平不高，矿产资源没有得到合理开发和有效利用；水利设施薄弱，江河防洪抗灾能力普遍偏低；通信设施缺乏，加剧了落后地区与发达地区的信息鸿沟；城市基础设施陈旧，直接影响了城市功能的发挥。

西部地区生态环境恶化问题非常严重。全国水土流失面积有 360 多万平方公里，西部地区就占 80%。西部地区 25 度以上坡耕地面积占全国的 70%以上。因上游水土流失而进入长江、黄河的泥沙量达 20 多亿吨，导致中下游江河湖泊和水库不断淤积抬高，不仅加重了长江、黄河中下游地区水患，加剧了北方地区少雨干旱，也激化了地区间在利用水资源等方面的矛盾。20 世纪末，全国每年新增荒漠化面积 2400 多平方公里，90%以上在西部地区。西部地区不少城市的大气污染、水污染和垃圾污染等问题非常突出。据世界卫生组织 1998 年度监测评价，贵阳、重庆、兰州被列入世界十大污染城市。

西部地区一些老工业基地和资源型城市经济衰退。由于西部冶金、机械等传统产业密集，技术装备老化，产业竞争力下降，加上国内外市场环境变化的影响，很多企业生产经营困难。不少资源型城市产业结构单一，有的地区资源枯竭，缺乏接续产业，经济增长乏力。特别是在国有大中型企业集中的地区，职工下岗再就业压力很大，社会稳定问题突出。

西部地区间专业化分工协作程度较低，经济结构不合理。地区封锁、条块分割问题较严重，加上财税体制的原因，商品和生产要素的自由流动受到许多限制，影响统一市场的形成，造成地区经济结构趋同化和低水平重复建设。当出现买方市场的情况下，西部经济发展困难，结构调整任务繁重。

所以要建立更加紧密的东西合作机制，尤其是建立科学合理的利益联结机制，建立完善生态补偿机制和“飞地产业”发展机制。同时实施“三向拓展、四层推进”的充分开放合作战略，不断提高对外开放水平，努力变“后方”为“前方”。“三向拓展”：一是突出南向，以西南出海大通道、南方丝绸之路为纽带，扩大与东盟和南亚国家的经贸联系；二是加强东向，依托通江达海快速通道，强化对日韩等东亚市场的开拓，积极拓展欧美市场；三是畅通西向，大力开发中亚、俄罗斯等新兴市场。通过重点方向的拓展，进一步扩大对外贸易和利用外资规模，优化外贸结构，发展加工贸易，坚持“引进来”与“走出去”相结合，形成全方位开放合作的大格局。

三、国内外形势促使西部大开发

到20世纪末，随着国内外形势的发展和变化，西部大开发的时机已经成熟。西部大开发战略的提出，正处于我国经济发展总体战略的一个重要时间节点。改革开放之初，邓小平同志提出我国社会主义现代化建设分“三步走”的战略部署。第一步战略目标于20世纪80年代末胜利实现。第二步战略目标在“九五”计划结束时，也就是2000年全面完成。第三步战略目标是到21世纪中叶，人均国民生产总值达到中等发达国家水平，人民生活比较富裕，基本实现现代化。邓小平同志在谈到“两个大局”的战略构想时曾说：“发展到一定的时候，又要求沿海拿出更多力量来帮助内地发展”。邓小平同志提出的“一定的时候”是指什么时候？

1992年，邓小平同志提出一个时间表：“可以设想，在本世纪末达到小康水平的时候，就要突出地提出和解决这个问题”。西部大开发战略提出的时间是1999年，正好是世纪之末，我国提前实现第二步战略目标，人民生活总体上达到小康水平。中央清醒地认识到，这时的小康还是低水平的、不全面的、发展很不平衡的小康，其主要瓶颈就在西部地区。实现现代化建设第三步战略目标时间更长、任务更艰巨，如果西部地区不实现小康，就没有全国的小康，没有西部的现代化，就没有全国的现代化。不从现在着手把西部发展起来，将直接影响到我国实现第三步战略目标。加快西部开发，实现全国区域之间的协调发展，防止社会成员之间发生两极分化，逐步实现共同富裕，这也是社会主义的本质要求。

20世纪90年代后期，国内有效需求不足，逐渐成为我国经济发展的主要制约因素。1997年亚洲金融危机爆发，又造成外需明显萎缩，这种双重影响的叠加效应，对我国经济发展构成严峻挑战。增强发展动力、拓展发展空间、保持持续健康增长，成为当时我国的重要调控目标。西部地区地域辽阔，但基础设施建设相对滞后，总体发展水平与东部地区相比，还存在着较大差距。西部地区的教育、卫生等社会发展指标也明显低于全国平均水平。这一方面说明西部与东部沿海地区的差距，另一方面也说明，西部地区蕴藏着巨大的投资机会、市场潜力和发展空间。特别是国家实施扩大内需的积极财政政策，可以通过安排建设项目，用更多的财力支持西部地区发展，把扩大内需与实施西部大开发战略相结合。此时加快西部地区发展，不仅有利于缩小地区差距，而且能够有效扩大国内投资需求和消费需求，创造更多就业岗位，并利用西部地区的区位优势、资源优势，进一步开拓国际市场，为东部地区发展提供新的市场空间和资源续接。

实施西部大开发战略也是适应世界范围经济结构调整、提高我国国际竞争力的迫切要求。进入20世纪90年代，经济全球化进程加快，引起了世界经济结构调整，以信息产业为核心的新兴产业快速发展，传统工业向发展中国家转移速度加快。从国内来说，东部地区经过一个时期的快速发展，开始承接发达国家的产业转移，产业升级压力加大，许多领域产品过剩，必须寻找更广阔的市场。这时候的西部地区，产业层次总体水平不高，国有经济困难较大，非国有经济发展滞后，出现了大量富余劳动力。实施西部大开发战略，可以使东西部地区通过多种形式开展经济技术合作，对西部的石油、天然气、水力、矿产等资源进行开发和利用，提高产品附加值。东部地区可以抓住实施西部大开发战略的机遇，充分利用科技、人才和资金优势，向西部地区转移部分产业、输出产品，如许多高载能、资源加工型项目。东部地区生产成本较高，在西部地区成本较低，有的劳动密集型产业，转移到西部地区生产后效益会明显提高，有些产品在东部地区没有销路，在中西部地区却有广阔市场。通过西部大开发，不仅有利于解决西部地区存在的结构性问题，为西部地区的经济发展提供好的产业基础，也可以促进全国加快经济结构调整，提高我国企业在国际产业转移和国际贸易中的竞争力。

特别需要指出的是，实施西部大开发战略也是加强民族团结、应对国际形势风云变幻、确保国家安全的必然选择。我国西部地区与周边十多个国家接壤，陆地边境线80%在西部地区，少数民族人口80%聚居在西部地区。全国55个少数民族中有52个以西部地区为主要聚居地。冷战结束后，我国周边环境面临相当复杂的局面，中亚五国地处欧亚交汇处，油气资源蕴藏量仅次于中东。苏联时期，中亚处于相对封闭的状态。苏联解体后，哈萨克斯坦、乌兹别克斯坦、吉尔吉斯斯坦、塔吉克斯坦、土库曼斯坦等国相继独立，美国、俄罗斯争相对其施加影响，扩大军事存在，中亚的地缘重要性日益凸显，成为各种力量角逐的场所。在阿富汗、塔利班获得政权期间，一些“疆独”分子在那里接受训练后回国进行分裂和恐怖活动。在南亚，印度和巴基斯坦的争端日趋激烈，国内外敌对势力一直利用我国西部地区的民族和宗教问题，对我国进行渗透和分裂活动，美国设立了所谓“西藏事务专员”，西方少数人支持所谓“东突厥斯坦”分子的分裂行动。

历史经验表明，贫困往往成为一个国家、一个地区政治动荡和社会不稳定的重要根源。我国贫困人口大部分集中在西部，很多分布在民族自治地区和边疆地区。如果西部地区经济文化长期落后，部分群众生活困难局面长期不能得到改变，就会积累不稳定因素。同时还要考虑，我国有的少数民族是跨境民族。这就会有比较，如果我国经济发展得好，生活水平高，群众就会产生很强的向心力、凝聚力，民族团结就有保障，边疆就可以更加稳定。

我国与俄罗斯、蒙古和中亚、南亚、东南亚国家在安全、能源、经贸、文化上的联系十分密切，很多国家希望我国在维护地区稳定和安全上发挥更加积极的作用，并期待通过加强同我国的经贸合作来促进本国发展。实施西部大开发战略，推动西部地区较快发展起来，对发展我国同相邻国家的经贸合作，平衡地缘政治力量，巩固西部边防，确保我国的发展与安全获得战略纵深和广阔的回旋余地，都具有十分重大的现实意义和深远的历史意义。

四、综合国力能够支撑西部大开发

西部大开发战略刚提出的时候，部分同志感觉时机和条件还不成熟。经过全面分析和综合研究，经过新中国 50 年尤其是改革开放 20 年的建设，国家经济实力明显增强，西部地区也有了一定的积累。根据当时的国情国力和基本条件，西部大开发不仅势在必行，而且有条件进行。

我国经济总量已经达到相当规模，可以为西部大开发提供较大规模的资金和技术支持。20 世纪末，我国国内生产总值接近 9 万亿元人民币，已经建成了比较完整的工业体系和国民经济体系。主要工业产品产量居世界前列，钢、煤炭、化肥、水泥、电视机、数字程控交换机等产量均居世界首位，发电量、农用化肥产量居第二位。科学技术水平有了较大提高，能够研制生产一些具有世界先进水平的重大技术装备。我国告别了短缺经济时代，绝大部分商品供大于求。中央财政集中的可支配财力也稳步增长，使得中央政府支持地方经济发展的能力大大增强，为进一步加大对西部地区的资金支持力度提供了条件。同时，由于我国国民长期形成节俭、储蓄的习惯，在相当长时期内高储蓄率的情况不会发生改变，能够为西部大开发提供充足的建设资金。

我国粮食连续几年丰收，为西部大开发的部分重点项目创造了条件。“九五”时期，我国粮食综合生产能力明显提高，粮食年产量稳定在5亿吨左右的较高水平，不仅基本解决了全国人民的吃饭问题，而且出现了粮食总量阶段性的略有富余。这是在生态脆弱地区有计划、分步骤退耕还林(草)，改善生态环境的大好时机。这样既可以改善生态环境，又可以缓解粮食供求的总量矛盾，还能带动经济结构调整，加快贫困地区农民脱贫致富，一举多得，利国利民。

我国社会主义市场经济体制已经初步建立，重点领域的改革突破为西部大开发提供了体制保证。20世纪末，大多数国有大中型骨干企业初步建立了现代企业制度，非公有制经济迅速成长，资本、劳动力、技术等要素市场加速发展。市场开始在资源配置中发挥基础性作用，宏观调控体系进一步完善，全方位对外开放格局基本形成。这就在制度上保证了西部大开发不会走过去西部建设的老路。

通过东西部地区对口支援和各种形式的东西合作，为西部大开发提供有力支撑。改革开放新时期，东部地区经济实力有了很大提高，在体制改革、机制创新、经济发展、社会进步等方面积累了宝贵经验。东西部地区的对口支援和合作也已开展多年，而且不断加强，取得了显著成绩。在实施西部大开发战略过程中，西部地区完全可以更好地吸取教训，借鉴成功经验，通过各种优惠政策，在优势互补、互利共赢的基础上，同东中部地区开展多种形式的经济技术合作，促进东中西部地区共同发展。

我国加入世贸组织，是我国积极参与经济全球化的重要体现，为经济全球化的进一步发展注入了新的生机与活力。同时，我国获得了更加稳定的国际经贸环境，享受到其他国家和地区贸易投资自由化的便利，促进了我国的改革开放和经济发展。2002 年 11 月，党的十六大召开，对我国的未来发展作出了一个战略性判断，指出 21 世纪前 20 年是一个必须紧紧抓住并且可以大有作为的重要战略机遇期。

第二节　我国对外开放新的机遇与危机

放眼当今世界，经济全球化的大潮澎湃激荡，我中有你，你中有我。任何一个国家和民族都无法回避这个不以人的意志为转移的大趋势，都必须作出自己的战略抉择。登高望远，审时度势，我国加入世界贸易组织，将全面进入世界经济大舞台，获得一个经济大国应有的发展空间。

一、加入世界贸易组织行列

2001 年 11 月 10 日下午，世界贸易组织第四届部长级会议在卡塔尔首都多哈以全体协商一致的方式，审议并通过了中国加入世贸组织的决定。2001 年 12 月 11 日，我国正式加入世界贸易组织，成为其第 143 个成员国。

加入世界贸易组织，是顺应经济全球化潮流的重大举措。一个自强奋进的东方民族、一个日益强盛的伟大国家，以特有的胆识和远见、包容和胸襟，作出了影响深远的战略抉择，积极融入世界经济发展的潮流中。

加入世界贸易组织，标志着我国全面融入世界经济主流。中国的发展离不开世界，世界的发展同样需要一个更加改革开放、日益举足轻重、

图 2　2001 年 11 月 10 日，中国加入世贸组织签订仪式

充满勃勃生机的中国，我国政府坚决推进入世进程，积极参与，趋利避害，让我国融入经济全球化潮流之中。把握当前世界经济格局的调整和变化，积极参与国际经济竞争与合作，将使我们的国家和民族，赢得经济发展的主动权。

加入世界贸易组织，将使我国的对外开放事业，进入一个宽领域、全方位、多层次开放的新境界。加入世贸组织，是权利与义务的结合，是中国与世界各国的双向开放、双向承诺。中国向世界郑重承诺，按世界贸易组织通行的规则办事，开放更多的投资领域，开放我国的国内市场，给世界各国提供更多的投资和发展机会，使我国在国际上进一步树立起负责任的经济大国形象。

世界市场对我国的开放，使我国享有各国开放市场带来的机会和好处。利用国内国际两种资源，开发国内国际两个市场，全面参与国际竞争，积极参与国际分工，实施“走出去”战略，加快我国企业的国际化进程。凡此种种，将使我国企业乃至整个中国经济，在广阔的国际市场、激烈的国际竞争中，经风雨，见世面，全面优化产业结构，提升经济质量，增强竞争能力，由此获得强大发展动力，使全国经济持续稳定快速成长。在这样的国际市场环境中，我国一批企业必将成为具有国际竞争力的世界级大企业。

二、入世的危机和机遇并存

加入世贸组织后我们也应当清醒地看到，入世有利有弊。开放伴随着冲击和风险，有机遇也有挑战。我国经济总体素质还不高，国际竞争能力还不强，加入世贸组织后，一些行业和企业受到冲击在所难免。我们现有的思想观念、工作方式、经济管理模式和法律法规，也有诸多方面不符合世贸组织的要求。既然选择了开放，就要有勇气面对挑战。进一步解放思想，大胆转变观念，加快制度改革在内的各项改革，提升国民经济的整体素质，才能化弊为利，乘势而上，开创民族发展的新境界。

(一)加入世界贸易组织面临许多挑战

1. 对政府管理体制和宏观经济调控能力的挑战

我国经过多年的改革，政企尚未完全分离，经济管理缺乏充分的透明度，在市场运行环境、市场秩序监管、政府管理能力和人才结构等方面，都与 WTO 的惯例和规则不相符合。政府依靠行政手段管理经济事务的基础将逐渐退出历史舞台。如何适应新的形势，将政府职能切实转到经济调节、市场监督、社会管理和公共事务上来，依靠经济和法律手段来调节，调控经济动向，履行好调控者、管理者、仲裁者的职责是摆在各级政府面前的一项新任务。

2. 对产业结构升级的挑战

从总体上看，我国产业仍然处于国际产业分工的下游状态，尤其传统产业比重最为严重，因此应当大力发展具有比较优势的高新技术产业。

3. 对企业国际竞争力的挑战

联想公司高管在我国入世后的挑战提到，加入 WTO 后，必然会对那些规模小、成本高、技术水平相对落后的企业造成冲击。企业面临的最大问题将是管理，这一弊端在我国入世后会暴露无遗。另外，观念问题、体制问题、环境问题以及高科技企业本身的行业规律问题等等，都需要花大量的时间和精力去考虑和应对。

4. 过渡期失业人员增加的问题

入世后我国须加快社会主义市场经济体制改革的步伐，加大结构调整的力度，这就必然伴随大量的裁员与转岗问题，最直接的显现或许就是一些失去了更好保护的大中型企业及其相关行业所将面临改革调整问题，这都可能直接导致失业人员的增加。我国是农业国家且农村人口占全国总人口很大比重，但入世后我国的农业并不具备竞争优势，反而将面临着更大的冲击。

5. 入世将考验我国七大产业：农业、汽车产业、IT 产业、石化产业、纺织业、金融业和电信业

在农业上，我国不具备国际竞争的优势，将面临较大冲击。我国主要通过保留关税配额和国营公司的进口专营，来保住大方面不出问题；在汽车产业上，2005 年将取消配额，2007 年关税降到 25%，但业内人士认为外国汽车短期内还不会大举进入，实力不强的我国汽车厂商还有增长机会；在石化方面，成品油维持进口专营体制，入世 5 年之后放开加油站市场，2008 年关税降到 6.5%；IT 产业方面，我国将加入信息技术产品协议，2005 年关税降为零，盗版软件将不再有市场；在纺织业领域，美国 2005 年将取消配额，我国将增大出口空间；金融业将按照审慎原则有限开放，证券业不允许外国人做 A 股，入世 5 年后将允许外国银行做人民

币业务;在电信业方面,基础电信不允许外国控股,增值电信外国可以控股,信息流要经过我国关口局。

6. 人才是社会发展的动力,入世后我国有五类最紧缺人才

专业人才(农业、信息、金融、财会、外汇、法律、现代管理领域)、高层次科学技术人才(生物技术、环保技术、新材料等领域)、专门谈判人才(熟悉世贸组织规则、适应国际竞争需要、能够参与解决国际争端)、外语人才、复合型人才。

(二)加入世界贸易组织给我国带来的发展机遇

1. 有利于深化经济体制改革

世贸组织的规则实质上是市场经济规则在全球范围内的普遍运用,这与我国致力于建设社会主义市场经济体制和相应的经济法律制度是一致的。我国经济体制改革目标的基本要求是充分发挥市场竞争机制的作用,建立统一开放、竞争有序的市场体系。而世贸组织实际上是通过多边贸易规则,实现世界范围内市场经济向有序方向发展的贸易组织。我国正在由计划经济向市场经济转变,市场机制尚不完善,地方与部门的保护主义严重,规模经济薄弱,真正公平竞争的机制尚未建立。加入世贸组织有助于统一国内的市场,建立公平竞争的市场体制,加深国内市场分工,进而扩大国内市场,使社会主义市场经济体制得以真正确立。

入世对我国继续深化经济体制改革的好处主要表现在以下方面:有利于企业的技术进口和设备更新,可以引进更多的外资、先进的管理经验与技术,加快我国现代企业制度的建立和国有企业的改革;有利于各种企业展开公平合理的竞争,加强知识产权的保护和提高服务质量;有利于经济特区的市场经济进一步完善,使特区在已有市场经济发展的基础上,企业按国际规则运作,进一步带动国内落后地区的经贸发展;有利于世贸组织发达成员方通过多边贸易体制向我国传递它们经济的增长,通过贸易

部门和投资渠道扩散它们经济增长的外溢效应;有利于我国经济与世贸组织成员方经济的互补,实现我国优势资源和世贸组织成员优势资源的优化配置,提高经济效益;有利于我国市场经济的有序建设和发展。

2. 有利于更多地发挥比较优势,扩大出口和进一步扩大对外开放,更好地利用外资

入世对我国经贸的发展将起到以下推动作用:由于享受多边的关税减让、非关税措施的减少和长期稳定的最惠国待遇,我国有竞争优势的商品和服务会赢得更多的出口机会;在多边最惠国待遇下,有利于多方面开放市场,实现出口市场的多元化;有利于我国具有竞争优势的纺织品和服装的出口;有利于我国货物、服务产业进入世贸组织成员方市场,扩大贸易、投资与融资机会;有利于进一步扩大利用外资,改革开放以来,我国对外贸易系数不断提高,对外贸易对我国经济发展的带动作用日益显著。自 1993 年我国连续六年成为世界第二大引进外资的国家。我国扩大了外资银行人民币业务的开放地域,以及中外合资外贸企业的试点地域,我国有步骤地进一步为外商投资我国的保险、旅游、商业零售、外贸、法律咨询等服务贸易提供机会,并加快能源、交通、通信等基础设施的建设步伐。

3. 有利于推动我国国民经济结构调整和产业升级

加入世贸组织将有利于我国发挥自己的比较优势,依靠技术创新和科技进步,加快高新技术产业的发展,加大改造传统产业的力度以及大力发展金融、保险、信息、咨询等现代服务业,增加就业和转移农村剩余劳动力,从整体上提高国民经济运行的质量和效益。

4. 有利于实施"走出去"战略

世贸组织与国际货币基金、世界银行构成了世界经济的三大支柱,它们对世界经济发展的影响巨大,我国与世界经济接轨,自然不能避开世贸组织。贸易投资占全球贸易和投资额 95%以上的世贸组织,使我国经济

逐步与世界经济接轨，进一步扩大开放，全方位实现资源的合理配置，让更多的企业走出国门，更多的外资流入国内，广大消费者也将得到更大的实惠。

5. 有利于我国参与国际经贸规则的制定

加入世贸组织后，我国作为世贸组织的正式成员将可直接参与21世纪国际贸易规则的决策过程，摆脱别人制定规则，我国被动接受的不利地位，增大发言权。同时更能了解和研究国际贸易的惯例与程序，掌握对外经贸关系的主动权。

6. 有利于解决贸易争端

入世前，我国在与别国的双边贸易中，受到不公正和歧视待遇时，只能通过双边谈判解决，有时在贸易基础和谈判力量不对等的情况下，得不到满意解决。入世后再出现上述情况，我国可投诉到世贸组织争端解决机构，在世贸组织公认的规则下求得公正合理的解决。

三、顺应时代经济发展新举措

西部大开发战略是根据我国发展现阶段的客观实际提出的重大战略思想，是推动全国经济社会发展必须坚持的正确方向。转变我国经济发展方式，走中国特色新型工业化道路。转变经济发展方式的主要内容是促进经济增长由主要依靠投资、出口拉动向依靠消费、投资、出口协调拉动转变；由主要依靠第二产业带动向依靠第一、第二、第三产业协同带动转变；由主要依靠增加物质资源消耗向主要依靠科技进步、劳动者素质提高、管理创新转变。

实现经济发展方式的转变，根本保证是深入贯彻落实科学发展观。中央经济工作会议指出，必须深刻认识加快转变经济发展方式、走中国特色新型工业化道路对于夺取全面建设小康社会新胜利、开创中国特色社

图 3 第十二届中国发展高层论坛

会主义事业新局面的重大战略意义和紧迫现实意义，扎扎实实地把党的十七大提出的这项关系经济社会发展全局的战略任务落到实处。我国正处于改革发展的关键阶段，深入贯彻落实科学发展观，必须把思想统一到中央精神上来，努力在转变经济发展方式上取得实质性进展。

（一）转变经济发展方式的重大意义

在社会主义初级阶段这一长期的发展进程中，我国必然要经历若干具体的发展阶段。不同的发展阶段会呈现不同的特征，必须根据该阶段的特征提出切合实际的发展战略和方针。比如，改革开放之初，由于经济发展落后，我国深切体会到首先把经济建设搞上去的必要性，在发展中更多地注重增加经济总量。随着经济社会的发展，逐步认识到，单纯依靠消耗资源和使用廉价劳动力的粗放型增长，既是低效益又是不可持续的，进而加深了对转变经济增长方式和经济发展方式重要性的认识。党的十二大提出，把全部经济工作转到以提高经济效益为中心的轨道上来。党的十三大提出，要从粗放经营为主逐步转上集约经营为主的轨道。党的十四大提出，努力提高科技进步在经济增长中所占的含量，促进整个经济由粗放经营向集约经营的转变。党的十四届五中全会更明确提出，实行经济增长方式从粗放型向集约型的根本性转变。党的十五大和十六大都对转变经济增长方式提出了进一步的要求。

进入新世纪新阶段，我国发展呈现一系列新的阶段性特征。党的十七大报告对此进行了全面概括，第一条就是经济实力显著增强，同时生产力水平总体上还不高，自主创新能力还不强，长期形成的结构性矛盾和粗放型增长方式尚未根本改变。改革开放30年来，经济增长速度惊人，国家实力明显提高，人民生活显著改善，发展成绩举世瞩目。但在经济高速增长的同时，存在的各种问题也十分明显。自主创新能力不强主要表现在科技进步对经济增长的贡献率不高，缺乏核心技术；结构性矛盾主要表现在投资和消费的比例失调，三次产业结构比例失调，以及区域、城乡发展差距和居民收入差距扩大等问题；粗放型增长方式主要表现在经济效益低，能源资源消耗大，经济增长的环境成本高。针对我国发展新的阶段性特征，党的十七大提出了加快转变经济发展方式、走中国特色新型工业化道路的新的战略任务。这是总结我国现代化建设长期实践得出的重要结论，是根据现阶段我国发展的客观实际提出的重大战略思想，是推动我国经济社会发展必须坚持的正确方向。

（二）转变经济发展方式的主要内容

转变经济发展方式是实现国民经济又好又快发展的根本措施之一，是走中国特色新型工业化道路的前提条件，主要包括以下三项内容：

第一，投资增长一直是拉动经济增长的主要动力，必须保持投资对经济增长的拉动作用，但又必须密切注意投资增长与消费增长的不协调状况，防止投资的过快增长，努力调整消费与投资的比例关系。促进消费与投资的结构调整，关键不是压缩投资，而是努力扩大消费。扩大国内消费的关键是努力提高居民收入水平。只有通过深化收入分配制度改革，逐步提高居民收入在国民收入分配中的比重，更加重视社会公平，才能从根本上解决扩大国内消费的问题，才能协调消费与投资对经济增长的拉动关系。

上世纪 90 年代中期以来，我国对外贸易一直保持顺差。特别是 2005 年以来，我国对外贸易顺差急剧增加，2007 年顺差数额为 2700 亿美元。贸易顺差连年急剧上升，使得外需对经济增长的贡献率也明显上升。保持贸易顺差总体上是有利的，但对我国这样一个大国来说，经济增长主要还应依靠内需拉动为主。因此，我们在注意协调消费与投资对经济增长的拉动关系的同时，必须注意协调好内需与外需对经济增长的拉动关系。

第二，促进经济增长由主要依靠第二产业带动向依靠第一、第二、第三产业协同带动转变。产业结构问题是影响宏观经济可持续发展的一个主要问题。长期以来，我国经济增长主要依靠工业增长带动。1979—2006 年，我国第一、二、三产业的年均增长速度分别为 4.6%、11.3%和 10.6%，而 2001—2006 年仍然分别为 4.1%、11.1%和 10.3%，经济增长主要依靠工业带动的状况没有改善。第二产业增加值占 GDP 的比重已经由 2002 年的 44.8%攀升到 2006 年的 48.9%，而同期第三产业占 GDP 的比重则由 41.5%下降到 39.4%。

表 1　1979—2006 年中国三次产业增加值增长率(%)

年　份	GDP		第一产业		第二产业		第三产业	
	(当年价)	(可比价)	(当年价)	(可比价)	(当年价)	(可比价)	(当年价)	(可比价)
1979—1991 年	14.7	9.0	13.5	5.2	13.5	10.0	17.8	11.1
1992—2006 年	16.3	10.2	10.7	4.0	17.5	12.5	17.5	10.3
1979—2006 年	15.6	9.6	12.0	4.6	15.7	11.3	17.6	10.6

三次产业结构不协调的问题日益突出，加剧了资源环境压力。调整产业结构，首先必须毫不动摇地巩固农业在国民经济中的基础地位。农业的稳定发展，不仅是宏观经济持续稳定快速增长的根本，是社会稳定的基石，也是提高农民收入水平的基本途径。我国农业产业化、现代化水平有了很大提高，但农业基础薄弱的状况没有改变，“靠天吃饭”的局面依然存在。2004年以来，我国逐步取消了农业税，对农民种粮给予直接补贴，设立了粮食最低收购保护价。这些政策措施有效地调动了农民的生产积极性，使农产品产量和农民收入都有了明显提高。现在面临的主要问题是，继续保持农业较快增长和农民收入较快增加的难度在加大。我们必须立足于优化产业结构促进发展，加强农业基础地位，使农业生产由弱变壮；提高工业生产水平，使工业由大变强；加快发展服务业，使服务业发展由慢变快，实现三次产业协同带动经济增长。

第三，促进经济增长由主要依靠增加物质资源消耗向主要依靠科技进步、劳动者素质提高、管理创新转变。长期以来，我国经济增长过多地依靠增加物质要素投入，而技术进步、劳动者素质提高、管理创新等对经济增长的贡献不足，因而导致了物质资源消耗大、综合利用率低和环境成本高、生态保护差等问题。我国人均资源占有量远低于世界平均水平，许多重要矿产资源相对贫乏，如果不及时改变资源消耗过大的现状，经济增长将难以为继。2007年，我国节能减排工作取得了重要进展，但全面完成“十一五”规划制定的节能减排任务仍然任重而道远。

实现经济发展方式转变的一个关键环节是增强自主创新能力，尽快扭转自主创新能力不强、缺乏核心技术、缺少自主知识产权、缺少世界名牌的现状。我国出口商品中有90%是贴牌产品。我国纺织服装出口占世界贸易总量的24%，但自主品牌不足1%，而且没有世界名牌。我国彩电、手机、台式计算机、DVD播放机等产品的产量居世界第一，但关键芯片要依赖进口。我国企业必须将手机售价的20%、计算机售价的30%，数控机床售价的20%～40%支付给外国专利持有者。这种现状，使得我们不得不更多依靠廉价劳动力的比较优势、依靠资源能源的大量投入来换取微薄的利润。随着资源紧缺程度的加深、生态环境压力的加大、国际竞争和人才争夺形势的日趋严峻，我们必须更加重视依靠科技进步、提高劳动者素质、管理创新来带动经济增长。正如党的十七大报告指出，必须把提高自主创新能力、建设创新型国家作为国家发展战略的核心和提高综合国力的关键。

（三）转变经济发展方式的根本保证

转变经济发展方式的根本保证是深入贯彻落实科学发展观。经济增长方式转变有两个标准：一个是社会是不是稳定和谐，二是民生问题是不是得到更好地解决。要保持经济的平稳快速增长，发展依然是硬道理，这一点不能改变。但是发展的目的是什么，不是为了追求发展和GDP的增长，也不是为了追求世界第一第二，而是为了满足老百姓的民生需求。所以转变经济发展方式是深入贯彻落实科学发展观一项极为重要的内容，科学发展观为如何实现经济发展方式转变指明了方向。

科学发展观的第一要义是发展。转变经济发展方式的目的是实现又好又快发展，实现全面建设小康社会的目标，加快推进社会主义现代化。科学发展观的核心是以人为本。加快转变经济发展方式，就是为了做到发展为了人民、发展依靠人民、发展成果由人民共享。科学发展观的基本要求是全面协调可持续发展。转变经济发展方式深刻反映了破解经济社会发展深层次矛盾的要求。内外需求不平衡、国内需求结构不平衡、产业结构不合理、自主创新能力不强以及体制机制不健全，是转变经济增长方式提出多年而实质性进展不明显的根本原因。转变经济发展方式比转变经济增长方式具有更广泛、更深刻、更丰富的内涵，既包括了经济效益提高、资源消耗降低的要求，也包括了经济结构优化、生态环境改善、发展成果合理分配的要求。转变经济发展方式要求从粗放型增长转变为集约型增长，把经济发展的目标由经济增长扩展为全面协调可持续的经济发展。科学发展观的根本方法是统筹兼顾。转变经济发展方式必须正确认识和妥善处理各种重大关系，统筹城乡发展、区域发展、经济社会发展、人与自然和谐发展、国内发展和对外开放，统筹中央和地方关系，统筹个人利益和集体利益、局部利益和整体利益、当前利益和长远利益。只有深入贯彻落实科学发展观，才能真正实现经济发展方式的转变。

（四）制度创新、改革开放与经济增长

制度因素是大国经济发展的制约因素，制度创新对于各种增长因素的优化有重要影响作用，后发大国的“转型”特征决定了制度创新的特殊性和重要性。我国经济实现了三十年来的高速增长，一个重要原因就是坚持以培育市场机制为主线、渐进式深化和阶段式转型的改革开放道路。我国经济发展转型阶段的制度创新，应该着眼于构建引导集约型、升级型和内生型增长的体制机制。

新古典经济学把制度纳入经济增长因素的分析框架，制度作为经济增长因素的特点在于其作用的扩散性和渗透性。后发大国具有“大国”和“转型”的特征，“大国”的特征决定了制度创新启动较慢和作用持续，“转型”的特征决定了制度创新的特殊性和重要性。坚持制度创新，不断深化改革开放，这是后发大国经济增长的必然选择。

1. 制度创新推动经济发展的作用和方式

制度创新的作用及其方式具有特殊性，主要表现为渗透性和扩展性。首先，制度因素可以渗透在影响经济增长的诸因素中，变成引起自然资源、人力资本、金融资本、技术进步和对外贸易等因素变化的条件，通过促进各个领域的机制设计和制度创新，推动经济增长或转型。其次，某个领域的制度创新可以扩散到其他领域，比如，自然资源利用的体制机制创新

将会引起金融、科技和外贸领域的体制机制的变化，人力资本利用的体制机制创新可以引起科技领域的体制机制的变化。这种渗透性和扩展性，充分表现了制度创新在引导各个方面的体制机制创新、推动经济增长或转型中的重要影响作用。

制度因素是大国经济发展的重要制约因素，制度创新对于资源、资金、人力、技术、市场以及对外贸易等各种因素的优化，以及"大国综合优势"的形成有着重要的影响作用。具体地说，制度因素的一般作用主要表现在三个方面：其一，适宜的制度是经济增长的前提条件，这种制度可以形成有利于经济增长的环境，促进经济增长相关因素的改善和优化，从而推进经济的快速持续发展；其二，不同类型的制度可以形成不同类型的经济增长方式，有的制度促进粗放型经济增长方式的形成，有的制度促进集约型经济增长方式的形成；其三，制度的变革可以为经济增长与转型提供动力，或者冲破阻碍经济增长的桎梏，或者促进经济增长方式的转型。制度因素的作用在大国的特殊性主要表现在两个方面：一是大国制度变革的难度比较大，启动比较慢，所以适合于采取渐进性的改革方式；二是大国制度创新的影响比较深，对经济增长具有持续的推动力，所以往往导致经济的长期和持续的增长。

2. 我国的改革开放与经济高速持续增长

我国是一个发展中国家，在探索最近三十年经济快速持续增长的原因时，肯定会遇到这样一个问题。我国是一个大国，它具有国土面积广阔、人口数量众多、自然资源丰富和市场潜力大的特征，而且这些特征是恒定的。那么，为什么中国在从1840—1949年的100多年时间里却出现了经济下滑、民不聊生的景象？在十年"文化大革命"的动荡时期，也出现了经济衰退、物质商品匮乏的局面？不言而喻，其中的重要制约因素就是制度，主要是由于制度的落后和僵化阻碍了经济的增长，阻碍了"大国综合优势"从"潜在优势"向"现实优势"的转化。

人类社会的发展遵循着普遍的规律，大国的发展也不例外。马克思创立的唯物史观揭示了人类社会发展的普遍规律，也是我们理解大国发展的钥匙。马克思在《政治经济学批判》序言中写道：“人们在自己生活的社会生产中发生一定的、必然的、不以他们的意志为转移的关系，即同他们的物质生产力的一定发展阶段相适应的生产关系。这些生产关系的总和构成社会的经济结构，即有法律的和政治的上层建筑竖立其上并与一定的社会意识形式与之相适应的现实基础。”“社会的物质生产力发展到一定阶段便同他们一直在其中活动的现存生产关系或财产关系（这只是生产关系的法律用语）发生矛盾。于是这些关系便由生产力的发展形式变成生产关系的桎梏。那时社会革命的时代就到来了。随着经济基础的变更，全部庞大的上层建筑也或快或慢地发生变革。”马克思的论述揭示了社会基本矛盾运动的规律，即生产力和生产关系、经济基础和上层建筑相互作用及其矛盾运动的规律。这个客观规律告诉我们：生产关系一定要适合生产力的性质、水平和发展要求，适合于现实生产力的生产关系或经济制度，对生产力发展和经济增长起着促进作用。落后或者超越现实生产力的生产关系或经济制度对生产力发展和经济增长起着阻碍或者破坏的作用。明白了这个道理就可以比较好地理解大国的制度创新对于推动经济增长的重要作用，科学地回答我国经济发展的曲折性问题。近代我国的经济发展缓慢主要是因为受到封建制度和落后体制的阻碍。“文化大革命”时期，我国经济衰退主要是因为受到超越发展阶段的经济体制的破坏。归结起来，都是由于不适合现实生产力状况的制度或体制束缚了大国经济优势和潜力的发挥。同时，也正是由于后来通过改革开放，摆脱了不适宜的经济制度和经济政策的束缚，我国经济才出现了高速持续增长的势头。运用马克思历史唯物主义概念和方法来思索我国改革的经验，特别是运用社会基本矛盾运动的原理认真分析三十年改革开放的经验，很有必要。

中国共产党第十一届三中全会开展的改革开放为我国的大国优势的发挥提供了制度保障。会议指出:“实现四个现代化,要求大幅度地提高生产力,也就必然要求多方地改变同生产力发展不适应的生产关系和上层建筑,改变一切不适应的管理方式、活动方式和思想方式,因而是一场广泛的、深刻的革命”。为了克服计划经济体制的弊端,建立社会主义市场经济体制,进行了四个阶段的经济体制改革:第一阶段,经济体制改革从农村起步,实行联产承包责任制;第二阶段,以城市为重点的经济体制改革全面展开,逐步加强市场机制对经济运行的调节作用;第三阶段,确立社会主义市场经济的目标模式,从微观经济基础、市场体系建设、政府管理体制、收入分配制度和社会保障制度等方面建设社会主义市场经济体制;第四阶段,确立以人为本和协调发展的改革观,完善社会主义市场经济体制。与此同时,对外开放逐步扩大,实现我国经济与国际经济的融合。改革开放和体制转轨给我国经济注入活力,推动我国经济加速发展。官方统计数据显示,1979—2007年,我国年平均实际GDP增长率接近100倍;人均GDP从1978年的173美元增加到2007年的2000美元左右,增长了10多倍;我国经济占世界经济的比重从20世纪70年代末的不足1%提高到21世纪初的近5%。我国作为一个后发大国,经济实现了三十年的高速增长,而且基本上呈现加速增长的态势。主要有以下几个方面的经验:

坚持以培育市场机制为主线的制度创新,构建社会主义市场经济体制,使大国经济增长因素得到优化,自然资源、人力资本、金融资本等各种要素实现合理配置。我国改革的目的是要更大地释放生产力潜能,使计划体制下受到束缚的各种生产力要素活跃起来,建立社会主义市场经济体制。我国的经济体制改革从一开始明确以市场为取向,逐步扩大市场机制的作用,实现以市场为基础合理配置各种资源。在搞活商品市场的同时,逐步培育资本市场、劳动力市场和土地市场,使商品和要素的交易成本降低，提高生产效率。我国作为一个资源丰富和人口众多的大国，各种规模巨大的生产要素的合理配置和高效利用，推动了经济的高速增长。

坚持渐进式的改革路径，使大国的制度创新稳步推进，避免波动和曲折。我国的改革是渐进式的，即在向市场经济过渡时采取累积性的边际演进的转换模式。具体表现在：从农村改革开始，然后扩展到城市改革；从比较适应市场经济的非国有制经济开始，然后发展到重点推进国有经济的改革；从搞活商品市场开始，然后发展到培育生产要素市场；从计划内外双轨制开始，然后发展到市场单轨制；从经济特区、沿海城市改革开放开始，然后发展到内地的全面改革开放。

坚持改革与开放相结合，使大国经济可以充分地利用国内市场和国际市场，以国内需求和国际需求双牵引模式拉动经济增长。中国是一个大国，市场潜力很大，适宜采取以国内需求为主导的发展模式。然而，这种特征往往容易导致封闭的经济发展模式，丧失了国际市场的有利资源。对外贸易和国际经济合作是经济增长的重要因素，也是大国经济发展的重要推动力量。改革开放前的封闭经济模式，使我国经济不能参与国际经济的大循环，丧失了许多有利的资源和发展机遇。实行对外开放的政策，积极发展对外贸易，吸进外资和开展对外投资充分发挥市场潜力。我国的进出口交易以年均18%的速度增长，2006年的对外直接投资（FDI）流入是1985年的43倍，2007年的对外投资总额达到187亿美元。对外开放既增加了经济的需求拉动，又在更广的范围合理配置了资源，推动了我国经济的繁荣和发展。

坚持经济增长的阶段式转型，使大国经济可以充分地发挥“后发优势”和“先发优势”，实现产业结构的转换升级。我国是后发大国，具有大国综合优势，从总体上看，经济和产业发展落后于发达国家，具备追赶发达国家的“后发优势”；同时，我国的经济技术发展水平不平衡，在某些产业和技术上已经达到国际先进水平，具有领先发达国家的“先发优势”。因此，我国的经济转型遵循了阶段的转型路径，首先是发挥比较优势和后发优势，使关系国计民生的重点产业迅速发展壮大；然后再培育竞争优势和先发优势，发展战略性新兴产业。这样分阶段地推进经济增长的转型，促使产业结构由低端向高端发展。

坚持适用技术与高新技术相结合，采取模仿创新与自主创新的方式，以技术进步带动各种要素的发展。科学技术是第一生产力，技术进步可以带动自然资源和金融资本的高效利用，人力资本的进步、市场结构的改善以及出口产品结构的升级。为此，中国坚持“科教兴国”的方针，并实施适合中国国情的科技发展政策。既充分利用适用技术推动传统产业的发展，又积极利用高新技术改造传统产业，并通过技术创新培育新兴产业。在技术创新的路径上，充分发挥后发大国的优势，推行“模仿创新”，利用套利机制节约技术创新的成本。根据大国的特征，坚持走自主创新的道路，努力取得重点产业的核心技术，使得各种技术资源得到充分利用，并且通过技术进步带动了各种要素的发展和经济高速持续增长。

第三节　金融是现代经济的核心

中国改革的启航者与总设计师邓小平同志在20世纪70年代末提出了我国实现“四个现代化”的宏伟目标。工业现代化、农业现代化、国防现代化与科学技术现代化，邓小平同志的“四个现代化”概念虽没有直接提及金融，但他也曾肯定地指出“金融是现代经济的核心”。必须特别指出的是，在论述金融的作用时，邓小平同志所关注的并不是金融与传统农业经济或工业经济之间的关系，而是非常明确清晰地把金融与“现代经济”联系起来。尽管邓小平同志并非一个受过专门训练的经济学家或金融专家，但作为一个富有睿智与洞察力的政治领袖，他显然清楚地看到了金融与现代化之间的内在联系。

在发展经济学中,现代化往往与发达或已开发的概念相提并论。按人均 GDP 衡量,如果一个国家国民的收入水平达到了今天美国、欧洲或日本的水平,那么,这个国家就可以归属为“高收入国家”或“经济发达国家”。对于我国这样一个低收入国家,实现“四个现代化”的过程就是一个不断“追赶”的过程,即通过国民经济持续高速的增长,不断缩小与发达国家的收入差距,直至收入水平产生收敛或趋同的结果。

实现长远经济增长,不能单纯依赖劳动力与资本的投入,必须要有生产率的显著提高。这样,金融的重要作用就凸现出来。因为,金融的主要功能就是动员储蓄、分配投资、提高资源配置效率,从而帮助社会提高生产率。运作良好的、有效率的金融体系是实现经济可持续发展从而最终实现经济现代化的一个重要因素。

从全球范围来看,银行对于私营部门信贷额占 GDP 的比例越高,人均 GDP 水平就越高;股市市值占 GDP 的比例越高,人均 GDP 水平也越高;债市市值占 GDP 的比例越高,人均 GDP 水平也越高。可见,发达的金融体系通常伴随现代化的经济。

可慰的是,我国政府越来越认识到金融的重要性,近年来尤其致力于推进金融业重组,在银行改革与资本市场改革上都取得了巨大成就。但是,我国的银行与资本市场还有许多不完善之处与薄弱环节,未来还继续面临着相当大的风险与挑战。我国已是名副其实的全球制造业大国,但我国还不是金融大国,更非金融强国。我国在资本市场发展上的差距与美国、英国等发达国家相比尤其显著。

在未来若干年,金融改革与金融业发展应当继续是我国整体经济发展的战略重点。如果不大力发展金融市场,不能大幅提高金融体系的效率与稳定性,我国过去二十多年 GDP 增长的高速度,将很难持续,甚至还会面临系统性的金融风险。

一、金融的现代化决定成败

金融的现代化是经济现代化必不可少的工具与途径。事实上，现代化的金融体系也是经济现代化的一个最显著的标志，因为金融体系的发展水平比较综合地反映了一个国家的法治建设、社会稳定与经济结构，从硬件与软件两方面客观地区分了传统社会与现代社会的差别。没有现代化的金融，就不可能有真正现代化的中国。具体分析如下：

1. 金融体系反映了一个国家的“软实力”

可以粗略地说，制造业主要体现的是国家的硬实力，例如，企业生产多少吨钢材和多少辆汽车等。而一国金融的发达与否既衡量了该国的硬实力，也评估了该国的软实力。发达的金融体系不仅需要有先进的IT系统与通信网络等作支撑，更需要先进的软件，其包括内部风险管理、业务模式、产品开发、服务质量、公司品牌与文化等，同时还需要优良的外部软环境自由竞争、法治、公平游戏场和合理税赋等非实物形态表现但又至关紧要的软件内容。无论是上海的陆家嘴，还是北京的金融街，大量资源流入而铸就的高楼大厦等硬件，实际上是被美化的房地产开发，而在金融制度和金融政策等软件的投入方面重视不够。如果只需通过房地产等硬件投资就能打造现代化的金融中心，那么阿联酋的迪拜也许已足够条件挑战纽约与伦敦，甚至有理由取而代之成为国际首屈一指的金融中心。

2. 金融系高端服务业，是现代经济不可或缺的部分

现代化的经济结构中的一个典型特征是现代服务业在GDP中占很高比例，通常在70%以上。而金融业就附加值而言是服务业中最重要的板块之一。此外，金融的发展往往需要相关服务，如法律、会计、审计、税务和IT等专业服务体系的配套支持，因此，金融能刺激推动相关服务业发展，并具有产业集聚催化剂与领头羊的作用。我国的现代服务业发展

滞后，服务业占GDP的比重不但远低于发达国家，而且也低于印度等新兴市场国家。发展服务产业不能只靠开餐馆、小店铺之类传统服务业，而是要重视发展高附加值的金融服务业，才能事半功倍。

3. 建立现代化的金融体系必须有现代化的教育制度与人才制度作为前提

金融的元素是金融资本，但更重要的元素是人力资本，是高素质的专业人才。纽约与伦敦的金融业集中了全世界一大批学历最高、素质最好的专业人才。以华尔街为代表的金融业是美国一流大学商学院毕业生的首选行业。与制造业不同，就竞争力而言，劳动力成本对于金融业发展不是重要因素。近年来我国大型商业银行在海内外成功上市，其股票甚受市场追捧，但其投资故事亮点里并不包含低廉的员工成本这一条。恰恰相反，投资者担心的是我国银行机构员工数量过于庞大，专业素质普遍不高。换言之，投资者并非只关心银行的绝对成本水平，而是更关注成本与收入比、资产回报率与股本回报率等指标。

4. 鉴于人才对于金融业的重要性，金融体系的发展程度取决于一个国家教育体系发达与否，因而也间接衡量该国教育体系的质量水平的高低

除了高等教育所培养的金融人才数量与质量，金融体系的发展水平也受金融机构自身人才制度与政策环境的制约。对于我国的金融机构来说，无论是商业银行、投资银行还是保险公司，国有控股或参股的比例越高，吸引人才、激励人才、挽留人才所面临的困难与挑战也就越大。在经济全球化的时代，如果中资金融机构的人才制度、薪酬激励政策与内部文化不具吸引力，一流人才就可能流失到外资金融机构。归根结底，金融体系的效率与竞争力取决于优秀人才，现代化的金融体系离不开现代化的教育制度与人才制度。

回顾我国近代史，富国强兵，必须有西式银行，而金融业最关键的还是人才。这一点，早在一百余年前洋务运动的先驱者：曾国藩、左宗棠、李

鸿章、郭嵩焘等人就认识到了。没有一套能真正培养、吸引、挽留和激励世界级顶尖专业人才的机制，这恐怕至今仍是发展我国现代金融服务产业的一个根本障碍。现代化的金融体系必须以有效法治环境作为基础，与传统工业或商业活动相比，金融活动更为复杂，面临的不确定性与风险更大，金融交易合同的条款也相应更加繁琐。这意味着金融市场的参与者必须对一个国家法律制度（确保金融交易合同的执行）有足够的信心。例如，居民在银行存款是最简单的一项金融交易，但如果银行不能保障存款者资金的安全，并且让存款者无条件按自由意愿取回自己的存款，这个国家的银行体系就不可能稳定，更谈不上有效率地发展了。如果一项简单的存款合同是如此艰难，那么更为复杂的金融衍生交易就更是难以完成。所以，金融的发展对一个国家的法律制度的完善程度要求很高，财产权利的保障、交易合同的贯彻遵守、司法程序的公正与效率、破产机制的运作、债权人利益与投资者保护等，这些都是现代金融体系有效运转与健康发展的必要条件。没有良好法治环境的保障，就不可能培育健康的信用文化和股权文化，银行体系与资本市场的发展和完善也将会遇到巨大的障碍。

5. 金融体系的运作需要信息透明

金融体系的运作效率、公平性乃至稳定性，都要求信息透明，以保证投资者及时获得宏观经济政策、行业趋势、企业经营、技术发展，以及地缘政治、国家安全与社会动态的相关资讯，以便投资者及时调整资产组合，分散和转移风险。一个国家的会计审计制度越严格，资讯业越发达，信息披露越是完整、准确、及时，该国金融市场的反应就越灵敏，金融资产价格的调整也就越迅速、有效。因此，信息公开、媒体自由、资讯发达，这些也是金融现代化的必要条件之一。

6. 金融的健康快速发展需要一个有效的监管体系

显然，监管一个传统农业社会相对简单，监管一个工业社会更为复杂，而监管一个包括金融高端服务业在内的后工业社会则尤为复杂。实际上，能否有效驾驭一个庞大复杂的金融体系，对一个国家的整体行政监管能力是一项重要的考验。金融活动具有外部性、信息不对称、道德风险等特点，而且个别金融机构发生的问题很可能通过“金融传染”而波及整个金融体系，产生酷似核物理上的“链式反应”，危及整体金融体系的稳健。这就要求一个国家必须对于金融活动进行适当有效的监管。但监管是一项极其复杂困难的工作，需要有良好的监管理念、丰富的专业知识、完善的制度、先进的科技手段等最佳的要素组合，才能达到预期的目标。在许多国家，历史一再见证“监管失败”的案例。监管未能有效降低金融不稳定与系统性风险。相反，不少国家的监管造成了严重的“金融压抑”，阻碍了金融业的发展。

我国作为一个处于转轨时期的新兴经济体，计划经济时代的政府行政干预观念依然根深蒂固，因此，我国的监管体系（从设计到运行）体现了强烈的“行政色彩”，本质上是直接的行政管理，而非真正的“审慎监督”。现行金融监管体系尚未能有效处理好“审慎监督”与“金融创新”的平衡，金融机构开设新业务、推出新产品步履维艰，对于金融市场的发展设立了过多的樊篱束缚。而且，现行监管体系客观上强化了金融机构的“道德危害”，背离了市场经济自由竞争，优胜劣败的自然筛选自然淘汰法则。因此，监管制度的改革应当成为我国金融下一轮整体改革的一个必要组成部分，以促进金融体系效率的不断改善，并维持金融体系的系统稳定性。

7. 发达的金融体系可以显著地推动创新和技术进步

经济理论与实证研究结果表明，一个国家经济的长远增长取决于生产率，而技术进步是提高生产率的主要途径。我国经济在经历了长达四分之一世纪的高速成长以后，目前正面临着经济增长方式转变的关键时期。

按照国家“十一五”发展规划，我国力图改变高投入、高能耗、高排放的传统增长方式，走自主创新、能源节约型、环境友好型的可持续发展道路。为了实现经济增长转型，除了增加教育、科技与研发投资之外，金融体系可以发挥极其重要的作用。

早期风险投资能够为企业家提供创业资本，资本不但为企业发展壮大提供后续股权与债权融资，而且可为创业者提供财富货币化的机制与渠道。发达的市场经济国家尤其是美国的经验表明，自由竞争与财富创造是刺激科技发明与高风险创业活动最重要、最持久的诱因。单从教育体系与科技人才的数量和质量比较而言，前苏联可以说与美国不相伯仲。但是，以电脑与互联网为代表的IT革命、生物制药、以好莱坞为代表的传媒娱乐业等知识密集型和高附加值的产业都是发生在美国而非前苏联，其中很重要的一个原因就是美国拥有全球最发达的金融市场，为资本的募集与高效率的使用，为具有重大商业价值的发明与创新活动提供了强有力的支持与推动。

8. 国民经济现代化的进程与经济全球化的过程密切相连

很难想象，一个国家可以在闭关自守、闭门造车的条件下打造出一个现代化的金融体系。金融现代化必然伴随金融的国际化。金融国际化有以下两层具体含义：其一，金融服务的国界日趋模糊，本国金融机构可以在境内也可以在境外设立，既可以为本国企业和消费者，也可为外国企业和外国消费者，提供多样化的金融服务。同样，外国金融机构也可以在本国境内为他国也可为本国的企业与消费者提供多样化的金融服务，包括企业信贷、消费信贷、公司融资、并购重组、风险管理、财富管理等服务。换言之，当本国金融服务市场是开放的，内外资金融机构可以进行公平竞争，从而保证本国经济能够享受到全球最先进最优质的金融服务。其二，资本可以跨境自由流动。一方面，外国的企业、机构与个人可以在本国进行长期直接投资、短期证券投资以及为本国居民提供信贷；另一方面，本国企业、机构与个人可以“走出去”，能在境外进行直接投资，证券投资以及向外国居民提供信贷。也就是说，资本账户已经高度开放，本国货币无论是在贸易项目下还是在资本交易项目下皆可以比较自由地兑换。

显然，金融国际化有利于更好地满足本国经济对于金融服务日趋复杂与多样化的需求，有利于金融资产全球风险分散，从而显著提高预期回报率，乃至整体金融市场效率。与此同时，金融市场的开放与竞争的加剧，资本跨境流动波动性的增加，为本国宏观经济政策（包括利率与汇率政策）和审慎监管制度也相应提出了更大的压力与挑战。

从国际经验来看，发达的资本主义国家在金融发展上也有正负两方面的经验教训。总体而言，德国、日本、意大利与西班牙的金融体系受政府干预管制较多，银行在金融体系中占据主导地位，由于法律缺失，公司治理与投资者保护的不足，资本市场发展相对落后，金融业缺少国际竞争力。美国、英国、加拿大、澳大利亚等国家的金融体系，以资本市场为主，具有较高的效率、创新能力与国际竞争力，在外部冲击面前其反应也更为灵敏，调整更为迅速，从而在较长的时期展现了更强的系统稳定性。日本是典型的制造业强国，却是金融服务业的弱国。而美国和英国拥有全球最发达最先进的金融体系。这些不同的发展模式值得我国参考借鉴。考察人类经济发展史，我们看到，现代化的进程绝不只是一个简单的工业化和城市化的过程，也是一个金融业发展与深化的过程。后者仰赖于有效的法治、审慎监管、教育与人才、资讯透明、自由竞争与市场开放等综合反映一个国家法律、社会、教育与文化发展水平的一系列因素。如果金融体系能够健康地发展，它就能够大大推动工业化与城市化，提高投资效率与生产率，从而确保经济可持续的高速增长与人民生活水平的不断提高。经济现代化离不开金融现代化，而金融现代化也是经济现代化的一个显著标志。

二、金融的崛起就是中华民族的崛起

我国市场经济的发展，首先是资本市场的发展，因为资本市场是我国市场经济体系的短板。我国的资本市场不只比发达国家落后，比许多发展中国家落后。无论多么复杂的经济体,最终都是以经济效率为核心,经济效率又是以企业为载体。企业无非就是两种命运:生存或死亡。因此,制度安排也就是两句话:让好企业能更好地发展,让不好的企业能尽快退出。而企业的发展和退出又都离不开资本与金融市场。在成熟的金融市场里,企业发展要有制度,主要是通过一定的运作,公募、私募、股权,股份合作等等不同的方式和方法来操作互为关联,互为依托。光有制度不行,制度还要有效率,也是两句话:微观看市场的运行效率,宏观看中央银行、财政体系的运行效率。可见,制度和效率是连接经济、资本与金融以及企业之间的本质纽带,也是金融的本质内涵。

一个大国的崛起,是一个此消彼长的过程,必定要改变世界格局。而所谓"战略",本身便包涵"对抗"的概念,只是对抗的表现形式不同而已,可以是武装冲突的形式,也可以是和平竞赛的方式。改革开放30多年来,我国金融业已经取得长足的进步,但还远不是经济强国,更不是金融大国和金融强国,迈向经济强国的关键在于建立一个发达的现代金融体系。随着我国经济进一步融入世界步伐的加快,如何重塑我国金融的国际竞争力,如何充分发挥金融在我国和平崛起中的重要作用,如何在国际金融新体系建设过程中做出我国应有的巨大贡献,这些问题都摆在了我们眼前,不容回避。

2007年8月28日中共中央政治局进行第四十三次集体学习,中共中央总书记胡锦涛主持会议,并强调,要充分认识做好金融工作的重要性和紧迫性,深入研究金融领域的新情况新问题,加快推进金融改革,切实保障金融安全,全面做好金融工作,增强金融业综合实力、竞争力和抗风险能力,推动金融业持续健康发展。金融是现代经济的核心。随着经济全球化深入发展,我国经济持续快速发展和工业化、城镇化、市场化、国际化进程加快,金融日益广泛地影响着我国经济社会生活的各个方面,金融也与人民群众切身利益息息相关。在国内外金融市场联系和相互影响越来越密切的形势下，做好金融工作，保障金融安全，是推动经济社会又好又快发展的基本条件，是维护经济安全、促进社会和谐的重要保障，越来越成为关系全局的重大问题。

胡锦涛同志是强调，要全面推进金融改革发展，着力加强现代金融体系和制度建设，创新金融组织体系和发展模式，创新金融产品和服务，创新金融调控和监管方式。要以建设现代银行制度为目标，继续推进各类银行改革，着力转换经营机制，加快形成一批资本充足、内控严密、运营安全、服务优质、效益良好、创新能力和竞争力强的现代化银行。要把农村金融改革发展作为金融工作的重点，健全农村金融基础服务体系，充分发挥各类农村金融组织作用，加快建立健全适应“三农”特点的多层次、广覆盖、可持续的农村金融体系。要大力发展资本市场，加强资本市场基础性制度建设，促进资本市场主体健康发展。

胡锦涛同志是强调，要充分发挥金融服务功能，更加注重发挥金融配置资源、调节经济、服务发展的功能，更加有效地运用金融手段搞好宏观调控，推动解决经济运行中的突出矛盾和问题，保持经济平稳快速发展。金融企业要围绕国家发展战略和目标任务，积极调整服务方向和重点，在努力增加盈利、提高效益的同时，加大对经济社会发展支持力度，积极为调整经济结构、推动自主创新、节约能源资源、保护生态环境、促进区域协调发展、改善人民生活发挥作用。要继续扩大金融对外开放，着力提高对外开放质量和水平，同时要切实加强扩大开放条件下的金融风险防范工作，确保国家金融安全。并指出，金融越发展，越要加强监管。要坚持把金融监管作为金融工作的重中之重，加快金融法制建设，不断完善金融监管体制机制，改进金融监管方式和手段，健全金融监管协调机制，做好金融重点领域和重点环节监管，加快构建金融安全网，依法打击各种金融违法犯罪行为，不断提高监管能力和水平。做好金融工作，任务艰巨，责任重大，需要各方面共同努力。各级党委和政府要切实加强和改进对金融工作的领导，认真贯彻中央关于金融工作的大政方针和决策部署，树立现代金融观念，自觉按照经济规律办事，高度重视和支持金融工作，支持金融监管部门加强监管。各级领导干部要带头学习金融理论特别是现代金融知识，努力提高领导金融工作能力。要建立健全符合现代金融企业制度要求的选人用人机制，加强金融职业培训，大力培养各类金融人才。要加强金融系统党风廉政建设，全面提高金融从业人员特别是各级领导干部思想政治素质、业务素质、职业道德素质，弘扬新风正气，反对歪风邪气，形成良好行业风气。

Part 2

第二章

探索广西对外开放新模式

1978年12月，中共十一届三中全会明确提出大力发展我国的对外经济关系，实行对外开放政策，要求“在自力更生的基础上积极发展同世界各国平等互利的经济合作，努力采用世界先进技术和先进设备”。这是我国振兴经济、进行社会主义现代化建设的正确选择，标志着我国进入了新的历史时期，广西的历史也掀开了对外开放的新的一页。1992年以前，广西的对外开放大体经历了两个发展阶段：第一阶段从1979—1984年年初，是对外开放的起步阶段；第二阶段从1984—1992年，是对外开放的全面展开阶段。1992年之后，广西加快对外开放的步伐，进一步落实广西对外开放政策。

“十一五”规划中提出，西部地区是三个发展重点地区之一。东部发展的最大教训是自主创新能力太弱，只是“制造”不是“创造”，过于依靠国际市场而忽视国内需求。西部发展的关键是要走独特的“破坏性创新”之路，坚持科学发展、和谐发展、经验借鉴和差异协同的原则。核心是实施“截流”工程，树立“天下资源都可为我所用”的理念，把世界上的资源包括资金、人才、技术、项目都吸引到我国西部来。当务之急是深入解放思想、转变观念，按照科学发展观要求，制造“切入点”“吸引点”“生长点”和“闪光点”，从而产生“尖凸效应”“支点效应”“分流效应”和“势差效应”。把生态环境保护和自主创新放在更加突出的地位。

第一节 广西对外开放的起步

广西壮族自治区位于我国的南部，陆地面积23.67万平方公里，占全国总面积的2.5%，居各省区市第9位。1983年末，行政区划8个地区，5个自治区辖市，82个县(市)(其中6个县级市、66个县、10个民族自治县)，总人口3733万人。广西南濒北部湾，与海南省隔海相望，东邻广东，经西江连通香港、澳门，西接越南，西南连云南、贵州等西南各省，北邻湖南省，具有“背靠大西南，面向东南亚”的得天独厚的地缘优势，是连接我国东南沿海省份与西南各内陆省的重要枢纽，也是西南各省最便捷的出海口。广西还是全国唯一具有“三沿”(沿海、沿江、沿边)优势的少数民族自治区，也是全国第三大侨乡，有着丰富的自然资源和人文资源。良好的地理位置和丰富的资源，给广西的对外开放、开展对外经济贸易提供了良好条件。

由于自然条件和历史原因，广西长期处于贫穷落后的状态，贫困面大，贫困人口众多。进入 20 世纪 80 年代，我国加快西南地区经济发展和“老少边山穷”地区脱贫步伐的任务日益紧迫。面对东南亚各国经济快速发展的态势，加快广西环北部湾沿海地区的开放和开发，赢得竞争的主动权，成为必然趋势。此外，中越关系逐步缓和，趋向正常化，也为环北部湾地区和西南地区的对外开放提供了外部条件。

在党中央的关注下，1983 年 10 月，县级的北海市恢复地级市建制。同一时期，广西的沿江、沿边开放也有所发展。1982 年 1 月 5 日，国务院批准恢复西江港口梧州至香港(含澳门)的直达客运业务。1983 年 7 月 13 日，国务院批准防城港对外国籍船舶开放口岸。1983 年 10 月，我国政府决定在沿边境地段开设圩市，允许越南边民过境互市。广西大新、龙州、凭祥、防城县(市、自治县)陆续在中越边界设点贸易，因战事而中断四年的中越边贸互市恢复。1983 年 11 月 12 日，梧州市被列为我国对外开放城市(乙类)。广西贯彻中央对外开放政策，加快对外经贸的发展步伐，1980 年进出口贸易总额达到 37823 万美元，比 1978 年增长 40.52%，其中出口增长 46.98%。1983 年进出口贸易总额达到 40048 万美元，其中出口贸易额 34269 万美元，进口总额 5779 万美元。

在利用外资方面，广西从 1979 年开始起步，当年引进外资 1081 万美元。1981 年 12 月，经广西壮族自治区人民政府批准成立了广西第一家中外合资企业——南宁琼斯有限公司。利用外资的形式从补偿贸易开始。国际经济技术合作方面，对外承包工程和劳务合作业务始于1980年6月承建香港荃湾屠房工程。接受国外无偿援助始于1982年联合国开发署援助桂林电表厂复印机生产项目。1981—1983年国际旅游业共接待62.47万人次，旅游收入共计7222万元。

这个阶段广西的对外开放虽然已开始起步，并取得初步成效，但在政策和观念方面还受到较多局限，因而进展不大。

第二节　进一步对外开放的历程

1984—1992年，国家加大了对外开放力度。广西的进一步对外开放得到党中央、国务院的重视和支持，以北海的开放为起点，由沿海——沿江——沿边，并向内地不断推进，基本确定了以西南出海通道建设为中心的广西对外开放的格局，对外经济有了较大的发展。这一段的进程，大致可分为三个阶段：

一、1984—1987年，广西沿海地区进一步对外开放

北海市的对外开放，标志广西开始了进一步对外开放的历程。1984年年初，邓小平同志视察深圳等四个经济特区后指出“我们建立经济特区，实行开放政策，有个指导思想要明确，就是不是收，而是放。”“除现在的特区外，可以考虑再开放几个港口城市，如大连、青岛。这些地方不叫特区，但可以实行特区的某些政策。”根据邓小平同志的谈话精神，1984年4月6日，中共中央、国务院决定进一步开放14个沿海港口城市，并给予10项优惠政策，包括放宽利用外资建设项目的审批权限、增加外汇使用额度和外汇贷款，对中外合资、合作经营企业及外商独资企业给予若干优惠政策等。1984年4月19—22日，广西壮族自治区党委召开专门会议，讨

论北海市经济开发问题，决定要以深圳速度建设北海，把北海建设成广西技术的窗口、管理的窗口、知识的窗口、对外开放的窗口。同时成立开发北海经济区办公室，在广西壮族自治区党委的领导下，具体负责各项开发工作。“一定要下定决心，鼓起信心，把这件事办好。”1984 年 4 月下旬，广西壮族自治区人民政府主席韦纯束在广西六届人大二次会议上作《政府工作报告》，指出，广西的开放必须以北海为重点，要引进外资，调集人才，开发北海。1974 年 5 月 4 日，中共中央、国务院批转《沿海部分城市座谈会纪要》，指出进一步开放沿海部分城市“是发挥沿海大中港口城市优势，开创利用外资，引进先进技术的新局面，加速社会主义现代化建设的一个重要步骤”，北海市（含防城港）列入全国第一批进一步对外开放的沿海城市，对北海市、防城港以及少数民族自治区的广西，都具有重要的意义。接着，有关部门组织力量，在 1984 年 5 月下旬论证和编制了《北海市（含防城港）经济开发区规划方案（讨论稿）》。1984 年 6 月 2 日，广西自治区人民政府邀请中外专家、学者举办《规划》评议会。1984 年 6 月中旬，中共中央书记处书记、国务院副总理谷牧，国务委员兼国家经委主任张劲夫先后视察北海和防城港区，听取了汇报，对开发建设作了具体指示。

广西确定的开发北海市（包括防城港）的方针是：“要与广西和西南各省的经济发展密切结合起来，纳入总的经济发展战略中去”，“应以钦州市为枢纽，从北海至防城港沿钦州湾形成一个带状的开发建设地区，使这一前沿地带成为整个大西南对外开放的窗口”。按照特事特办，新事新办的原则，北海市的发展要以工业为主，同时发展渔业、外贸、旅游、商业、金融、服务以及科学技术、文化教育等事业，建设综合性现代化港口城市。而防城港区则决定“以进出口贸易为主，发展为港口服务和充分利用当地资源为主的各行业开发，把港口建设成为现代化的港口城市”，在一定期限内行政区（除去涠洲岛、斜阳岛的陆域）实行经济技术开发区的政策，采用内引外联的方法进行开发建设。下放利用外资建设项目的审批权限：北海、防城港可审批500万美元(含500万美元)以下项目；基础设施建设项目由广西壮族自治区经济开发区办公室统一协调安排；在外汇额度的使用和外汇贷款上给予照顾，1984—1986年，每年拨给北海市和防城港3000万美元的外汇额度，并配给相应低息人民币贷款，主要用于进口先进技术和设备。考虑到北海市基础差，底子薄，国家在政策上给予了特别支持：一是1984—1987年，北海市与外商签订的合同，在其有效期内，企业所得税一律减按15%征收，减征或免征地方所得税，免征外商汇出税；二是1990年以前免征北海市区基建所需机器、设备和其他基建物资进口关税、产品税和增值税；三是1985—1987年，北海市进口的生活消费品和其他市场物资，除国家限制进口的商品和烟、酒外的其他商品，每年不超过1000万美元额度的可试行减半征收进口关税、产品税和增值税。

为了适应进一步开放的需要，广西壮族自治区党委和政府十分重视调配干部、培训干部和招聘人才的工作。采用选调与招聘相结合、引进与培养相结合、正规培养与速成训练相结合、内联与外引相结合等方式，通过多种渠道解决人才问题。广西壮族自治区党委、政府成立支援防城港调干办公室，并由自治区直属45个单位负责完成选调干部和组建中共防城港区工作委员会和防城港区管理委员会。在调入和配备各级干部方面，北海仅1984年就调入干部562名。为进一步的对外开放提供干部和人才保障。行政区划也进行了相应调整，1985年3月25日，中共防城港区工作委员会和管理委员会成立，代行政府职能(地厅级)。1987年7月1日起，广西壮族自治区人民政府将钦州地区合浦县划归北海市管辖，北海市辖区面积由原来的275平方公里扩大至3337平方公里，人口由17.16万人增至113.45万人。北海的经济实力得到进一步增强。

基础设施建设是实施对外开放、引进外资和先进技术设备的重要前提条件。但是长期以来，北海市政基础设施简陋落后，远远赶不上进一步开放的需要。根据国务院国发[1984]120号关于"北海市的对外开放应坚持从实际出发,近期内要搞好基础设施(包括交通、通讯和旅游宾馆等)的建设,为打开利用外资、引进先进技术的局面创造必要的条件"的批复,在国家和广西壮族自治区的支持下,北海从1985年开始,根据港口城市的特点,开始"五通一平"(路通、水通、电通、通讯、交通、平整土地),进行总体开发建设。建成使用的基础设施项目有北海机场;两个万吨级泊位,年新增吞吐能力73万吨;南宁—北海微波通讯工程;合浦—北海110千伏送变电工程;日供水3万吨水厂,基本解决供水、供电问题;1.57平方公里的经济技术开发区道路、通讯、供排水、供电等综合配套工程;14.37万平方米的高档综合性多功能服务设施,功能住宅小区9.24万平方米,城市建成面积由1983年的9.4平方公里扩展至1988年的12.8平方公里。1984—1988年共完成投资1.95亿元,占同期固定资产投资完成额的25.6%,北海的投资环境得到初步改善。

2006年11月11日,中国银行业监督管理委员会主席刘明康一行到北海市进行了考察调研。广西壮族自治区党委常委、北海市市委书记温卡华,北海市委、市政府对银监会长期以来给予北海的支持表示感谢。银监会特别关注西部的发展,在加强对金融机构监管的同时,对北海的经济社会发展和地方金融改革给予了很大的支持。在国家的大力支持下,在广西壮族自治区党委、政府的正确领导下,在金融界的帮助下,北海想方设法修复金融生态,充分利用国家给予北海处置停缓建工程的优惠政策。广西壮族自治区党委、政府提出的"一轴两翼"、泛北部湾区域经济合作的战略构想,北海正面临着多重的新兴机遇。

刘明康表示,要特别注意金融风险的管理,虽然经过多年来的监管,北海的金融风险已经降低,但近年来有所反弹,假按揭、盲目放贷等现象会给北海市带来很大的麻烦。中国银监会将大力严查这种现象,不让历史问题重演。另外,北海具备吸引金融人才的条件,应吸引更多的金融人才，解决目前金融人才缺乏、结构不太合理的现象。金融机构还要在服务小企业，服务新事物，锐意进取方面下工夫。中国银监会将大力支持北海的发展，并帮助北海加强银行业的管理，完善地方金融体系，拓宽资金渠道，搭建新的融资平台，促进北海金融业全面健康可持续发展。

防城港区 1985 年 12 月开始总体开发，建设港口区、仓储加工区、工业区、商业行政居住区等，重点抓港口、铁路的建设和土地的“三通一平”，以及填海造地等基础设施建设。城市建设从 1986—1988 年完成投资 1.6 亿元，平山填海造地 2000 多亩，建成楼房 20 多万平方米，开通了程控电话，供电、供水等条件基本具备，学校、医院、商业网点也从无到有，逐步完善了城市功能，改变了港口没有城市依托的困境。沿海开放城市所需的海关、边防检查、卫生检疫、商品检验、金融、保险、国际海员俱乐部、港务监督、外轮代理、进出口贸易等各种服务设施也先后完善。1987 年初，防城港的 3—7 号万吨级泊位全部建成投产，年吞吐能力增至 363 万吨，成为我国华南地区的第三大港口。1987 年 5 月 1 日，南防铁路全线修通投入营运，当年港口货物吞吐量达 84.84 万吨。港区泊位、码头、作业区、仓库齐全，港口有先进的激光导航设备及各种作业机械。南防铁路贯通码头，年输送能力 660 万吨，直通钦州、北海、湛江、南宁的公路年输送能力 175.2 万吨。便利的交通使防城港成为广西及西南各省物资贸易理想的集散、转运和进出的海港，并可同 29 个国家和地区的 47 个港口进行贸易往来，与国内 28 个港口通航。使得防城港从原来荒凉的港口，成为在国内外有了一定知名度的港口城市。

如何利用两种资源（国内、国外资源）、打开两个市场（国际、国内市场）、学习两套本领（国内建设和对外经济交流本领），成为摆在北海以及广西人面前的新课题。广西壮族自治区党委、政府认识到，要改变广西经济落后的面貌，必须充分利用广西的地理优势和资源优势，打开城门，扩大开放，打破封闭状态，加强对外交流，发展对外贸易，引进资金、技术、管理经验，加速广西的发展。通过“请进来”与“走出去”的方式，扩大广西的对外交往、交流和经济合作。仅 1987 年共接待 51 个国家和地区的外宾 5623 人，出访团(组)753 批 2811 人。其中对外经济贸易出访团(组)289 批，1456 人，此外还接待 30 多个国家和地区的旅游、参观以及从事各项活动的人员 59.4 万多人次。六次在国际上主办或协办出口商品展销会。国外友好城市关系发展到九对，友城交流合作的领域涉及文化教育、农业合作、技术合作与合资合营等。

1984 年，广西壮族自治区党委成立了利用外资工作领导小组，统管利用外资的政策性和协调性工作。利用外资、引进先进技术设备改造老企业，是这一时期对外开放的重要工作内容。1984 年 9 月 1 日，广西壮族自治区党委转发《利用外资领导小组第一次会议纪要》，下放利用外资审批权限，明确利用外资要在水电、建材、有色金属和旅游等方面有较大突破。1984 年 9 月，在南宁召开的第一次全区利用外资工作会议，强调在利用外资工作中要清除“左”的影响，解放思想，改革管理体制，放宽政策，克服怕承担政治风险和怕负经济责任的思想，敞开大门，打开利用外资工作新局面。1984 年 12 月 5 日，广西壮族自治区人民政府公布《关于利用外资，引进技术的若干规定》，根据国家政策和广西的实际情况，就审批权限、项目的资金和物资供应、税收政策、土地使用费、产品销售、信贷、保险和外汇管理、充分保障合营企业的自主权、简化手续、对港澳台胞和海外华侨的优惠政策以及搞活“三来一补”、租赁和外汇贷款等方面作出具体规定。这些措施有效促进了广西利用外资的工作，1984 年签订利用外资合同 78 项，金额 1.83 亿美元，超过 1979—1983 年的总和。

为继续贯彻对外开放和对内搞活的方针，加强宏观指导和管理，1986 年 9 月 7 日，广西壮族自治区人民政府又对《关于利用外资，引进技术的若干规定》作出补充，强调广西利用外资、引进技术的方向和重点是资源开发型、出口创汇型、进口替代型，以及能源、交通等基础设施和有利于促进技术进步的项目，有利于出口生产体系建设，并且经济效益好、见效快的项目要优先安排。为创造较好的投资环境，广西壮族自治区人民政府于 1987 年 1 月 10 日发布《广西壮族自治区鼓励外商投资的优惠政策和措施》。文件规定，采取减征或免征土地使用费、企业所得税、地方所得税等优惠政策和措施来鼓励外商到广西投资兴办各种企业。这些措施对吸引外资起到积极作用，据统计，1984—1987 年，全区利用外资项目 295 项，合同外资额共计 38028 万美元，实际利用外资 25143 万美元，弥补了广西建设资金的不足。引进 20 世纪 70 年代末 80 年代初国际先进水平的技术设备，改造了一批老企业，促进了企业技术进步和生产能力及产品质量的提高。

广西围绕经济发展和沿海开放城市的需要，加强横向经济联系，主要采取了两项重大措施，一是开展横向经济联合，建立区外经济协作区协作关系，如西南经济协作区、中南经济协作区等；二是加强区内协作，建立区内经济协作区。作为沿海开放城市的北海市，积极发展横向经济联合，制定针对内联企业的优惠政策，鼓励全国各省市企业到北海投资兴业，联合举办各种经济事业，争取内地资金和物资的支援。1985 年 11 月，北海市、防城港区和钦州地区组成经济协作区，初步构筑了钦州湾经济协作区的框架。在此基础上，北海市积极参加大经济区的经济合作，努力寻求与西南各兄弟省区市的横向经济联合。1986 年 6 月，西南五省（区）六方对外科技工作经验交流会在北海召开，商讨如何共同发挥北海技术“窗口”作用，促进大西南经济技术发展的问题。1986 年 7 月 1 日，北海市长宣布再给内联企业六项优惠政策，并就西南合作以及钦北铁路问题发表重要讲话，北海与西南的协作又迈出新的一步。1986 年底，西南四省（区）五方经济协作区市长联合会议代表和五省（区）六市人大代表人大主任联席会议的代表先后到北海考察。1987 年 2 月，四川省委书记杨汝岱率团来北海考察，了解四川和广西在北海合作的成效与前景。这些往来与交流，为以后大批内联企业进入北海，共图发展，起到很好的引导作用，打下了良好基础。

根据国务院的部署，广西对外贸体制改革进行探索，逐步改变广西的旧外贸体制。主要措施有：在梧州对外经济贸易改革综合试点基础上，建立桂江企业有限公司等驻香港及国外企业；成立广西国际经济技术合作公司，加强国际经济技术合作；推行代理制；实行政企分开等等。打破了对进出口由广西外贸局统一领导和管理，外贸公司独家经营，并以行政管理为主，企业盈亏由国家统收统支的旧体制，这些措施对进一步对外开放，促进对外贸易和国民经济发展起到较好作用。

二、1988—1991 年，广西对外开放在城乡逐步展开

1988 年 3 月 19 日，中共中央、国务院决定将沿海经济开放区扩展至北方沿海的辽东半岛、山东半岛及其他沿海地区的一些市、县，其中有广西桂东南、沿江沿海的梧州市、玉林市（县级）、钦州市（县级）、苍梧县、合浦县、防城各族自治县等 6 个市县。开辟沿海经济开放区，使广西的对外开放由沿海城市扩大到农村地区。至此，广西对外开放扩展至 8 个市县，共有土地面积 1.89 万平方公里，人口 467.25 万。1988 年 8 月 8 日，国务院批准开放柳州港，同意柳州港增设海关、商检、动植物检、港监、口岸办等有关检查机构。1988 年，批准柳州港为一类口岸。1989 年 1 月 20 日，柳州至港澳直达货轮试航。1990 年 6 月 1 日，经国务院口岸领导小组批准，柳州口岸正式对外开放。1991 年 3 月 6 日，国务院批准广西桂林高新技术产业开发区为国家级高新技术产业开发区。

为贯彻党中央的沿海地区经济发展战略，1988 年 4 月 1 日，广西壮族自治区党委召开常委扩大会议，研究贯彻实施沿海地区经济发展战略的指导思想、整体布局和政策措施。1988 年 5 月 7 日，广西壮族自治区

党委发布《关于我区贯彻实施沿海地区经济发展战略的决定》，明确提出："发挥广西作为祖国大西南对外通道的作用"，抓住有利时机，充分运用中央的改革开放政策，充分行使民族自治区经济自主权，充分发挥广西优势，以桂东南沿海地区的改革开放带动全自治区的改革开放，以外向型经济发展带动全自治区商品经济的发展，使广西的经济建设登上一个新台阶。具体布局是：桂东南三地（梧州、玉林、钦州地区）两市（梧州、北海市）一港区（防城）为沿海经济开放带，要求在1990年初步形成外向型经济的框架，并以此为突破口，率先发展，带动全自治区；南宁、柳州、桂林三个中心城市和其他大中型骨干企业要利用自己的经济实力和技术优势，大力发展外向型产业；其他地区特别是桂西北要充分利用沿海开放的有利条件，把开放和扶贫结合起来，加速发展商品经济，发展有自己特色的外向型经济。1988年7月，广西壮族自治区人民政府增辟浦北县小江镇等12个镇为经济开放区的工业卫星镇，进一步扩大广西的开放区域。

1988年，广西成立了由自治区主席任组长、政府有关部门领导参加的广西对外开放工作领导小组，负责领导和协调全区的对外开放工作，并成立广西壮族自治区经济开放办公室。1989年，广西壮族自治区经济开放办公室迅速健全了组织机构，建立工作机制，各地、市也陆续组建了相应机构。1990年11月2日，广西壮族自治区人民政府颁布《关于我区中外合资、合作企业管理部门及其职责的通知》，明确主管部门分工。这些机构的组建，加强了广西利用外资工作的统一领导，使广西利用外资工作体系的运转更为灵活、有效，利用外资工作的宏观管理得到改善。同时，逐步制定和完善有关政策和法规。1988年4月19日，广西壮族自治区人民政府在深圳市召开广西桂东南沿海经济开放区政策发布会，发布了《广西壮族自治区鼓励发展外向型经济的若干优惠政策》，主要有：扩大吸收外商直接投资的审批权限，北海等五个省辖市、防城港区、各地区行署以及钦州市、玉林市的审批权限扩大到投资总额在2000万美元以下的项目;投资总额在2000万美元以上、3000万美元以下的项目,由广西壮族自治区审批;实行税收优惠政策,包括地方所得税优惠,外国及港、澳、台地区的投资者在广西新办的企业免征建筑税;未经国家和广西壮族自治区人民政府批准,任何单位不得对外商投资企业另立收费项目或提高收费标准;鼓励采用中外合资、合作经营方式加快老企业技术改造;鼓励外国及港、澳、台地区的投资者在广西大力发展来料加工和进料加工出口等。

从1988—1990年间,广西壮族自治区人民政府出台了一系列政策措施,鼓励发展外向型经济,实行有关优惠政策,对吸引外资起到较明显的作用。1990年《广西壮族自治区鼓励台湾同胞投资若干规定》公布后,台商投资增加迅速,上升至来桂投资外资第二位,仅次于港澳。各有关部门在税收、资金信贷、海关监管、外汇管理、进出口商品检验、保险业务、交通运输、通信服务等方面,也制定、完善并实施了相应的具体规定和办法。1990年,南宁至昆明铁路正式开工建设,南宁至梧州二级公路、西江航道整治工程也开始全面施工。广西重点建设项目、华南沿海第一个大型直径圆筒式深水泊位——防城港8号泊位及作为南昆铁路干线延伸,连接北海港口和南防、南昆铁路的钦(州)北(海)铁路动工兴建。邮电通信方面,全广西电报通信实现了自动交换,程控电话、数字微波、光纤通信、卫星地面站等具有80年代先进技术水平的装备已在通信网中采用。南宁、柳州、桂林、梧州、北海、玉林、钦州等城市和防城港区实现了国际长途、港澳长途电话直拨。1990年底,广西开放市、县基础设施投资已达6.5亿元(不含南防铁路、南宁至北海二级公路)。到1991年,防城港区11万伏变电站、西津—北海220千伏安输电线路先后建成。北海市、防城港区、南宁市、柳州市、梧州市实现了与港澳直接通航。南宁、桂林、北海、柳州、梧州5市机场改扩建、新建完成。南宁至北海二级公路建成通车,防城港建成了散装水泥中转库、粮库和油库,开通至香港散装水泥出口海运航线。

改善投资软环境引起重视。随着时间的推移，对外开放中存在的问题也显露出来。1988 年 5 月，全国政协副主席谷牧到广西视察，专门检查北海市对外开放工作。当时，北海的开放已进入第 4 个年头，有 31 个“三资”企业，其中建成投产 17 个，而真正生产型的企业只有 5 个。“三资”企业代表们向谷牧反映了不少问题。谷牧建议北海市的同志认真研究地方的特点及优势，搞好腹地关系，搞好外引工作，创造一个内联的好环境。广西壮族自治区政府十分重视谷牧的意见，并派一位自治区副主席带领有关部门负责人到北海现场办公，为“三资”企业解决问题。北海市委、市政府也召开现场办公会，为“三资”企业解决了用电等问题。还着重抓简化项目审批手续，改善服务态度，提高办事效率，重新修订利用外资、加速经济发展的规划，颁布鼓励利用外资的试行办法等。工作的改进带来了新的变化，1988 年北海市共批准“三资”企业项目 24 个，合同投资总额 8516.52 万美元，相当于 1984—1987 年所批项目合同投资总额的 187%。1988 年 7 月，广西壮族自治区政府在北海召开开放地区、市、县长会议，总结北海对外开放工作的经验教训，强调要改善外商投资环境。为了更好地为外商提供服务，1990 年广西壮族自治区还组建了外商投资服务中心、外商投资企业协会等机构，为外商来广西投资提供更多的便利。

外贸系统全面实行承包经营责任制。1988 年，各外贸企业逐步走上统一政策、平等竞争、自主经营、自负盈亏、工贸结合、推行代理制的发展轨道。并通过治理外贸环境，整顿外贸秩序，加强宏观调控。1989 年年底，广西壮族自治区设立了一批境外公司和常设贸易机构，与世界上 130 多个国家和地区建立了贸易关系，和 170 多家国外贸易机构建立了代销和包销业务。进一步开放促进了广西对外经济的发展，广西对外贸易持续增长，进出口总额由 1987 年的 79151 万美元增至 1991 年的 102352 万美元。1991 年底，广西实有“三资”企业 559 家，总产值 11.28 亿元，出口创汇 5459 万美元，从业人数 3.5 万人，全年实际利用外资 6636 万美元。并以承包工程、劳务输出、办企业为主要内容，积极开拓海外市场。广西国际经济技术合作公司已在海外 16 个国家和地区建点，承包合作援外工程。广西国际信托投资公司已与 30 多个国家和地区的 40 多家银行建立了业务联系。1990 年，全区经过各种途径转贷的国际金融组织贷款项目共 34 个(不含国家统借统还在广西的项目)，项目总投资 11.13 亿元，其中国际金融组织贷款 1.65 亿美元。

三、1992 年，开放边境和内陆地区

1988 年年底，中越边境形势开始缓和，边境上自发贸易活动日见增多，双方边民要求恢复边贸的愿望日益迫切。中方企业和人员对越经贸活动都以民间形式进行，但这种做法已不能适应形势发展的需要。1989 年发生了越南大批边民越过边界涌进东兴抢购商品的事件。对此，中央和国务院在进行妥善处理的同时，又相应地作出了进一步扩大开放的决策。1992 年 6 月 9 日，国务院发出《关于进一步对外开放南宁、昆明市及凭祥等五个边境城镇的通知》。通知明确规定，南宁和昆明市实行沿海开放城市的政策。广西的凭祥市、东兴镇，国务院批准为边境开放城市，赋予减免税收、扩大边境贸易自主权等 11 项优惠政策。1992 年还陆续恢复开通了友谊关等陆地国家一级口岸和地方口岸。凭祥市、东兴镇被列为边境开放城市后，积极创造条件兴办边境经济合作区，加强基础设施和边境口岸建设，发展边境贸易和加工工业。1992 年 9 月，国务院特区办同意在凭祥建立边境经济合作区 7.2 平方公里，在东兴建立边境经济合作区 4.07 平方公里。国家对边境开放城市设立的边境经济合作区也赋予了一些特殊政策，以加快合作区的发展。1992 年 10 月 4 日，国务院批复广西壮族自治区政府的报告，批准建立北海银滩国家旅游度假区，享受国家

旅游度假区8项优惠政策。1992年12月25日经国务院批准，南宁高新技术产业开发区升为国家级高新区。

1992年，邓小平同志视察南方和党的十四大召开，使全国形成新的改革开放热潮，也给广西的对外开放带来新的发展机遇。广西壮族自治区党委、政府根据邓小平同志南方谈话精神，在全区党员干部和群众中开展解放思想、更新观念教育，及时调整对外开放政策，确立以开放促开发，开发促发展的战略。1992年4月14—18日，广西壮族自治区党委举行六届四次全委(扩大)会议，学习邓小平同志关于建设有中国特色社会主义的一系列重要论述，联系实际，认真总结、分析广西改革开放和经济发展的经验及存在的问题，理顺思路，制订加快发展的政策措施。这次会议对推动广西深化改革，扩大开放，加快经济发展有着极为重要的意义。1992年5月，广西壮族自治区党政主要领导率队到广东考察学习，提出借鉴广东经验，以开放为主导，走以开放促改革、促科技进步、促发展的道路，学习广东联合广东，背靠西南服务西南，扩大对外开放，形成全方位的新的开放格局。把“金三角”(指北海市、钦州市、防城港区)作为广西进一步开放的启动点，推动全广西的整体开放。大胆利用外资，引进先进技术，提高利用外资水平，走大外贸的路子，大力扩大对外贸易。1992年5月16日，党中央作出要充分发挥广西作为西南地区出海通道的作用的决定。1992年6月，广西壮族自治区党委、区政府作出《关于抓住时机，加快改革开放步伐，推动经济建设跃上新台阶的决定》，并在岑溪县举行意义重大的广西对外开放工作会议，对广西对外开放的指导思想、总体布局、方针、主要措施进行了部署和安排。总的思路是进一步解放思想，深化改革、扩大开放，“三沿”(沿海、沿边、沿江)突破，北联南开，中部拓展，辐射全局。发展的布局相应调整为以北海、钦州、防城为对外开放重点，充分发挥首府南宁对外开放城市的作用，促进沿海、沿边、沿江进一步对外开放。办好柳州市城市综合改革试验区，玉林地区城乡综合改革试验区和桂林旅游开发试验区。建设右江河谷扶贫经济开发带、红水河以水电为主的扶贫综合开发带的“三三二”发展战略。1992 年 7 月 4—9 日，为进一步落实西南和华南部分省(区)区域规划会议精神，贯彻中央关于要“充分发挥广西作为西南地区出海通道的作用”的指示，广西在北海召开沿海地区综合开发规划会议，研究制定综合开发的战略规划和政策措施。国务委员兼国家科委主任宋健以及国家计委、民委、财政部等 20 个单位的负责人到会指导。会议讨论了《关于加快西南出海通道建设和加速沿海地区经济发展的意见(征求意见稿)》等文件。1992 年 8 月 5 日，广西壮族自治区党委、政府和中国社会科学院在北京举办北海经济协作开发区研究报告论证会，其中心点是将北海辟为“北海经济协作开发区”，由西南五省(区)、成都、重庆两市和广东、海南共同参与开发，实行更加开放的政策，以加速北海作为西南地区出海通道重要道口的建设。1992 年广西组织编制了《广西北部湾沿海地区开发规划纲要(草案)》，确定把该地区建设成广西发展外向型经济的前沿阵地和西南走向世界的门户、桥梁和基地。提出了“服务大西南，走向东南亚”的口号。

为加强对外开放工作的统一领导，1992 年 6 月，广西壮族自治区党委和政府成立了自治区对外开放领导小组，由自治区政府主席担任组长，原广西壮族自治区经济开放办公室改为广西壮族自治区对外开放办公室，作为广西壮族自治区对外开放领导小组的办事机构。各地、市也陆续组建了对外开放办公室。在改善投资软环境方面，广西壮族自治区制定了一批新的利用外资、发展外向型经济的政策措施，主要有《关于进一步加快利用外资的若干规定》以及下放权力、发展横向经济联合的 3 个法规性文件。这些涉外经济法规的制定和实施，使广西利用外资的法制环境不断得到完善，推动了利用外资工作的开展。在调查研究的基础上，广西壮族自治区政府还召开利用外资工作座谈会，形成《自治区利用外资工作座谈会纪要》，加强对利用外资工作的具体指导。同时，进一步明确分工，理顺工作关系。各地市还陆续成立了为外商投资举办项目服务的外商投资服务中心等各类服务机构，努力为外商到广西投资提供良好的环境。

基础设施建设以大通道建设为中心迅速开展。南昆铁路、南梧二级公路、新建梧州机场、扩建北海机场、新建钦州港起步码头等一批在建、新建重点项目加快了进度。1992 年 10 月 11 日，为西南出海通道服务的南(宁)百(色)二级公路破土动工。广西的建设得到国家的重视和支持，1992 年 12 月 9 日，李鹏总理在桂林亲自主持国务院办公会，确定建设桂林国际机场。1993 年 9 月 28 日，该机场动工兴建。南宁至钦州高速公路、钦州火力发电厂等重大利用外资基础设施建设项目的前期准备工作开始着手进行，各地市自办的一大批交通、通讯等基础设施建设项目陆续投入使用。

1992 年后，广西沿海地区与内地经济技术联合与协作迅猛发展，内联项目主要有三类：一是投资进行成片土地开发；二是达成一批比较大的交通、原材料项目协议；三是房地产开发、商贸等第三产业项目。其中三产项目占 90%。1992 年，国内各省、市、自治区所属的地市企业及中央直属部门到广西沿海地区设立办事处(组)189 个，比 1991 年增加 3.6 倍；注册登记的内联企业 1265 家，比 1991 年增加 5 倍；注册资金总额 61.65 亿元，比 1991 年增长 24.6 倍；实际到位资金 20 多亿元，占当年全广西经济技术协作实际引进资金的 80%。内联对加速西南地区出海通道建设具有重要意义。

中越关系正常化后，1992 年 1 月，广西政府代表团、广西经济代表团赴越南访问，与越南方面就边境口岸、互市点和通道边境贸易和经济技术合作，边境治安管理等问题进行会谈，并达成共识。1992 年 3 月，广西召开全自治区边贸工作会议，要求用好用足用活中央给予的有关边境贸易政策，大力发展边贸，以达到通贸兴边、振兴广西经济的目的。成立边境经济贸易管理机构，初步形成了自治区、地、县三级管理体系。国家鼓励有经营贸易权的企业与原苏联、越南等 26 个国家进行易货贸易，并给予减税、免领许可证等政策优惠。国务院批准凭祥、东兴为对外开放城镇后，广西壮族自治区党委、政府及时提出“边贸大家做，优惠政策大家用”的指导思想，决定加快凭祥和东兴的基础设施建设，批准建设项目 32 个，总投资 2.3 亿元。而凭祥和东兴边境经济合作区除执行国家规定的边贸政策外，还享受为发展出口农产品而进口的种子、种苗、种畜、饮料及相关技术装备，以及为农产品加工出口和企业进行技术改造而进口的机器设备和其他物料，免征进口关税和产品税（增值税）等优惠政策。1992 年，经过各级政府和边贸管理部门的共同努力，广西边贸进入一个新的发展阶段，主要特点：一是贸易形式和经营方式多样化，国贸、地贸、边贸并举，互市贸易、小额贸易、易货贸易和转口贸易并举，自营、联营、代理并举，贸易和经济技术合作并举；二是管理上处于转轨时期，由过去边民的自发行为转为政府及其部门积极参与的规范化管理；三是越方进口商品从日用百货等小型轻工业产品为主转变为以生产建设物资和装备为主；四是边贸兴旺，广西境内有 25 个边贸互市点，全年边贸易货贸易总额达 31.92 亿元人民币，各边境县（市）易货贸易成交额也十分可观，亿元以上的有防城（11.2 亿元）、凭祥（6.4 亿元）、宁明（1.8 亿元）、龙州（1.02 亿元）等县（自治县），最少的大新县也有 7452 万元。

北海市作为西南出海通道的重要出海口之一，依然是这一阶段开发建设的热点。北海市市委、市政府作出了建设“大北海”的总体方案，规划以市区为中心，向合浦县廉州镇和铁山港两翼扩展，开发“三区”（铁山港临海工业区、涠洲岛综合开发试验区、沿江高效优质农业区），建设“四带”（北海银滩旅游度假带、市区至廉州工业带、廉州至山口乡镇企业带、沿海养殖带）。这一总体方案的实施，使北海的开发和建设全面加快。

基础设施建设迅速发展，城市面貌有了较大变化，基本形成海陆空交通体系和现代化通讯系统。继北海至广州、深圳、南宁、海口空中航线开通之后，又开通了北海至北京、成都、贵阳等航线。北海至越南海防的海上货运航线开通，程控电话扩容至1.85万门，无线寻呼系统及移动电话相继开通，水厂二期工程完工，新增日供水量2万立方米。1992年北海市市政工程完成工作量1155万元，比1991年增长31%，城市区域面积扩大至28平方公里，增加了13.8平方公里。防城港区也加快了建设步伐，与1991年相比，全年基本建设投资6860万元，增长27%，新增固定资产9442万元，增长1.16倍。重点进行港口扩建和技术改造、城市基础、文化教育、生活服务等设施建设，对港口基础建设和机械设备更新改造。程控电话扩容1000门，开通了港区无线寻呼系统和至钦州的光纤通讯等。重点建设项目防城港第八泊位——3万吨级粮食中转码头通过国家验收，设计年吞吐量98万吨，是广西当时最大的深水泊位，使防城港设计年吞吐能力增至431万吨。

房地产业形成热潮。1992年，北海市经批准成立的国家旅游度假区、华侨投资开发区、新世纪高科技产业城和四川国际经济开发区等成片开发区，规划开发面积1700公顷，批准成立的房地产开发公司491家，注册资金共达22亿元。其中118家是来自海外10个国家和地区的客商注册的独资或合资房地产公司，308家是来自国内27个省市的投资者。全市列入计划的投资百万元以上的项目共140个，总投资18.8亿元，其中109个已动工，总投资19.44亿元，总建筑面积131.07万平方米。

利用外资有新的突破。北海市广泛招商，外商投资成倍增加。与1991年相比，1992年全市共审批外商投资项目246项，增长9.7倍；合同总投资额8.61亿美元，其中外资5.66亿美元，分别增长28.9倍和46.5倍。实际利用外资1.23亿美元，增长27倍，是自1985年起八年来实际利用外资总和的1.57倍。

对外经济发展加快。与1991年相比，1992年全广西对外贸易进出口总额163850万美元，增长60.1%；边境贸易进出口总额32亿元，增长

45%。在国际经济技术合作方面，共签订国际承包工程和劳务合作合同90项，增长76.5%；合同总金额1.08亿美元，减少11.1%。完成营业额4970万美元，增长74%。1992年共批准到境外办企业93家，派出工程技术人员和劳务人员1000多人次。其中对越南的投资合作项目发展较快，共批准在越南投资合作项目53项，合同投资总额6336万元，工程承包技术服务项目总金额2.39亿元。1992年共批准外商直接投资项目1338项，比1991年增加1148项，全年实际利用外资2.37亿美元，比上年增长2.6倍。

第三节　对外开放的成就及问题

一、对外开放地域不断扩大，领域更为宽广

至1992年，广西经国家批准的各类经济开放、开发区有2个沿海开放城市、6个沿海开放区的市县、享受沿海开放城市政策的自治区首府、2个沿边开放市镇、5个经济技术开发区——桂林、南宁高新技术开发区、凭祥、东兴边境经济合作区、北海国家旅游度假区、若干个口岸和25个边贸点。实行对外开放特殊政策的有11个市、县、镇，地域总面积为2.1万平方公里，占全自治区总面积的8.9%；总人口622.02万人，占全自治区总人口的14.5%。开放的层次是由北海市、防城港区等沿海开放城市及享受沿海开放城市政策的南宁市；由梧州市(含苍梧县)、玉林、合浦、钦州、防城各族自治县等市县组成的沿海经济开放区；由凭祥市、东兴镇组成的边境开放城镇。在沿海、沿边开放的带动下，沿江(西江流域)、沿线(铁路)开放也不断扩大。另外，广西自治区政府先后批准的开发区有16个，面积近60万平方公里，各地、市、县自批自办的各类开发区，据不完全

统计还有 84 个。开放领域越来越宽，在第一、二产业不断发展的基础上，加快第三产业对外开放的步伐，放宽对服务领域外商投资的限制。外商投资涉及运输、旅游、房地产、餐饮以及商业、贸易等领域。广西基本形成沿海开放城市、沿海经济开放区、边境开放城镇和各类经济技术开发区相结合，由沿海、沿边、沿江、沿线和中心城市不断推进的全方位、多层次、宽领域的开放新格局。

二、西南出海大通道初步形成

从北海市(含防城港区)的进一步对外开放，到实施沿海开放战略、西南出海通道建设，促成了广西沿海城市的兴起。1983 年 10 月北海由县级市升为地级市，1993 年 5 月，国务院正式批准设立防城港市。有人以"开放搭上最后一班车，起步遇着急刹车"来比喻北海和防城港错过了时间和机遇。在其他沿海开放城市已经大干的时候，北海市和防城港区在 1985 年还在筹划阶段，等到北海市和防城港区开始建设时，国家已经整顿和控制基建规模。但广西自治区党委和政府按照党中央的战略部署解放思想、转变观念、发扬拼搏精神，充分利用国家和自治区给予的优惠政策，特别是进入 90 年代后，通过大开发促进大开放，综合经济实力得到加强，城市功能更加完善，联结广西腹地和西南地区的公路、铁路、航空交通网也已清晰显现，以"服务大西南，走向东南亚"为宗旨的西南出海大通道初步形成，奠定了北海和防城港作为西南大通道出海口的重要地位，成为广西进一步对外开放的前沿地区。正像江泽民同志视察北海时说的，北海是后起之秀，前途无量，千里之行，始于足下，还要扎扎实实做好工作，西南出海通道建设还任重道远。

三、沿海经济开放区建设成就显著

1989年广西沿海经济开放区工农业总产值55.44亿元，占全广西壮族自治区工农业总产值的10.35%，其中工业总产值38.16亿元，占全广西壮族自治区工业总产值的11.79%；农业总产值17.28亿元，占全广西壮族自治区农业总产值的8.14%；财政收入5.13亿元，占全广西壮族自治区财政收入的12.66%。1992年，开放地区完成国内生产总值145.5112亿元，占当年国内生产总值572.2971亿元的25.43%；对外贸易进出口总额1.16亿美元，占当年广西对外贸易进出口总额的68.5%；实际利用外资1.76亿美元，占当年广西实际利用外资总额的74%。

四、利用外资规模不断扩大

1984—1992年广西实际利用外资累计87133万美元，而1992年广西实际利用外资23741万美元，是1984年的3435万美元的6.91倍，外商投资领域和规模不断扩大。进入90年代后，广西在继续扩大第一、二产业对外开放基础上，加快了第三产业对外开放的步伐，外商投资的领域逐渐扩大到旅游、交通、房地产、餐饮等。在1992年批准的利用外资项目中，第三产业比例上升到25%，生产型企业占75%。投资地区从沿海和较发达的桂东南地区逐步向较落后的桂西、西北扩展。1992年，外资主要投放在桂林、柳州、南宁、梧州、北海等市，以后逐步扩展到各地区。外资来源开始多元化，26个国家和地区的客商来广西投资。大项目明显增多，总投资在500万—1000万美元的项目有56个，1000万美元以上的项目22个，而1991年500万美元以上的项目只有5个。对外资的利用有效缓解了广西建设资金的不足，同时又引进了先进的技术和管理经验，增加了财政收入和就业机会，有力地促进了经济发展、社会进步和民族团结。

五、对外贸易形式日益灵活多样，外贸市场进一步扩大

到 1992 年年底，广西已同世界上 100 多个国家和地区建立贸易往来。外贸进出口总额持续上升。1992 年对外贸易总额达 16.3850 亿美元，是 1983 年的 4.09 倍。外贸进出口总额 1985 年突破 5 亿美元，1991 年突破 10 亿美元，1992 年又超过了 15 亿美元。出口商品结构不断优化，1984 年以前，广西外贸出口主要是农副土特产品与工矿产品两类，农副土特产品长期占出口主导地位。1985 年广西出口商品 84％为初级产品，主要是食品、中药材、土特产及矿石砂等初级原料产品。1985 年后，广西工业制成品出口逐年增加，1990 年达到 55.56％，1992 年达到了 66％。边境贸易的发展，为广西对外经济注入新的活力。“八五”期间边贸进出口总额累计 133.58 亿元，其中 1992 年是“八五”时期最兴旺的一年，边贸进出口总额约为 32 亿元。对外经贸的活跃，促进了广西经济的发展和人民生活的改善，并通过扩大出口获得外汇引进了一批先进技术、关键设备和生产线，使老企业得到技术改造，使产品升级换代，增强了在国际市场的竞争力。

六、对外承包工程和劳务合作取得长足发展

广西的对外承包工程和劳务合作是在过去多年援外工作的基础上发展起来的。1980—1984 年，对外承包工程和劳务合作合同 38 项，金额仅为 4008 万美元，平均每年 801 万美元。营业额 844 万美元，派出劳务人员 1964 人次。1985—1989 年，对外承包工程和劳务合作合同 132 项，金

额为14695万美元，平均每年2539万美元，营业额5064万美元，派出劳务人员2349人次。1992年，新签对外承包工程和劳务合作合同90项，合同金额1.08亿美元，完成营业额4970万美元，外派承包劳务人员1000多人次。改革开放以来，对外承包工程和劳务合作业务涉及布隆迪、卢旺达、冈比亚、索马里、乍得、伊拉克、美国、安哥拉和几内亚等20多个国家和地区，为加强广西的对外经济联系和促进广西经济发展做出了贡献。

七、国际旅游业发展迅速

广西旅游资源极为丰富，具有发展国际旅游业的有利条件。20世纪80年代末，全广西已对外开放29个县(市)，还有39个县(市)部分开放，已开发可供游览的自然景观100多处，还有众多历史文物古迹和民族风情参观旅游点。“对外开放，打开国门”，为发展国际旅游业提供了前提，能源、交通、通讯和城市建设等基础设施的不断配套完善，为发展国际旅游业打下了基础。利用外资建设旅游设施和开发旅游景点，促进了国际旅游业的发展，先后形成了“山水甲天下”的桂林旅游区、有壮族特色及自然风光的南宁旅游区、民族风情浓郁的柳州旅游区、桂东南综合旅游区以及滨海旅游区这五个各具特色的旅游区。1992年，接待国际旅游人数59.96万人次，创历史新高，旅游收入55111万元，分别是1983年的2.55倍和15.49倍。据统计，1984—1992年接待国际旅游人数共427.31万人次，旅游收入共224917万元。此外，建立健全旅游机构，进行旅游体制改革，不断培养和扩大从事旅游业的队伍，为发展广西国际旅游业起到一定的推动作用。

但是，在肯定上述成就的同时，也不能不看到广西在对外开放和经济发展上仍然存在的问题。这些问题主要有：

开放程度上不平衡，广西仅有8.9%区域、14.5%人口实行对外开放的优惠政策，与地处沿海、沿边、沿江，又是民族区域自治和全国重点侨乡的地位是不相称的，在一定程度上影响了广西对外开放的发展。

随着对外开放的发展，开放地区与其他地区的差距拉大。北海经过十多年的开放和开发，经济得到发展，前景看好，而桂西北的百色、柳州、河池三地区利用外资较少，1991 年共签订利用外资合同 4 个，合同金额 102.6 万美元，外资额为 45.8 万美元，分别相当于当年北海市（不含防城港区）的 16.67%、3.5%、4.12%，梧州市的 18.18%、10%、7.49%。1979—1992 年，三地区共签订利用外资合同 44 个，协议外资额 2486 万美元，分别相当于同期北海市的 16.79%和 7.30%，梧州市的 18.18%和 21.60%，而三地区共 33 个县市，总面积和总人口均占全自治区的 40%，是广西少数民族的主要聚居地，经济比较贫困。这些地区的发展上不去，整个广西的发展就会受到极大制约。

经济领域外资的投向多在第二产业，第一、三产业的外资甚少，第二产业中的高新技术项目也少。从流通及金融领域来看，广西还是一个没有保税区、外资银行的沿海省区。利用外资的数量和质量有待提高，这一时期，广西利用外资共计 19.48 亿美元，总量不是很高。1992 年是当时广西实际利用外资额（23741 万美元）最多的一年，在全国排名第 15 位，此前，每年均在 1 亿美元以下。在质量上有待提高，投资结构不尽合理，非生产性项目多，基础设施、农业项目少。劳动密集型项目多，资金密集型和技术密集型项目少，投向多在轻工、纺织、食品、房地产、宾馆餐饮等部门，高新产业部门中的外资很少。来广西投资的中小企业多，大财团、跨国公司少。外资企业投产开业率低于全国平均水平，同时又存在外资企业亏损率高的现象。出口商品结构中工业制成品 1992 年占 66%，仍低于全国的平均水平。这些问题只能通过继续改革开放和加快发展来解决。

第四节　进一步对外开放的启示

一、广西的对外开放是全国对外开放战略的组成部分

广西作为少数民族自治区，她的发展与祖国大家庭的发展密切相关。只有国家确定进一步开放沿海城市，人口不足 20 万，市区面积不足 10 平方公里的北海市和一直作为海防建设的防城港等沿海地区，才能进入国家进一步开放的战略格局中，获得了发展的机遇。党中央关于“充分发挥广西在大西南出海通道中的作用”的决策，确定了广西在全国对外开放战略中的地位及在大西南经济发展中的作用，促成了广西的大开放大开发热潮。事实证明，广西对外开放新格局的形成，离不开国家的政策引导和各方面的支持。坚持党的领导，解放思想，转变观念，正确认识和利用广西优势，大胆探索和实施对外开放战略，对促进广西对外经济的发展具有重要意义。坚持党的领导是我们事业取得胜利的保证。广西地方党委和政府坚定不移地贯彻执行党中央改革开放政策，针对广西存在的商品经济不发达，信息闭塞，开放观念、市场观念、国际经济交往观念淡薄，对发展对外经济的重要性认识不足，所以要坚持解放思想，不断转变观念。广西从扬长避短，发挥优势出发，积极探索广西的经济发展路子，以开放促发展，初步形成以开放带动发展的模式，使广西的经济建设取得较快发展，扭转了以往缓慢发展的局面。

二、为下一阶段的对外开放和经济发展提供了基础

十多年的对外开放是广西对外开放历史的重要阶段，认识基本区情，

理顺关系，奠定了广西对外开放的基本格局。“筑巢引凤”和“百企入桂”，进行较大规模的基础建设，以及各种涉外经济法律法规的制定和健全，改善了广西特别是广西开放地区的投资环境，同时在实践中也积累了一定的经验。如北海和防城港区的建设采取了“外引内联”的方式，不但吸纳外资，也吸收国内其他地区的资金，共同开发建设取得很好的成果。实行对外开放与经济体制改革相结合，在发展对外经济中，加强对利用外资的宏观指导，引导外资投向，不断提高利用外资的水平。这一时期的对外开放，主要是以地域开放为重点，在如何利用广西优势，包括区位优势、资源优势，加快大西南出海通道的建设，以开放带动发展等方面，仍有许多文章可做。这也成为下一阶段对外开放的主要课题。

三、胡锦涛总书记提出三点要求

广西要抓住难得的机遇，充分发挥区位优势，进一步扩大对外开放和互利合作。为此，胡锦涛总书记提出了三点要求：

积极参加区域合作。这是一个难得的机遇，广西又有这么一个区位优势，要认真思考怎么发挥这个优势、抓住这个机遇，积极参加区域合作。要把广西的发展同区域合作紧密结合起来，积极参与中国—东盟自由贸易区建设，用好自贸区的有关政策，来促进和推动广西自身的发展。特别是中国—东盟自由贸易区建设，它首先是贸易投资合作，对开放合作有非常重要的推动作用，一定要把这个机遇用好。还要积极参与泛北部湾经济合作、大湄公河次区域合作等多区域合作，特别是要发挥好作为中国—东盟自由贸易区前沿地带和桥头堡的作用，努力把广西建成我国与东盟的区域性物流基地、商贸基地、加工制造基地和信息交流中心。但不管推进泛北部湾区域开发合作也好，推进大湄公河次区域合作也好，交通运输建设必须先行。这个问题，是整个泛北部湾地区开发建设中的一个关键。

整个交通大通道没有建立起来，开放合作势必受到制约。因此，一定要加大力度，把广西打造成连接多区域的国际通道、交流桥梁和合作平台。

扩大对外贸易和利用外资的规模。要积极扩大对东盟的出口，转变外贸增长方式，推动加工贸易的转型，特别要优化出口商品的结构，增加自主知识产权和自主品牌商品出口，扩大成套设备和机电产品出口，促进文化、科技咨询等服务贸易出口；要大力吸引外资，引导外资重点投向农业、制造业、高新技术产业、环境保护、基础设施等领域；要鼓励有实力的企业走出去，重点到东盟国家投资办厂、开发资源、承包工程，深化双方的互利合作。

图4　2007年3月9日胡锦涛总书记参加十届全国人大五次会议广西代表团的审议

打造好一个交流合作的平台。中国—东盟博览会已经成为我国和东盟经贸合作的重要平台。中国—东盟博览会是我国和东盟共同主办的博览会，毫无疑问要作为国家层面的一个展会来举办，中央有关部门会为广西承办好这个博览会给予资金等方面的支持和帮助。中国—东盟博览会作为一个区域性的国际博览会，一定要长期举办下去，一定要办出特色，办出实效。有特色，有实效，就有影响，就有生命力。每一届博览会的主题是什么，要解决点什么问题，这些都需要很好地研究，把它办出实效。

第五节 非公有制经济建设起步

当前，民间资本进入投融资领域是经济发展的热门话题，也是热点、难点问题。民间资本如何进入投融资领域，怎样进入投融资领域需要有一个过程，而如何正确认识民间资本进入投融资领域，从而充分引导整合我国民间资本具有重大意义。据央行2005年调查推算，我国民间融资为9500亿元，占GDP的6.96%，延期支付的只有21%，还有数量可观的闲散民间资本可发掘，这些资金中相当数量可以转化为直接投资，引导民间资本进入投资融资领域，支持发展民间融资市场。

著名经济学家胡鞍钢认为：改革开放以来，我国最成功的经验就是开放。同样，广西取得快速发展的最重要经验也是开放，是坚定不移地实施开放带动战略。“百企入桂”就是广西对外开放的重大成果，同时这个具有全国典型意义的招商引资品牌，给广西的改革开放带来了深远的影响。随着中国—东盟自由贸易区的构建，中国—东盟博览会每年在南宁举行。随着中国—东盟“M”型合作战略的实施，我区开放的条件更好了，领域更宽了，层次更丰富了，于是，入桂的国内外企业也越来越多，舞台也越来越大。

一、冲破脑中壁垒

自改革开放以来，广西与全国一样进行了多次思想解放运动，并到广东、港澳、浙江、上海等地取经学习，学习和尝试外省的种种招商办法，可总是收效不大。近邻的广东的发展一日千里，而广西却差距较远，无论区位、资源优势都远胜于浙江，其他省市也已快步进入了现代化经济强省，而广西却举步维艰，其根本问题在于广西的传统观念和历史文化。相对封闭的地理与文化很难像的另一“广”那样，借“南风窗”走外源型快速发展道路。重农文化的传统，又使我们很难像浙江人那样，赚遍天下钱，发展自己的内源型经济。

2001年8月，广西壮族自治区党委、政府作出了大胆决策。结合广西的实际，千方百计让大批外省民营企业进入广西，通过千家万户企业的示范，带动广西自治区改革与发展。变化首先来自广西壮族自治区领导层，党委、政府主要领导明确提出了“区外也是外”的观点。各地市也由对外开放主要跑境外、引进资金只盯美金，变为全方位对国内外开放。这样一来，玉林等地一下子就引来广东产业转移几千家企业。外来企业的到来，也促进了区内企业思想观念的大转变。

2003年，全国最大的医药民企上海复星集团到广西寻求合作，但广西企业并不积极。为了推动合作，广西壮族自治区招商局与区经委医药处一起，先召集全区10多家企业到南宁，请复星集团介绍医药发展的前沿信息、先进的经营理念和市场运作模式。于是，广西的企业家们大开了眼界，柳州的花红药业毫不犹豫与复星医药集团合作。第一年复星投资3000万元，一个季度产值增长53%，利税增长47%，花红药业也成了全国知名企业。此后又投资8000万元控股桂林药厂，生产的青蒿琥酯是具有自主知识产权的国家一类新药，主要用于疟疾的治疗。桂林制药成为我国第一家WHO(世界卫生组织)的药品供应商，也是全球第三家获得直接供应商资格的制药企业，是我国制药行业的“零的突破”。目前该企业已经形成年产6000万至1亿人份的青蒿琥酯药物的产能，产值接近2.5亿元。

观念的转变使广西的招商引资的巨大能量释放了出来。数据表明，

2000年,其他省份到广西投资的到位资金仅为19亿元人民币。自2001年开展“百企入桂”活动以来,区外民营资本到位资金逐年上升,2004年达到了300亿元,2005年达到550亿元。两年来广西引进的区外到位资金占全区投资总额的1/3。观念的转变使广西的对外开放更加深入人心。如今的“百企入桂”活动,已经形成了一个“领导带动,政府推动,部门联动,企业主动,全民行动”的大好局面。

二、创新招商模式

一直以来,无论是中央、各省市区的党政领导,还是国内外经济学家,只要到过广西,都认为广西有着非常好的区位、资源、政策等多方面的优势,有着非常大的发展潜力,只要路子走对,没有理由发展不起来。

扩大对外开放,借助外力,加快广西的发展,这是毫无疑问的,但要走出一条适合广西发展的路子来并不容易。广西壮族自治区党委、政府总结了以往招商引资的经验,提出了创新招商模式、提高招商效果的要求。

2001年7月,全国政协副主席、统战部部长刘延东到广西考察,广西壮族自治区党政领导与刘延东同志交换了意见,一致认为,选择民营资本进入广西,符合广西区情。刘延东同志协调了我国民营企业家协会、我国青年企业家协会中的知名企业到广西考察投资。广西壮族自治区领导专门召开会议,刘奇葆等自治区领导召集党委、政府20多个部门领导开会进行动员,就开展活动的意义、组织、工作对象、重点、方法等进行部署,成立工作机构。“百企入桂”活动充分利用统战部、工商联、团委与企业家广泛联系的优势。进入广西的许多企业就是依靠他们介绍来的。“百企入桂”活动还采取了上下联动、层层负责的工作机制。区党委统战部、工商联、团区委是“一传手”,负责请进来;广西壮族自治区经协办是“二传手”,负责协调;其他各部门、各地市是“主攻手”,负责项目洽谈、落实工作。这种层次清楚、职责分明的工作机制效率很高。随着广西对外开放格局的变化和各地招商竞争形势的不断变化，“百企入桂”也不断创新和改进招商方式。一是以召开座谈会推介方式进行招商。二是整合招商资源，创新招商机制。梧州市改革原有招商体制，将市招商局与市外向型工业园实行合署办公，重新整合招商部门与开发区（工业园）各自的优势，形成招商引资联合体。三是在“务实”招商上下功夫。桂林市在“请进来”方面，首先对招商项目进行优化，根据项目内容，有针对性地邀请组织广西区外企业家进行考察洽谈。

三、促进全面开放

经过多年的努力，“百企入桂”活动在广西已经从星星之火变成今天的燎原之势，成为促进广西全面开放的一面旗帜。大批有实力的企业进入广西，开创了广西对外开放新格局。诸如，上海复星、上海均瑶、江苏雨润、大连万达、北京燕京啤酒、汇源集团、王府井百货、连五洲集团、帝恒集团、四川新希望、安徽海螺、浙江康利集团新疆广汇、杭州娃哈哈、天津德利得等已经形成了“百商涌八桂”的良好局面。据相关数据表明，在广西投资经营企业的仅福建省就达25万人、浙江达20万、广东有8万、湖南有8万人。一方面，大批其他省份民营企业的进入展示了广西对外开放的成果；另一方面，又通过他们充分利用两种资源、两个市场，进一步扩大广西的对外开放。

“百企入桂”活动，使大批外来企业全面进入了广西重点开发领域，实现了资源优势迅速向经济优势转变的新局面。广西的食品、建材、医药、房地产、小水电、有色金属加工、农产品加工等行业，已成为其他省份民营企业投资的主要领域，广西民营企业占GDP的比重已由原来不到25%变成了现在的50%。

“百企入桂”最大的贡献还在于它促进了广西投资环境的优化，激活了广西民营经济发展机制，促进了广西全面开放、加快经济发展的新格局。经过“百企入桂”几年的摸索，广西各地已经形成了一套既符合市场规则又符合区情的服务机制。如桂林市推行重大项目“绿色通道”督查制，对进入“绿色通道”的项目实行全程跟踪督查，开展“项目优质服务评比”，投资软环境改善日见成效。成千上万的民营企业引进，促进了区外民营企业与广西民营企业之间的合作，民营企业与广西国有企业的嫁接，推动了广西经济体制和企业经营机制的进一步改革。广西一批本土的民营企业在外来企业的带动下已经迅速成长起来。相信，随着中国—东盟自由贸易区的进一步推进，中国—东盟“M”型合作战略的实施，广西对外开放的优势和潜力将得到进一步的发挥，“百企入桂”活动将有更大的舞台，将发挥更大的作用。

Part 3 第三章

“一带一路”是愿景也是刚需

第三课

第一节 习近平谈一带一路:走活广西发展这盘棋

2015年3月8日是国际劳动妇女节。习近平总书记在人民大会堂广西厅,与广西代表团代表共商国是,共话发展。总书记发表了重要讲话,对广西发展提出三点要求和期望。

总书记强调,要加快形成面向国内国际的开放合作新格局。要把扶贫攻坚抓紧抓准抓到位,坚持精准扶贫,倒排工期,算好明细账,决不让一个少数民族、一个地区掉队,坚决阻止贫困现象代际传递。要积极推进全面依法治国,营造公平有序的经济发展法治环境,把加快民族地区发展、维护少数民族群众合法权益纳入法治化轨道,依法管控边境秩序、维护边境地区安全稳定。各级党政机关和每一位领导干部、每一位工作人员都要增强法治观念、法律意识,坚持有法必依,善于运用法治方式开展工作,让人民群众在日常生产生活中都能感受到公平正义。对有法不依、执法不严、徇私枉法的要严肃问责、依法惩治。

总书记指出,党中央、国务院高度重视广西的发展,先后批准实施广西北部湾经济区发展规划、珠江—西江经济带发展规划,最近还批准了左右江革命老区振兴规划。广西迎来了历史性的发展机遇,希望广西的同志全面贯彻党的十八大和十八届三中、四中全会精神,坚持以邓小平理论、“三个代表”重要思想、科学发展观为指导,按照“四个全面”的战略布局,坚持稳中求进的工作总基调,主动适应和把握经济发展新常态,稳扎稳打,善做善成,把广西各项工作做得更好。

2014年,北部湾沿海港口吞吐量突破了2亿吨,集装箱吞吐量突破百万标箱,广西中国—东盟的陆路通道和海上通道展示了巨大的潜力。北部湾畔,千帆竞发。中央作出“一带一路”的重要战略部署,使广西再次迎来发展的重大机遇。

总书记指出，随着国家推进“一带一路”建设，广西在国家对外开放大格局中的地位更加凸显。要加快形成面向国内国际的开放合作新格局，把转方式、调结构摆到更加重要位置，做好对外开放这篇大文章。“一带一路”战略规划对广西的定位，是发挥广西与东盟国家陆海相连的独特优势，加快北部湾经济区和珠江—西江经济带开放开发，构建面向东盟的国际大通道，打造西南中南地区开放发展新的战略支点，形成21世纪海上丝绸之路和丝绸之路经济带有机衔接的重要门户。如果能够形成这样的一个格局，广西发展这盘棋就走活了。为此，广西要实施更加积极主动的开放战略，构建更有活力的开放型经济体系，扩大和深化同东盟的开放合作，构筑沿海沿江沿边全方位对外开放平台，在开放中加强交流合作，在竞争中争取先机和主动。

习近平总书记指出，广西是个好地方，要做好对外开放这篇大文章，加快形成面向国内国际的开放合作新格局，走活广西发展这盘棋。

第二节　广西在国家实施“一带一路”战略中的重要地位

一、广西是“一带一路”战略中有机衔接中国与东盟的重要门户

广西西进连接丝绸之路经济带，南下连接海上丝绸之路，是华南经济圈、西南经济圈和东盟经济圈的结合部，是我国唯一与东盟既有陆地接壤又有海上通道的省区。广西已建成出海、出边大通道，形成了与东盟对接的立体交通网络，在“一带一路”战略中，将成为有机衔接中国与东盟的重

要门户，在道路联通、贸易畅通、货币流通、民心相通等方面形成与周边国家互联互通，推进“一带一路”建设的强大合力。

二、广西在“一带一路”战略中发挥着区域合作高地的作用

近年来，借助中国—东盟博览会的平台，广西更多地参与了各种国际国内区域合作，如中国—东盟自由贸易区建设，泛北部湾经济合作，大湄公河次区域合作，中越“两廊一圈”建设，南宁至新加坡的经济走廊建设和泛珠三角经济圈建设等，成为多区域合作的一个重要交汇点。广西在“一带一路”战略中将发挥区域合作新高地的作用，充分发挥睦邻外交战略通道作用，以重点项目为抓手，以基础设施互联互通为突破口，以重点经贸产业园区为合作平台，促进人文交流，传承和弘扬古丝绸之路友好合作精神，发挥起推进“一带一路”建设的基础性作用和示范效应。

三、广西在“一带一路”战略中将成为开放合作的重要枢纽

广西与大湄公河次区域国家山水相连、陆海相通，近年来，已初步建立起通往东南亚国际大通道的综合立体交通运输体系和现代物流体系，在投资及贸易便利化方面，积极推进与次区域国家间互相通达客货运输，实施通关便利化，为我国与次区域各国的经济贸易活动提供了优质的通关环境，为大湄公河次区域合作注入了强大的动力。随着交通、信息等基础设施进一步完善，产业整体水平进一步提升，综合发展实力进一步增强，广西连接西南中南华南、服务全国、辐射大湄公河次区域国家的枢纽作用将进一步显现。

四、广西在“一带一路”战略中将成为打造中国—东盟信息港的核心基地

李克强总理在第十七次中国—东盟(10+1)领导人会议上的讲话中指出，加快建设中国—东盟互联互通基础网。继续大力推动海陆空联运通道的畅通，加强通信、电力、网络等领域的联通规划和建设，深化网络空间战略合作，要共同打造中国一东盟信息港，使之成为建设21世纪“海上丝绸之路”的信息枢纽。打造中国—东盟信息港，需要搭建一系列技术合作和信息共享平台，需要加快区域网络设施建设步伐，开展跨境电子商务合作。广西毗邻我国规模最大、发展最快的信息产品加工密集带—珠江三角洲信息产业聚集区，该聚集区的扩张和产业辐射势必给广西信息产业的发展带来利好。近年来，广西信息产业的加快发展为搭建各种信息平台打下了良好的基础，也将促进其成为建设中国—东盟信息交流中心的核心基地。

五、广西在“一带一路”战略中将成为打造中国—东盟自由贸易区升级版的先导区

李克强总理2013年10月9日在文莱出席第16次中国—东盟领导人会议上，提出了中国与东盟“2+7合作框架”，打造中国一东盟自由贸易区升级版，实现从“黄金十年”向“钻石十年”跨越发展。在更广领域、更高层次上提升货物贸易、服务贸易及投资的自由化、便利化水平。广西将以大湄公河次区域合作为先导，深入实施自由贸易区战略，进一步降低关税，削减非关税措施；进一步开放货物、服务和投资市场，实质性提高贸易投资自由化和便利化水平；加快推进公路、铁路、水运、航空、电信、能源等

领域互联互通合作;加强金融合作,开展海上合作,增进人文交流,更大程度地惠及次区域各国人民,成为打造中国—东盟自由贸易区升级版的先导区。

第三节 “一带一路”战略意义下的发展困境

一、服务业发展滞后于新形势要求

广西是我国少数民族人口最多的自治区,也是革命老区、边疆地区。在我国历史长河里,广西人民为捍卫国家主权和领土完整、巩固民族团结和边疆稳定作出了巨大贡献。上个世纪 90 年代以前,由于广西长期处于抗战备战前沿,广西经济社会发展整体较为缓慢,与东部、中部地区差距逐步形成。90 年代后,当全国沿海省份经济开始腾飞时,广西经济才逐步进入正常发展轨道,但由于产业基础差、经济底子薄、贫困面大,与东部发达地区的差距越拉越大。特别是服务业发展水平仍然较低,不能适应“一带一路”战略的实施,不能适应广西自身经济发展需要,也不能适应提高人民生活水平的要求。

服务业增速低于 GDP 增速,比重远低于全国。2004—2014 年间,广西服务业增速有 9 年低于 GDP 增速,而全国有 9 年高于 GDP 增速;2005—2014 年,广西服务业增加值年均增长 11.3%,低于 GDP 增速 1.1 个百分点;而全国服务业增加值年均增长 10.6%,高于 GDP 增速 0.6 个百分点。

广西服务业发展滞后逐年累积,导致广西产业结构与全国差距逐年拉大。广西服务业增加值占 GDP 比重与全国的差距由 2004 年的 0.7 个百分点扩大到 2014 年的 10.4 个百分点,滞后全国 15 年左右。全国经济结构在服务业的引领下已由“二三一”型向“三二一”型转变，而广西仍以工业拉动为主，经济结构依然呈“二三一”型。

规模以上企业少，现代服务业发展滞后。2014 年 1—11 月，广西规模以上服务业单位数 1474 家，排全国第 18 位；营业收入为 1032.1 亿元，排全国第 20 位。其中，互联网和相关服务、研究和试验发展单位均仅有 4 家，分别占全国的 0.4%和 0.31%，营业收入分别占全国 0.13%和 0.05%。

2014 年，广西限额以上贸易业零售额占全社会消费品零售总额的比重仅为 28.8%，远低于全国 49%的比重。2013 年，在限额以上贸易中，批发业营业额占全国的 0.9%，排全国第 22 位；零售业营业额占全国的 1.1%，排全国第 25 位；住宿业营业额占全国的 1.7%，排全国第 19 位；餐饮业营业额占全国的 0.7%，排全国第 21 位。

2013 年，广西规模以上文创企业仅 44 家，占全部文创企业的 1%，比全国低 2.2 个百分点；从业人员仅 0.7 万人，占全部文创企业从业人员的 17.3%，比全国低 14.2 个百分点。

广西现代服务业发展明显滞后。广西服务业结构中，以交通运输业、批发零售业、住宿餐饮业等传统服务业为主，而适应现代化社会的生产性服务业发展不足。生产性服务业中，又以科技知识、资金含量较低的交通运输仓储及邮政业等劳动密集型产业为主，而高科技含量和附加值的信息传输计算机服务和软件业、现代金融、现代物流、科学研究和技术服务等现代服务业发展明显滞后。2014 年，广西金融业、房地产业增加值占 GDP 的比重分别为 5.6%和 3.8%，分别比全国低 1.8 和 2.2 个百分点。这不仅制约了广西服务业的转型升级，也不利于高端制造业的发展。

二、基础设施建设较滞后

2005—2014 年，广西服务业投资年均增长 25.9%，低于同期固定资产投资增速4.4个百分点；同期，全国基本同步，仅低0.1个百分点。广西服务业投资不足，导致基础设施落后，集疏运体系不健全，区域内外互联互通水平不高，加上运营管理、服务效率质量等方面问题，已经成为制约经济发展的主要瓶颈。

广西的铁路、公路、高速公路密度指标均大幅落后于东部发达省份，与周边的广东、海南、贵州等省相比，也同样落后。铁路方面，铁路网密度1.7公里/百平方公里，排全国第22位；公路方面，公路网密度47.2公里/百平方公里，排全国第24位；高速公路网密度1.4公里/百平方公里，排全国第22位；航空方面，2013年全国旅客吞吐量超过500万人次的37个机场中，南宁吴圩机场排26位，桂林两江机场排33位，总体排在后面。

沿海港口方面：2013年，在全国超过亿吨的22个沿海港口中，北部湾三港吞吐量为1.87亿吨，排第15位，吞吐能力仅相当于湛江一个港口；在全国集装箱吞吐量超过100万标箱的20个港口中，北部湾排末位；在全国23个规模以上港口中，北海港码头长度排20位，泊位排18位，其中万吨级泊位排第20位。防城港码头长度排第15位，泊位排第12位，其中万吨级泊位排第15位。

三、公共服务设施落后

受经济发展滞后、财力有限制约，广西在教育、卫生、社会保障等设施投入明显不足。一是教育资源少，人才匮乏。目前广西仅有普通高等院校70所，占全国总数的2.8%，院校数排全国第18位；2013年，本科毕业生人数6.5万人，约占全国2%左右，毕业人数排全国第22位。二是医疗资源匮乏。目前，广西拥有医院476所，占全国的0.2%，排全国第23位；其中，综合医院仅295所，排全国第24位。每千人口卫生技术员4.44

人,排全国第22位;每千人口职业医师1.54人,排全国倒数第3位。三是社会保障落后。社会保障和就业支出348.12亿元,排全国第21位。便民服务网点1387个,排全国第26位。

第四节　加快“一带一路”战略实施的建议

在当前国家加快推进“一带一路”战略实施的背景下,扶持广西发展,利于国家“一带一路”战略有效实施,利于广西适应经济新常态,加快转方式、调结构,促进广西经济社会快速发展,进一步巩固民族团结和边疆稳定,实现各民族共同发展、共同繁荣。为此,提出以下建议:

一、批准建立广西北部湾自由贸易试验区

目前,上海、广东、天津、福建已批准建立自由贸易试验区,上海自由贸易试验区已取得显著成效。我国已建或在建自由贸易区共有23个,而中国—东盟自由贸易区比较成熟,正推进中国—东盟“2+7”合作框架,打造中国—东盟自由贸易区升级版。因此,批准建立广西北部湾自由贸易试验区。有利于结合广西实际复制推广中国(上海)自由贸易试验区成功经验,以开放倒逼改革,改革行政管理体制,促进贸易投资自由化、便利化,推进监管制度和金融跨境合作创新,构建互联互通体系,打造面向东盟的贸易、产业、港航、物流、金融、信息和人文合作等重要平台。进而,推进中国一东盟自由贸易区的升级,也使李克强总理提出将广西打造成西南中南开放发展的战略支点落到实处。

二、在编制“一带一路”规划时重点对广西予以支持

在产业布局方面，加大对广西铁路、公路、高速公路、航空、港口、码头等交通基础设施以及教育、医疗、旅游、金融、物流等现代服务业的投资，改造提升广西各类交通设施水平，完善路网结构，提高路网密度和通达程度，进一步提高广西客货集散能力。加大对桂林重点景区景点项目，加强景区路、水、电等旅游基础设施。在中央预算内扩大对服务业引导资金总量。在服务业税收方面给予优惠政策。进一步放宽沿边金融综合改革试验区政策，投资建设南宁区域性金融中心。

三、对广西贸易发展予以支持

（一）支持“电商广西”、“电商东盟”建设资金

一是支持广西开展面向东盟的跨境电子商务；二是支持在第12届中国—东盟博览会期间举办2015年中国—东盟电子商务峰会；三是支持广西社区电子商务试点项目；四是支持广西开展电子商务进万村工程建设；五是支持建设广西商务领域信用信息平台；六是支持广西开展物流综合信息服务平台建设和城市商贸物流共同配送试点。

（二）支持广西对外贸易发展

支持广西试行市场采购贸易方式，进一步促进广西外贸进出口和市场建设；支持广西边民互市转型升级和改革创新，允许边民互市商品落地加工，进一步提高互市贸易进口免税额度；支持广西加工贸易发展，加大对加工贸易梯度转移重点承接地的政策支持，建立中西部地区和东部沿

海地区承接加工贸易对口合作机制；支持启动食糖进口贸易救济措施。

（三）加大对广西内贸流通支持力度

一是支持广西农产品流通基础设施建设。提升改造大型农产品批发市场，加强农产品集配中心等设施建设，推进城市农产品零售市场网点建设，加快乡镇集贸市场建设改造，加强“直销对接”的基础设施配套建设。二是支持广西—北京全冷链果蔬专列项目。在北京建设冷库、果蔬便利店、冷库批发市场等冷链设施和营销网络；在百色建设和铁路运输相配套的农产品集配中心；在专列沿途主要枢纽城市建设农产品集配中心或营销网络。三是支持广西开展物流综合信息服务平台建设和城市商贸物流共同配送试点，在资金上给予支持。四是支持广西开展中小商贸流通企业公共服务体系建设。对广西自治区级、市级中小商贸流通企业公共服务平台建设予以资金支持。五是支持广西引进大型连锁经营企业。帮助广西牵线搭桥，介绍、引进一批国内外大型商业连锁企业到广西考察、投资经营，带动广西零售行业扩大规模、提升水平，加快转型升级。

（资料来源：杨和荣．关于扶持广西服务业发展有效实施“一带一路”战略的建议 http://www.gxtj.gov.cn/gzdt/tjdt/qq_273/201503/t20150313_54438.html）

Part 4 第四章

实施泛北部湾区域经济合作与发展战略

与世界其它发展中国家和地区一样，广西也面临着经济起飞时期的诸多困难和问题。只有突出重点，抓住关键，全面实施优先发展战略，才能妥善解决好这些困难和问题，并确保起飞以后的经济效率与质量。

广西以泛北部湾经济合作与发展为突破口，将发展战略从区域性提高到国家层面，标志着广西通过拓展国际合作途径和空间，整合新的发展资源，打造新的经济市场，建立新的国际关系。这种根本性转变是天时、地利、人和的结果，是中国—东盟共同利益发展的必然要求。

广西从1992年开始建设面向东南亚的西南出海大通道，在公路、航运、港口等基础设施建设方面已完成了一批重大工程。到2006年年末，广西沿海港口共有生产性泊位166个，万吨级以上泊位29个，港口货物吞吐量近5000万吨。基础设施建设项目的优先安排，为泛北部湾区域经济合作与发展创造了良好条件。2006年，我国与东盟贸易额已达到1500多亿美元。2007年2月，广西北部湾开发投资有限责任公司和广西北部湾国际港务集团有限公司挂牌成立，同时国家西部大开发“十一五”总体规划也把广西北部湾经济区列为西部三个率先发展的重点地区之一，这标志着泛北部湾经济合作与发展又实现了新的跨越。

进入新世纪以来，尤其是2006年广西壮族自治区第九次党代会以后，广西壮族自治区党委、政府坚持以邓小平理论和“三个代表”重要思想为指导，以科学发展观为统领，按照发挥优势、统筹规划、科学布局、整体推进、保护生态、持续发展的要求，以港口经济为龙头，以临海重化工业为重点，以城市建设为载体，以基础设施建设为保障，以改革创新和国际合作为动力，努力建设现代化港口群、高新技术产业群，推动广西经济的快速起飞，努力把北部湾建设成为中国—东盟经济合作与发展的新高地，把广西建设成为推动我国沿海经济发展的新一极和国家实施西部大开发战略的新亮点。

当前广西在全面实施泛北部湾区域经济合作与发展战略过程中，面临如下主要问题：

一是如何努力实现区域发展战略的新突破，即如何真正把泛北部湾区域经济合作与发展纳入国家对外开放总体战略和中国—东盟自由贸易区总体战略。

二是如何努力实现区域经济合作与发展的新突破，即如何在广泛交流、取得共识、实现互利互惠的基础上，进一步推进和扩大泛北部湾区域经济合作与发展。

三是如何努力实现区域经济合作与发展政策的新突破，即如何在建立和完善政府、行业、企业、商会等多层次、各类型对话与合作机制的基础上，施行资金融通、市场准入、土地开发、税收管理等方面战略性伙伴政策，建立贸易便利化、口岸通关便利化、投资融资便利化等合作与发展新平台。

四是如何努力实现具有先进生产力性质的重大骨干项目建设的新突破，即如何抓住机遇，迎难而上，谋求基础设施建设、资源开发、技术引进、农业发展、加工制造、商贸物流、金融管理、旅游服务、人才培训、合作制度和合作组织制度建设等十大领域的区域合作项目向泛北部湾国家重点战略项目推介与实施。

第一节　对实施泛北部湾区域经济合作与发展战略的认识

一、关于区域发展战略向国家发展战略升级问题的再认识

区域发展战略向国家发展战略的转型与升级，是广西各族人民的共同心愿，也是决定泛北部湾区域经济合作与发展能否取得成功的关键所

在。为此广西区域发展战略问题,必须进一步深化讨论。从广西的角度看,泛北部湾区域经济合作与发展战略能否从根本上转型和升级为国家发展战略,取决于两个因素:一是实施泛北部湾区域经济合作与发展战略能否维护并扩大大西南地区共同利益,进而维护和扩大国家的整体利益。大西南地区地域广阔,资源丰富,但由于自然环境的制约,大西南巨大的发展潜力一直难以展现。为此,通过实施泛北部湾区域经济合作与发展战略,把西南出海大通道与海外广阔市场有机地结合起来,这是确保实现大西南地区共同利益最大化目标的前提和条件;二是实施泛北部湾区域经济合作与发展战略能否维护和扩大中国—东盟的共同利益进而能否维护和扩大我国与世界各国共同利益。对东盟各国而言,我国的资源和市场,是它们经济发展和社会稳定的重要条件。通过实施泛北部湾区域经济合作与发展战略,建立中国—东盟政治、经济、文化合作与发展的便捷通道和自由平台,是实现中国—东盟利益最大化的关键所在。维护和扩大中国—东盟的共同利益,符合世界和平与发展的内在要求,是新时期进一步推进国际经济合作与发展的有效途径。

二、关于制度创新在战略转型中的特殊作用的再认识

战略转型与制度创新是一个矛盾共同体,制度创新是这个矛盾共同体的积累过程,战略转型是这个矛盾共同体的性质变化,没有制度创新作前提条件,就难以形成战略转型的必然结果,这是唯物辩证法的观点。泛北部湾区域经济合作与发展战略向国家发展战略的转型与升级,同样也需要制度创新。加快立法是制度创新的关键所在。回顾近代以来,美国、日本、德国等国家在开发资源、发展经济过程中,都通过立法来建立健全资金积累、技术创新、人才培养、产业发展机制,这些创新机制最终推动了这些国家经济的大发展。如美国在19世纪出台的《鼓励西部植树法》

《沙漠土地法》等法律，就极大地推动了西部经济的发展；德国1969年颁布的《改善区域经济结构共同任务法》，就为后来两德统一经济发展差距的缩小创造了直接有利的条件，使东西部地区经济发展差距在1990－1995年五年间缩短了三分之一；日本制定的《海道开发法》、《国土综合开发法》，使北海道通过实施1952—1997年五个综合开发计划，实现了区域经济发展的新飞跃。借鉴国外成功经验，泛北部湾区域经济合作与发展战略的转型与升级，在完成理论研究与规划论证任务之后，应着手进行立法，只有立法，才能避免朝令夕改，抵御长官意志，减弱体制障碍，维护合作利益，建立稳定关系，确保战略顺利稳定地实施。

三、关于港口经济推动效应问题的再认识

港口经济是由生产、加工、运输、服务、销售等连锁产业群有机构成的特殊性区域经济。它具有参与国际产业分工、立足国际市场发展的独特优势，对腹地经济发展形成巨大的推动作用，因而港口建设将成为区域经济发展的增长极。

作为大西南地区与东南亚地区的结合部，广西沿海地区背靠大西南，面向东南亚，腹地资源丰富，海外市场广阔，发展港口经济具有十分独特的地缘优势。改革开放以来，广西沿海地区港口经济虽然取得了长足发展，但由于各自为政，力量分散，并在政策、资源等方面相互争夺，最终使北海等地在上世纪90年代初中期出现了“泡沫经济”现象。因此，只有通过全面实施泛北部湾区域经济合作与发展战略，把广西沿海各港口的建设统一起来，发挥整体优势，建立新的发展平台，形成新的战略伙伴关系，才能最大程度地开发利用港口资源优势，辐射和带动腹地经济向新的更高层次发展。

第二节　泛北部湾经济合作构想具有可行性

从遥远的海上丝绸之路到开启和平之旅的郑和下西洋的共同辉煌；从殖民地半殖民地时期的共同衰落到追求民族独立和国家富强的共同追求；从金融危机后共同推动地区合作共同抵御经济全球化风险到泛北部湾经济合作的倡议风生水起。我国泛北部湾地区和东南亚国家经历了繁荣、衰落到再繁荣的轮回，北部湾作为我国与东南亚的海陆结合点的地理优势日益凸显。

一、推动泛北部湾经济合作具备良好的地区环境

图 5　北海涠洲岛风光

北部湾位于我国南海西北部，是指我国的广西沿海、广东雷州半岛、海南西部，以及越南东北部所围成的海域，即通常所说的“两国四方”。广

西北部湾经济区处于北部湾顶端的中心位置，主要包括南宁市、北海市、钦州市、防城港市所辖区域范围，同时包括玉林市、崇左市的交通和物流。土地面积4.25万平方公里，海域总面积近13万平方公里，海岸线长1595公里，人口1240多万。

冷战结束后，亚太地区保持和平、发展、合作的局面。东南亚地区政治稳定，经济发展，加快一体化进程，致力于2020年建成东盟共同体，东盟的地区和国际影响力日益上升。我国也进入快速发展时期，提出科学发展观与和谐社会理念，将本世纪初的前20年视为战略机遇期。我国和东盟的共同发展、合作有利于我国和东亚、亚太和世界的和平、稳定与发展。

更令人惊喜的是，伴随着我国的崛起、东盟的壮大，我国和东盟的关系也递进上升。从1991年双方建立对话关系到2003年建立面向和平与繁荣的战略伙伴关系，仅仅用了十二年时间。在政治上，我国于2003加入了《东南亚友好合作条约》；在经济上，我国与东盟于2001年正式启动中国—东盟自贸区的建设进程，并于2010年建成自贸区；在安全上，我国与东盟签署了《南海各方行为宣言》。

在泛北部湾地区，我国与印尼建立了战略伙伴关系，与马来西亚和菲律宾展开战略性合作，与新加坡谈判双边自贸区协定，与越南永续“四好关系”，与文莱关系不断发展。在泛北部湾的核心地区，即中越的海陆边界地区，我国与越南逐步解决了陆地边界和北部湾划界问题。2004年7月，《中越北部湾划界协定》《中越北部湾渔业合作协定》正式生效，合作边界、合作之湾正成为中越双方的共同理念。2005年3月，我国与菲律宾、越南达成在南海协议地区进行地震勘测的协议，开启了在南海地区进行“共同开发”的第一步。2006年以来，泛北部湾经济合作在各方努力下，成效显著。2010年，泛北部湾区域经济合作市长论坛顺利完成，与会各方议定并签署了泛北部湾区域经济合作市长论坛宣言。泛北部湾区域经济合作市长论坛以“合作、交流、共赢、发展”为主题，来自 7 个国家的 29 名市长或市长代表出席论坛，探讨泛北部湾区域经济合作。由此可见，以海洋为共同连接纽带的泛北部湾地区具备了进行更高层次合作的内外部环境。

二、推动泛北部湾经济合作具有战略紧迫性

在经济全球化背景下，东亚地区的区域、次区域合作方兴未艾，形式不一的合作形式构成东亚整体崛起的多层次平台，但具有重要地缘经济地位的北部湾地区仍是东亚太平洋沿岸经济崛起带的落后区和欠开发区，这与广西日趋走向和平稳定、繁荣发展的局面并不相符。因此，泛北部湾地区合作开发，具有了成就东亚复兴的历史意义和战略紧迫性。

另外，中国—东盟自贸区的建设不仅要逐步完成相关的规则谈判，形成完善的制度基础，而且要在地理范围上进行整合，形成坚实的物质基础。我国和东南亚海陆相连的地理自然条件决定，我国和东盟的可持续发展与合作，必须要靠海陆经济的结合，要靠海陆两翼齐飞的格局来带动。与东盟国家共同建立泛北部湾经济合作区，开展次区域经济合作，目的是在中国—东盟战略伙伴关系和中国—东盟自由贸易区合作框架下，发挥泛北部湾地缘优势、沿海港口与海运优势、海洋资源优势等，推进中国—东盟海上次区域合作，加速泛北部湾地区的经济发展，共同打造太平洋西岸新的经济增长极和经济新高地，促进泛北部湾国家和地区经济共同繁荣与进步。大湄公河次区域经济合作组织（次区域经济合作组织(GMS)）成功地把我国相关省份，如云南、广西，与处于大陆地区的缅甸、老挝、泰国、柬埔寨、越南五国结合起来，构成中国—东盟自贸区的“陆上一翼”。但东盟的海岛国家，如新加坡、马来西亚、印尼、菲律宾、文莱，还未与我国相关省份，如广东、广西、海南等建立相应的“海上之翼”。因此，

建立我国和东盟的“海上之翼”就成为双方紧迫的战略课题。

三、推动泛北部湾经济合作具备良好的开端

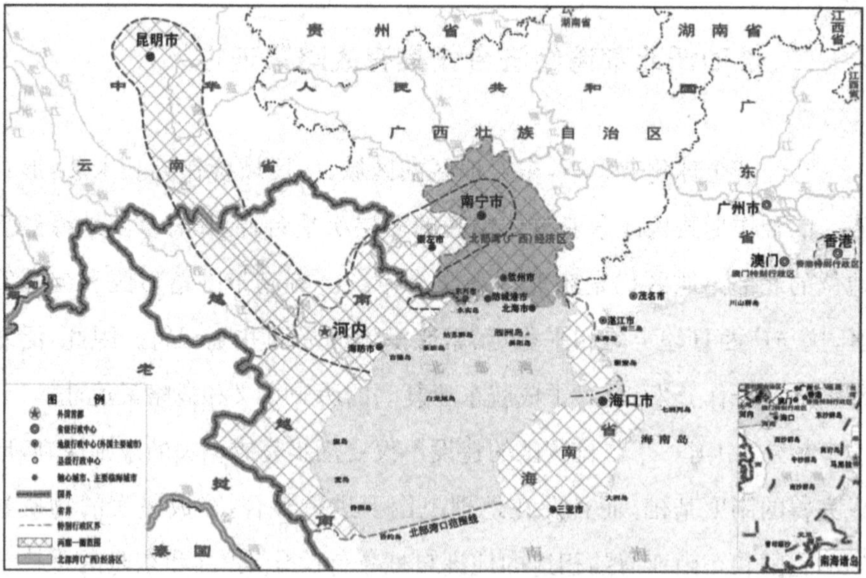

图6　广西北部湾经济区在“两廊一圈”位置示意图

20世纪80年代末起，我国已经开始研究探讨北部湾地区的经济开发问题，90年代，我国的北部湾地区开始经济合作，2000年11月，中国成立“北部湾经济合作组织”。随着中越关系的进展，2005年3月，十届全国人大三次会议广西代表团提出“一号议案”——《关于请求国家支持加快推进构建环北部湾经济合作圈的议案》。这份议案以中越“两廊一圈”建设切入主题。其中“一圈”就是“环北部湾经济合作圈”，是我国与东南亚地区的海陆结合点。“两廊一圈”可以作为推动我国与东盟进行海上经济合作的重要起点，也可以作为海上经济合作与陆上经济合作的衔接点。以“两廊一圈”为出发点，以海洋经济合作为旗帜，以海陆结合为连接点，以功能性合作向外辐射到其它东盟海岛国家，就有可能建成以泛北部

湾经济合作为依托的"海上之翼"。"两廊一圈"的顺利开展可以为泛北部湾经济合作打下基础，即小范围的合作可以带动大范围的合作，反过来，大范围的合作也可以推动小范围的合作，即泛北部湾经济合作推动"两廊一圈"的建设。

2006年3月22日，广西北部湾经济区规划建设管理委员会正式成立，率先响应"两廊一圈"建设。广西明确要求加快广西北部湾经济区的开放开发，大力打造继环渤海湾经济圈、长三角经济圈、珠三角经济圈之后的我国"第四经济圈"——环北部湾经济圈。广西北部湾经济区是发挥广西位于北部湾核心地带，具有地处我国华南经济圈、西南经济圈和东盟经济圈结合部的天然优势。长远目标是将广西建设成我国与东盟区域性的物流基地、商贸基地、加工制造基地和信息交流中心。2006年7月，首届环北部湾经济合作论坛在广西南宁召开，论坛催生了泛北部湾经济合作区构想，该构想将原来只是广西、广东、海南和越南之间的环北部湾的地区性合作，延伸到隔海相邻的马来西亚、新加坡、印尼、菲律宾和文莱等东盟中邻近北部湾的国家。泛北部湾合作旨在打造我国与东盟地区的海上经济合作，促使"海上东盟"通道尽快形成。

四、推动泛北部湾经济合作具有理论基础和可借鉴经验

泛北部湾经济合作是我国和东盟发展次区域经济合作的一种新形式。东亚地区次区域经济合作理论的发展可为泛北部湾经济合作提供理论基础，而我国和东盟在次区域经济合作方面的实践又可为泛北部湾经济合作提供经验。

次区域经济合作是20世纪80年代末、90年代初出现在东亚地区的一种经济现象。关于次地区经济合作的理论很多，而且根据次区域经济

合作实践的发展而不断完善。次区域经济合作一般是起因于国家间的接合部，通过海洋的联系、陆地的联系、河流的联系，所形成的区域性合作，合作伙伴可以是国家，也可以是大国的一个省或数个省。次区域合作是建立在尊重国家主权，充分发挥当地的比较优势基础上的互惠互利。次区域间的合作受经济、政治、安全等多方面因素的综合影响。东亚地区的次区域经济合作具有灵活性、互补性、风险小、开放性、不歧视非成员国、合作范围广、国家政府协调为主、地方政府是合作主体等特点。发展次区域经济合作，有利于生产要素的优化配置，有利于节约交易成本，有利于国际关系的改善和维护国家利益。次区域经济合作存在的主要问题是，各国发展次区域经济合作的强烈愿望与经济发展水平、经济制度、文化背景等巨大差异之间的矛盾。

任何单一的理论都不能全面解释泛北部湾经济合作，适用于泛北部湾经济次区域经济合作的相关理论主要有不平衡发展理论、梯度转移理论、增长极理论、点轴开发理论、网络开发理论、城市圈域经济理论等。

次区域经济合作组织(GMS)对泛北部湾经济合作的启示：需要得到相关国家中央政府的全力支持，成立相关组织，发挥各地方的比较优势；要有来自亚洲银行等第三方等机制化的协调，以及固定的资金来源和技术支持，我国的介入将会催生更具综合效益的次区域经济合作。

五、推进泛北部湾经济合作构想意义重大

推进泛北部湾经济合作，不仅可以为各方带来丰厚的利益，而且能共同规避各种风险，尤其是帮助相关东盟国家规避风险，使双方都可以达到趋利避害的“双赢”。

增强次地区整体增长力、竞争力和开放性。2001 年，中国—东盟自贸区的提出以及之后的建设，双方经贸关系发展十分迅速，呈现活跃发展

的局面。我国与泛北部湾六国的贸易量逐年增加,泛北部湾合作将切实推动本地区贸易额的进一步上升。在泛北部湾经济合作这一政策概念的感召下,将吸引我国政府和企业加大向东南亚国家的投资力度。泛北部湾地区经济整合度的提高,可以使双方企业在整个区域内建立高效率的分工体制,提高整个区域承接新一轮国际产业转移的能力。为了在更激烈的竞争中获得一席之地,企业不得不努力引进新技术和先进的管理经验,引进优秀人才,实现技术创新和产业升级。并努力降低成本,在不断提高自身素质中带动整个产业的结构升级,从而也有利于引进区域外经济体介入本地区经济发展,达致多赢局面。

有利于广西的可持续发展和生态保护。随着泛北部湾经济合作的展开,以及比较优势和互补效应的展开,南海丰富的海洋、旅游、渔业、盐业、油气资源和风、潮夕、太阳能等可再生资源,澜沧江—湄公河流域的水电和生态资源,都可以在泛北部湾地区经济合作的作用下带动起来,得以更加有效的开发和利用。“泛北部湾”是新型的次地区经济合作,具有制度设计上的后发优势,可充分借鉴以往次区域经济合作的经验和教训,以“绿色泛北部湾”“可持续发展”为第一目标,以防范发展过程中的生态风险。

有利于推进东盟一体化建设。东盟致力于 2020 年前建成东盟共同体,于 2015 年建成东盟经济共同体。因此,旨在缩小成员间发展差距的《东盟一体化倡议》的重要性更加突出。我国一贯支持东盟为缩小本地区发展差距所作的努力,包括东盟一体化倡议、东盟一湄公河流域开发合作、东盟东部增长区等次区域经济合作。我国为东盟东部增长区的发展伙伴,现阶段双方正在积极探讨如何建立我国与东盟东部增长区正式高官会机制、经贸合作机制,签订我国与东盟东部增长区框架性合作文件,确定合作领域和加强经贸信息交流合作。泛北部湾经济合作,既涵盖东盟东部增长三角,又有利于次区域经济合作组织(GMS)的建设。另外,泛北部湾地区是海上犯罪、恐怖主义、传染疾病、自然灾害等非传统安全威胁的多发地,泛北部湾经济合作有利于双方合作解决贫富差距导致的种族冲突、恐怖主义和城乡矛盾等难题。

有利于塑造解决南海问题的良好环境。我国和一些东盟国家在南海主权归属问题上尚有争议,各方在合作中难免存在疑虑和不信任。在《南海各方行为规则》的指导下,通过泛北部湾合作可以进一步增强互信,实施"搁置争议、共同开发",逐步培育解决南海问题的气氛。如果泛北部湾经济合作能在我国南海油气开发上实现突破,形成互利共赢的发展模式,则必成为将南海变成和平之海、合作之海、友谊之海的先导性合作,也为争议地区共同开发带来一种新模式。

有利于东盟战略地位的提升。泛北部湾经济合作的推进将有利于东盟进一步推进与美国、日本、韩国、欧盟、印度、澳新等国的自贸区谈判。泛北部湾合作是我国与东盟发达成员间的合作,将有助于提高中国—东盟自贸区的质量,加快中国—东盟自贸区的建设。这将促进其它几个大国进一步加大对东盟的战略投入,加快谈判进程,从而有利于东盟获得更大利益,成为亚太地区最大的战略受益者和经济受益者,东盟国家在这一新方案中的地位和作用也大大提高。

第三节　泛北部湾经济合作推动国家战略部署

在最新的全球产业分工格局中,东南亚已成为全球战略布局的重点。我国身处这一敏感板块,不能仅仅满足于和东盟国家在产业低端链条进行同构竞争,应当避免在不远的将来陷于战略被动,而如何抓住机会进行战略布局,成为广西北部湾经济区最先获批的重要原因。

开发北部湾经济区,可以试水我国的能源和经济安全战略。我国对北部湾海域油气资源的勘探和开发,已探明该地区油气储量达到万亿吨级。莺歌海盆地、琼东南盆地和北部湾盆地等地区,油气储量面积大、厚度深,油气储积类型多、保存条件好,是海洋石油天然气的富集区。在多渠道、多方式寻求外部能源供给方面,北部湾地区具有特殊重要的战略地位。环北部湾既是能源和资源富集地,又是把我国西南与东南亚、南亚及澳大利亚等一些能源和战略资源丰富的国家和地区连在一起的海上大通道。新区的开发可以建立起新的能源和战略资源进口基地,并且可以联合开发西南地区能源和矿产资源。

北部湾经济区的开发,可以带动我国能源重化产业在西南地区进行优化整合,并促进产业蛙跳式发展。在全球制造业的分工体系中,发展中国家只能依赖产业低端领域获得发展机会,要打破现有格局,参与国际产业链的垂直分工,就要抓住北部湾新区发展中的重要机遇。通过优化整合带动我国能源重化产业在西南地区获得优势发展,从自己的经济梯度出发准确定位,通过承接高梯度区域转移出的产业成为制造业中心,主动承接珠三角经济区以及国际的产业转移,再通过学习、模仿、消化,成为区域产业研发、设计基地,就可能最终形成具有高技术水准的产业集群,实现传统发展模式的创新。

北部湾经济区的开发,可以发挥我国经济联通和发散东南亚的区位优势。作为沿海区域,北部湾的区位功能体现在内外两方面:一方面通过吸收西南地区的产品、资源、劳务经过深加工后打入国际市场,实现由内向外的辐射;另一方面,通过积极吸收国外资金、技术和管理经验向西南转移,实现由外向内的辐射。北部湾经济区东邻发达的粤港澳经济圈,背靠发展不足的大西南,处于经济梯度差异较大的两大区域的结合部位,它们之间的联结又有着非常便利的水上通道,可以成为两大区域之间产业转移的联结点,打造与东盟经济高度互补、以重化工能源产业集群为核心的综合经济体。

北部湾经济区的开发,还可以成为我国同东盟国家进行合作竞争的前沿战略支撑点。美、日等国历来重视在东南亚国家和地区的战略发展，而作为同东南亚国家合作竞争的最前沿地区——我国西南地区的经济发展一直比较落后，降低了我国对东盟国家的综合吸引力。把开发北部湾新区作为推动整个大西南加速发展的一个重大机遇，以经济发展促进国际区域的全面拓展，可以成为我国同东盟国家进行合作竞争的一个坚强有力的前沿战略支撑点。

开发北部湾经济区是一个涉及多领域、多方面的系统工程，需要运用系统集成方法进行催生。首先，要构建以“南北钦防”和“桂柳工业走廊”为双核心的城市带。城市带应对区域内中心城市和小城镇进行明确分工，使资本、市场、人才、土地、基础设施等得到合理配置。“南北钦防”地区根据各自地理位置和资源要素承担不同经济功能，在区域内实现规模经济和集聚效应。同时，立足高端制造业，探索产业“蛙跳”发展的路径。实施顶层设计方法，为形成高端产业集群奠定基础，促进实现高新技术产业和制造业集群的融合。催生现代服务业与高新技术产业和制造业的产业集成，构建生态、环境、社会、经济和谐发展的产业网络，提升高新技术和原创技术的自主研发能力。采取超常规的发展方式探寻产业“蛙跳”，重点在于吸纳优质资本，引进和消化先进技术，积极进行自主创新，推进以现代物流为支撑，创新型工业为主导的综合经济体系的建立。

开发北部湾经济区，要以高绩效的政府推动高效率的发展，从思想、标准、组织、政策、培训和信息系统六个方面设计高绩效政府运行架构。高绩效政府管理以战略为核心、流程为基础、信息系统为支撑，通过高绩效的政府管理培育社会创新优势，实现提升竞争力优势。打造北部湾新区，应该引入政府和市场的双动力驱动，在前期特别需要依靠合理的政府组织力量，通过体制改革和政府再造实现区域性社会转型。

2006 年 10 月，温家宝总理在南宁举行的第三届中国—东盟商务与投资峰会上倡议，“积极探讨开展泛北部湾经济合作的可行性，使次区域经济合作成为我国与东盟经贸合作的一个新亮点”。

图 7 第三届中国—东盟商务与投资峰会

2007 年 1 月，温家宝总理在菲律宾宿务的中国—东盟第十次领导人会议上再次倡议“积极探讨泛北部湾经济合作的可行性”。温家宝总理的两次倡议不仅得到我国国家领导人及相关部门的支持，也得到东盟国家领导人及相关组织的响应。响应此倡议，我国和东盟双方的专家学者联合对泛北部湾经济合作的可行性进行了研究和论证。研究报告表明，泛北部湾经济合作构想是可行的。泛北部湾经济合作是相关各方根据本地区的特点，在互利共赢基础上推动的具有创新性质的次区域经济合作。这一中国—东盟合作的新亮点将带动和深化我国与东盟自贸区的建设，巩固我国和东盟战略伙伴关系，有利于我国和东盟共同推动东亚经济合作。研究报告建议，我国和东盟国家领导人因势利导，从地区共同发展的战略高度，将泛北部湾经济合作纳入中国—东盟合作的重要领域，尽快建立“泛北部湾经济合作组织”，尽快推动本次区域的经济合作。这样，以海上联系为纽带的泛北部湾次区域经济合作将与以澜沧江一湄公河流域为纽带的大湄公河次区域经济合作，形成海陆呼应之势，共同构成带动中国—东盟战略伙伴关系深入发展的两大组成部分。

第四节 泛北部湾经济合作促进广西经济大发展

泛北部湾地区的友好合作历史悠久。西汉时期，广西的合浦是“海上丝绸之路”的始发港之一，开启了该地区的友好贸易和文化往来。明朝的郑和七次下西洋成为本地区友好往来的最佳见证。在西方殖民者进入亚洲之前，该地区的友好往来是亚洲辉煌期的重要组成部分。在经历了痛苦的殖民地时期和两次世界大战之后，该地区的国家再次走向民族解放、民族复兴、地区和平、地区繁荣的道路，但在冷战时期，该地区也经历了战乱和贫穷，冷战后，我国与东南亚所有国家都建交、复交，开启了与泛北部湾地区国家交往的新局面。

20 世纪 90 年代，我国经济专家组考察了湛江、北海、海口、钦州、防城港市、越南的广宁省、下龙市、海防市等北部湾城市的经济、社会发展状况，并就建立北部湾经济合作组织的可行性进行了论证和设想。从北部湾与东南亚的优越区位条件，与日趋紧密的经济联系、经济合作的趋向，将北部湾开发区扩展到海南西线段、广东雷州半岛，甚至越南东线段及其他东南亚国家，从而逐步在亚太地区形成一个新的次区域经济合作格局。90 年代后期，随着我国西部大开发战略实施、我国加入世贸组织，面向东南亚，背靠大西南的北部湾地区战略地位逐渐提升，北部湾作为我国东西部、我国与东盟两个“结合部”的地缘优势越来越被看好。

2000 年 11 月，北部湾地区的有关城市成立“北部湾经济合作组织”。2004 年 7 月，《中越北部湾划界协定》《中越北部湾渔业合作协定》正式生效，争议之海成为合作之海。2004 年年底，广西加入大湄公河次区域合作，使该次区域合作延伸到我国的环北部湾地区，为湄公河流域国家与我国东部地区开展合作架起了新的桥梁。“环北”作为我国与东南亚的海陆联结点，愈发显示出其独特的地理位置、丰富的自然资源、良好的合作基础和广阔的开发前景等优势。

第五节 推进泛北部湾经济合作面临的挑战与机遇

推动泛北部湾经济合作，需克服一系列不利因素。随着中国—东盟自贸区的建成，我国与东盟的企业更加便利开展贸易和投资，处于桥头堡的北部湾经济区将有近水楼台先得月的优势。

2010年，国家确定了新一轮西部大开发的一系列新政策，明确提出扎实推进广西北部湾经济区发展，建成具有全国影响的经济增长极，这为经济区再次带来难得的发展机遇。但随着国家一系列促进区域协调发展的文件、规划相继出台，国家赋予的优惠政策逐步趋同，北部湾经济区享受的政策优惠不再突出，区域竞争的外在压力不断增大。此外，随着北部湾开放开发的不断深入，经济区资金投入不足，产业规模不足，创新能力不足等问题逐渐显露，这些都将对经济区的加快发展形成制约。令人欣慰的是，冷战后的合作历史证明，我国和东盟善于利用有利因素取代不利因素，用机遇化解挑战，化竞争利益为共同利益。

一、推进泛北部湾经济合作面临巨大的挑战

（一）经济上存在竞争性

产业结构变动趋势的趋同与竞争。双方的经济结构、产品结构、技术结构和产业结构较为趋同，经济互补的领域较小，长期以来双方在各自贸

易总额中占比较小。泛北部湾地区尚未形成自主创新基础上的产业分工,区域合作的互补深化和后劲的源泉是技术创新基础上的产业分工。泛北部湾地区的产业分工,不论是水平分工还是垂直分工都是建立在低水平的资源比较优势上的所谓资源差异化分工,而不是建立在技术创新基础上的。自主创新能力的不足将是制约两大区域竞合互补的重要因素。

外贸结构的趋同与竞争。泛北部湾地区对出口的依赖性都较大,对外贸易依存度非常高,由于我国泛北部湾省份与东盟相关国家的经济资源有较大的相似性,而且双方在推进工业化进程中均是以劳动密集型产品以及低技术密集型产品出口为主,都是世界中低档制成品的重要生产基地,电子、家电和机电类产品的出口比重也都逐渐提高,决定了双方在出口产品结构和出口市场结构的趋同与竞争。双方在出口产品上的竞争主要表现在纺织品和服装、皮革制品、机电设备等部门,尤其是在纺织品和服装方面。但由于泛北部湾地区的出口市场主要集中在美国、日本、欧盟,占80%以上,使得泛北部湾地区的竞争性主要存在于同一发展层次的地区经济之间和第三方市场,比如在化工产品、机械和电子设备、汽车以及光学设备与精密仪器方面,双方之间各有优势,存在竞争关系。

利用外资的竞争。经济的外向性使得泛北部湾地区的国家均希望借助国际资本的力量。由于经济结构的趋同性,对同一性质的外资需求就存在竞争,美国、日本、欧盟国家选择在东亚的生产基地上,反复比较是我国还是东盟国家。

(二)双方的积极性尚未完全调动起来

日本、美国、欧盟、印度等主要经济体争相与东盟国家洽签FTA,加之中国—东盟自贸区建设进展较为顺利,因此,东盟国家对"泛北部湾"合作的重要性和积极意义还未给以足够的重视,尚未启动相关研究。

东盟国家观望泛北部湾合作能否被列为我国的国家战略。东盟国家有的学者认为，中国政府的态度和政策支持是泛北部湾合作取得成功的关键因素。东盟在我国对外战略中的地位将决定我国政府是否有决心和财力加大泛北部湾地区的基础设施建设，如支持东盟国家的相关港口建设、南宁到新加坡的铁路和高速公路的建设等。

双方企业对彼此市场环境的了解还不够。主要表现在多数企业不了解泛北部湾合作将带来哪些商机；不了解中国—东盟自由贸易区相关规则；缺乏开发彼此市场的意识、长期战略计划、可行性分析、优秀人才和商务渠道；少数企业缺乏经营道德和社会责任，造成一些纠纷；不了解彼此国情和风俗习惯，因而不能入乡随俗，简单照搬本企业文化和在国内的经验等方面。

（三）缺乏有效的协调机制

一年一度的“泛北部湾经济合作论坛”初步承担着为“泛北部湾”构想造势的功能，但该论坛并非“泛北部湾”的协调机制。由于泛北部湾合作涉及多层次、多领域、多部门、多国家，且处于可行性研究阶段，因而缺乏统一思路，尚未形成照顾协调各方利益的行动路线图，因此也就缺乏官方的协调机制。此外，我国相关省份对“泛北部湾”的关注程度并不一致，主要体现在对广西推动方面。我国政府是否将广西北部湾经济区列为国家级开发区，能否设立一个专门机构来协调相关省份间的关系，使以广西为核心的泛北部湾合作、以云南为核心的大湄公河次区域合作和以广东为龙头的“9＋2”合作能整合成一个同东盟合作的整体，仍值得期待。

（四）政治互信有待提高

双方对彼此战略取向仍存在着理解上的偏差，需要弥合。尽管双方在消弥南海地区紧张形势方面已取得较大进展，但南海问题仍未排除在双方关系敏感问题之外。“泛北部湾”合作的深度和广度都与中国—东盟战略伙伴关系的定位不相称。

二、推进泛北部湾经济合作享有巨大的机遇

双方在落实倡议、计划和战略时需要进行更多的互动、磋商和协调，并培养协调和共同参与、“竞合共赢”的意识。历史表明，我国和东盟国家善于通过扩大共同利益、降低竞争利益的方式，化解矛盾，达成共识。过去，东盟国家普遍认为，由于双方产业结构存在一定的趋同性，必然带来市场和投资方面的争夺。但历史证明中国—东盟自贸区的建设，标志着双方达成共识，努力在谅解和合作中缓解这一矛盾。泛北部湾的区域合作也首先会从这种谅解和合作中开始，逐步通过在一个更合适的范围内进行经济结构调整，整合资源，强化优势，新的合作将增强本地区的国际竞争力，变竞争为合作，变合作为更大领域的竞争力。例如，我国和东盟的“早期收获”协议实施后，泰国、越南等大批水果涌向我国市场，给同样以热带水果为主的广西带来巨大的挑战和竞争。广西农业采取了从东盟国家引进新品种，加强水果加工能力的办法提高自身竞争力，使竞争变得有序，化竞争为合作。在泛北部湾合作框架下，广西可以更有效地规范和协调竞争与合作的关系，提高次地区的整体竞争力，优化配置区域资源，使各方受益。另外，中国—东盟博览会、中国—东盟商务与投资峰会、环北部湾经济合作论坛等也为泛北部湾经济合作带来了便利条件。在泛北部湾经济合作的带动下，泛北部湾地区的经济发展将加速，经济整合程度将加深，逐步成为中国—东盟自贸区的经济中心地区。

（一）北部湾地区应该形成具有本地区特色的产业集群

与我国的长三角、珠三角和渤海湾已经形成和正在形成的产业集群相比，未来以广西为核心的泛北部湾经济发展应该有自己的特点。它可能有一部分还是珠三角现有的产业群落的延伸（包括为广东的汽车产业服务的新型钢铁企业），但更大部分有可能是为我国的西部经济，以及相

关的东盟国家服务的新能源、新材料、新设备、环保和新型的服务性企业，如物流行业、旅游行业等。跨国公司和我国沿海地区的一些大企业都已经是这些新兴行业中的领先型企业，加快吸引这些新领域的企业和相应的知识、技能和专业人才，将有可能促使广西、大西南和东盟国家早日进入注重环保和生活质量的 21 世纪的新经济之中。在泛北部湾的未来发展中，我国的香港和广东与新加坡、越南等处于重要的地位。

（二）充分借助泛北部湾地区的经济互补性

经济资源结构的互补性。自然资源方面，在泛北部湾的我国省份，除西南省份自然资源比较丰富外，其他省份都比较缺乏，而东盟国家自然资源都比较丰富，如林业资源、渔业资源、油气资源、矿产资源和热带经济作物等。资源贸易以及在林业、渔业、矿业等方面的共同开发，将成为双方合作颇具潜力的重要领域。人力资源方面，我国是世界上人力资源最丰富的国家，马来西亚、新加坡等国均已出现不同程度上的熟练劳动力和高级技术人员短缺问题。

经济发展阶段的互补性。泛北部湾四省六国大致可以归为四个层次：第一层次是文莱和新加坡，属于高收入国家和地区，前者凭借石油美元具有资本输出优势，后者为本地区最先完成工业化的国家，具有资本输出和高科技知识密集型产业的双重优势；第二层次是广东和马来西亚，属于上中等收入水平，是经济层次中的中坚力量，具有中等技术及资本密集型产业比较优势，可以成为高收入国家的外缘市场，又可以担当起产业和技术转移中的承上启下者的角色；第三层次为海南、广西、云南和东盟的菲律宾、印尼，属于下中等收入层次，具有自然资源和劳动密集型产业优势，是经济层次中最具有可塑性的区域；第四层次是越南，属于低收入国家和地区，具有廉价劳动力和自然资源优势，附属于其他层次。

经济发展水平的层次性决定了本地区产业结构分布也呈现阶梯型。新加坡的产业结构高度化特征明显，第三产业已居主导地位，并开始出现从传统制造业分工中撤出的迹象。香港是亚洲的金融中心和服务业中心,广东有较现代的工业,已经形成竞争较强的制造业生产能力和初步发达的第三产业。东盟老成员国的第二产业与第三产业发展水平相当,制造业在国民经济中占有重要地位。广西的工业化水平虽比较低,但高于东盟北部的越南,而东盟国家作为一个整体,在服务业和第三产业的发展上优于我国。多层次的经济发展水平组合在产业结构上所体现出的全面性无疑将会更易于形成与东盟产业之间的互补。经济发展的多层次性为处在工业化发展关键阶段的泛北部湾地区进行梯级穿插合作提供了可能性,有利于形成梯度和点轴交叉发展的模式。通过形成梯度和点轴交叉发展的非均衡发展模式,能够提高经济发展的效率,促进产业转移和升级。在泛北部湾地区,广东和新加坡、马来西亚的工业化水平相对较高,而云南、广西、越南的工业化水平低。因此,本地区可以形成梯度发展模式,较发达区域,可以拓展发展空间,转移夕阳产业,加速产业升级,实现可持续发展;较落后地区,则可以通过承接产业转移,加快工业化进程。

产品结构的互补性。在自然资源密集型产品上,东盟国家具有明显比较优势,特别是文莱、印尼、马来西亚、越南基本上保持了自然资源密集型产品出口的比较优势,如动植物油脂、矿产品、塑料制品、木材及木材制品等产品;在非熟练劳动密集型产品上,印尼、菲律宾具有出口比较优势,但我国在非熟练劳动密集型产品上的出口比较优势强于东盟国家,如鞋类、纺织品与服装、金属制品和各式制造品等产品;在技术密集型产品上,新加坡、马来西亚拥有比较优势,我国在该领域的优势弱于新加坡、马来西亚、菲律宾,但高于印尼在人力资本密集型产品上,东盟国家在人力资本密集型产品的出口均处于劣势地位。东盟向我国出口的商品主要以石油、天然气为主的矿物燃料和以木材、纸浆为主的非食品原料,我国向东盟出口的商品主要是以交通工具、机电器为主的一般机械产品和纺织服装产品。随着泛北部湾地区双边贸易结构的变化和贸易规模的扩大,双方的竞争优势产品同样也发生变化。在竞争中，我国的优势产品已经从初级产品和资源性产品转变为各类工业制成品，而东盟仍主要在一些资源密集型产品和部分工业制成品占有优势。具体到2006年的主要出口产品，广东作为四省中经济发展水平最高的省份，对东盟六国的出口主要集中于石油加工产品、电气设备以及服装等商品，兼具资本和劳动密集型特征；广西、海南和云南主要还是以资源出口为主，但各有主导产品，广西的有色金属、海南的胡椒和云南的烟草是其主导产品。东盟六国对我国四省的产品需求也各异，越南对四省的依赖程度相对较高，从基本资源钢材、电力到都对四省有很大需求。

新加坡作为这一区域的领先国，对我国四省的产业设定有一定影响力，对广东的石油和电气设备等加工产品、其他省区的资源都可以按照本国需求施加影响。作为与东盟六国最为临近的地区，我国四省最具有出口的地利以及接受产业辐射圈的影响和产业转移的后备能力。广东与新加坡是本区域的产业主导者，从进口数据中可以看出，我国四省对东盟六国的进口主要集中于零部件与自然资源，其中新加坡和菲律宾是广东和广西等省区进行出口及再加工的零配件原产国，而马来西亚、印度尼西亚则是我国最主要的棕榈油进口源，越南则是最主要的煤炭进口源。

产业内贸易将保持强劲发展势头。随着区域国际分工的演进和产业结构的调整，特别是亚洲金融危机后，亚洲区域内各经济体实力消长，支撑区域经济高速增长达三十年之久的“雁行模式”随着日本经济的长期萎靡不振而出现衰变；随着我国和东盟工业化进程的加速，产业结构逐步升级，逐步从传统的产业间贸易走向产业内贸易的互补性分工，区域产业内分工日益细化，产业内分工趋势明显，产业内贸易规模在不断扩大。一直以来，跨国公司在泛北部湾地区的投资发展迅猛，在泛北部湾地区内的产业内分工投资则对本地区产业内贸易的发展起到推波助澜的作用。跨国公司依据各自的投资战略展开产业内分工，将零部件生产分布到区内不同国家和地区，进行专业化生产，以发挥其规模效应。泛北部湾合作必然会使现有市场规模进一步扩大，可以为跨国公司提供其规模经济的市场容量，使其摆脱单一国家有限市场需求的约束，从而有利于跨国公司扩大生产规模，同时，扩大的市场也能吸引潜在的投资者。泛北部湾经济合作进程的深化将会促进该地区的经济增长。通过优化分工协作，资源将得到更加合理的配置，日趋激烈的市场竞争也迫使区域内企业提高效率，这些将提高生产要素的回报率，进而产生新的存量和投资，这些又会进一步推动经济的持续增长，从而对外国直接投资产生持续的吸引力。区域经济在此良性循环的有力带动下，势必向积极的方向发展。总的来看，权衡泛北部湾合作的有利条件和制肘因素，有利条件大于制肘因素，并且有理由相信，后者将通过泛北部湾合作的展开逐一得以化解和消除。正如我国与东盟友好关系和经贸合作迅速发展给双方带来实实在在的好处一样，泛北部湾合作必将也带来这一预期成效。

第六节　推动泛北部湾经济合作的战略设计

鉴于推动泛北部湾经济合作对各方来说是利大于弊，具有重大的战略意义，因此，有必要在中国—东盟共同发展的战略高度、睦邻友好、互利共赢的思想指导下，建立机制，确定路线图，大力推进实施。

一、泛北部湾经济合作设计应遵循的原则

我国和东盟必须从深化中国—东盟战略伙伴关系的高度去理解泛北部湾经济合作的意义。双方都应认识到，推动泛北部湾经济合作符合各自的战略需求，尤其对东盟方有利，但双方也应充分认识到推动泛北部湾经济合作的复杂性和艰巨性，应建立跨国研究网络，进一步研究如何落实

泛北部湾经济合作，尽快设计出能互利共赢、趋利避害的创新性方案。充分照顾到各方的舒适性是我国与东盟推进合作的宝贵经验，在推动泛北部湾经济合作时，要照顾到相关各方的舒适度，由易到难，循序渐进。立足泛北部湾，放眼次区域外的广阔空间，争取美、日、韩等国跨国企业的投资，争取相关国际和地区机构的金融支持，使区域内外同时受益，这将保证泛北部湾经济合作的活力和动力。实践证明，加强国家间的宏观经济政策协调，加强各层次经济体之间的协调，是我国与东盟合作的又一宝贵经验，也是泛北部湾经济合作能否成功推进的关键。推动泛北部湾经济合作是综合性的系统工程，要建立政府引导、市场驱动、企业参与的有效关联机制，设立政府、行业间的各种协调机制，是泛北部湾经济合作能顺利运转的保障。泛北部湾经济合作具有泛北部湾地区特色的次区域经济合作组织，能够激活我国与东南亚的海上合作。在泛北部湾合作中各自担任中国—东盟自贸区建设的探路者、先行者、示范者、受益者。

二、建立泛北部湾经济合作组织

借助中国—东盟高官会、中国—东盟外长会议、中国—东盟经济部长会议等机制进一步磋商，使泛北部湾成为相关各国从领导人到具体执行部门上下一致的共识，然后，由部长级会议将泛北部湾合作提议递交中国—东盟领导人会议一致认可和批准，从而正式启动我国与东盟相关国家的实质性合作。

在达成实质性合作之前，泛北部湾合作的主推方和相关方可在地方层次现行进行具体项目的合作，由点到面的铺开，为国家级层面的合作奠定基础。当条件成熟时，泛北部湾地区国家可举行部长级会议，邀请亚行共同签署《建立泛北部湾区域合作组织的框架协议》，建立泛北部湾经济合作组织，用以组织、协调、开展泛北部湾的经济合作。该组织可由泛北部湾七国、东盟秘书处、亚行等组成，负责协调多边关系，建立多种协调机制，共同制定政策，协商解决问题，汇报国内协调和进展情况等。在每年的中国—东盟商务与投资峰会后，举办部长级的“泛北部湾经济合作组织”会议，以提升和取代当前的“泛北部湾经济合作论坛”，时机成熟时，可不定期召开一次中国—东盟泛北部湾六国领导人峰会，同时，借助每年的中国—东盟博览会打造泛北部湾经贸合作的平台，可邀请区域内外的企业、行会、商会、媒体等参加。

三、明确泛北部湾经济合作的战略地位

我国与东盟的合作机制已经有以广东为中心的泛珠(9+2)，以云南为结合点的次区域经济合作组织(GMS)，如果再加上以广西为中心的泛北部湾，将总共有三个机制，并且有重叠区，这势必增加我国国内协调的难度，甚至会让东盟无所适从。因此，我国政府应明确四省区，三机制的关系，如广东是对东盟贸易的龙头，实施产业转移的源头，全面与东盟对接；广西是我国和东盟的海陆结合点，要重点发展枢纽作用，在扎实推进“两廊一圈”建设的同时，加强与海岛东南亚国家的海上经济合作；云南则以次区域经济合作组织(GMS)为依托，重点发展与半岛东南亚国家的陆路和水路通道建设；海南则可凭借身处南海，背靠大陆的地理位置和自然资源禀赋、左右逢缘，重点发展特色经济。这样，三大机制各有侧重，共同形成我国与东盟合作的一个整体，每个机制都需要其它两个机制的配合和支持。鉴于泛北部湾的特殊性、后发性及可预见的前景，我国政府应将广西北部湾经济区列为国家级开发区。

四、泛北部湾经济合作路线图

从我国进一步落实“与邻为善，以邻为伴”的外交方针和“睦邻、安邻、

富邻”的周边外交政策的指导思想出发，我国政府应积极推动在今年的中国—东盟高官会、中国—东盟经济部长会议、中国—东盟外长会议上就泛北部湾经济合作双方达成共识。以“两廊一圈”为核心，加快完善“两廊一圈”，在中国—东盟博览会上积极推动“两廊一圈”建设；以广西北部湾经济区建设为基础，并作为我国政府支持项目，以进一步体现我国发展与东盟经济合作的积极行动。在此基础上，以海洋经济合作为旗帜，循序渐进地与海岛东南亚国家展开海上旅游、港口物流、海洋资源与能源、海洋文化产业、海洋农业等领域的功能性合作，同时进行创新性的产业搭配合作模式，推进泛北部湾产业合作。

随着泛北部湾区域经济合作战略的深入实施，铁山港临海工业区已经引起了国内外相关行业龙头企业的高度关注，一批重大项目将落户铁山港。北海电厂、南海洋石英砂、边贸码头、新龙燃气等一批企业已建成投产，万吨级船舶修造厂、中信大锰红土镍矿深加工、泰邦重油化工、鑫鑫铝型材精加工等项目正在密锣紧鼓地建设中。

2008 年，大项目纷至沓来，一批重大项目在北海市相继投入建设，重点推进涉及工业、能源、旅游等领域的 100 个重大项目建设。其中，新开工项目 44 项，续建项目 21 项，重点招商及开展前期工作项目 35 项，这批项目总投资 1614 亿元，今年计划完成 120 亿元。同时，重点突破 6 大项目前期工作，林浆纸一体化、中石化北海炼油厂异地改造、中电集团北海电子产品研发生产、北海电厂二期、铁山港煤化工综合项目、铁山港铁路支线等重大项目扎实推进，部分项目已进入实质性阶段，北海已进入发展快车道，经济发展后劲逐步增强。

北海是广西沿海基础设施建设大会战的主战场之一，九项沿海基础设施建设大会战二期项目全面推进，开发建设热潮正在兴起。北海市列入沿海基础设施建设大会战一期实施项目为 11 项，合计总投资 12.25 亿元，北海大地就是一座“富金矿”，仅 2009 年就吸引了大批投资者前来“淘金”,北海实际到位资金同比增长了三成。

“谁抓住了北部湾经济区大开放大开发的重大机遇,谁将获得下一轮发展先机。实施三年跨越发展工程,亟须引进大项目,实施大招商,推动跨越发展!”北海市招商局负责人表示,对于2010—2012年的跨越发展目标,招商局制订了清晰的计划:2010年,全市招商引资实际到位资金200亿元以上;2011年,全市招商引资实际到位资金245亿元以上;2012年,全市招商引资实际到位资金280亿元以上。

在这三年间,北海市将通过以商招商、产业招商、专题招商、定向招商等方式,重点引进世界500强、我国500强、区内外知名企业参与北海开发建设,引导产业向高端化发展。这是招商部门实施北海三年跨越发展工程的目标,这样的目标,充分显示了招商部门加速北海发展的决心和信心,也展示了北海大开放的水平和决心。

第七节　发挥金融功能　服务“泛北合作”

一、广西区域金融特色服务建设我国沿海新一极

广西北部湾经济区背靠我国大西南地区、面向东南亚国家,是泛北部湾经济合作、大湄公河次区域合作、泛珠江三角经济合作等多个区域合作的交汇点,是我国沿海与东盟国家进行海陆交往的枢纽,是促进我国与东盟全面合作的重要桥梁和基地,区位优势明显、战略地位突出、发展潜力巨大、合作前景广阔,应抢抓多区域合作新兴机遇,立足优势、突出重点、齐心协力、共同努力、强化措施,逐步形成经济新高地和发展新一极。金融作为服务业,在推进泛北部湾区域经济金融合作促进广西北部湾经济区的经济增长中扮演的角色是极其重要的,但泛北部湾经

济区(广西)金融抑制问题比较突出,主要表现在建设资金的供求过程中配置的不合理,这已成为区域合作框架下,加快广西经济发展的主要瓶颈。

广西北部湾经济区域经济金融发展进入快车道,北部湾区域的资金需求规模较大。北部湾经济区是指由广西壮族自治区南宁、北海、钦州、防城港市所辖的行政区域为主组成的经济区,土地面积 4.25 万平方公里,占广西土地面积的 17.9%,海域总面积达 12.93 万平方公里,截止到 2005 年底总人口 1230 万人,约占广西总人口的四分之一。然而,广西北部湾经济区域的开发建设仍处在起步阶段,经济规模落后于其他经济区,在基础设施、投资环境和市场建设等方面有待加强。

北部湾经济区凭借优越的地理优势,在国家政策的扶持下,北部湾经济区新型工业化进程加速、基础设施建设加强、对外贸易和投资合作迅速增长,经济发展前景诱人。2005 年,南宁、钦州、北海、防城港四市生产总值 1202.6 亿元,占全区生产总值的 29.6%,人均生产总值 9816 元,比全区平均水平高 1054 元;四市合计财政收入 142 亿元,占全区财政收入的 29.8%,人均财政收入 1215 元,比全区平均水平高 190 元。三产结构比重由 2000 年的 31.1∶26∶42.9 调整到 2005 年的 22.3∶32.4∶45.2, 2005 城镇化率达到 32.1%,比 2000 年提高 11.5 个百分点。农村经济稳步发展,农业增加值 268.2 亿元,占全区农业增加值的 29.9%,工业增加值达到 300.6 亿元,占全区工业增加值的 23.1%,服务业增加值达到 543 亿元,占全区 34.9%。据统计,2006 年南宁、钦州、北海、防城港四市生产总值达到 1438.6 亿元,2007 年为 1446.8 亿元,分别占广西生产总值的 30%和 31%,同比增长 15.2%和 16.9%,增幅分别高于广西平均水平 1.7 和 1.8 个百分点,特别是工业生产呈现出高速增长的态势。2006 年,规模以上工业总产值达 965.2 亿元,是 2000 年的 4.22 倍,2007 年规模以上总产值为 968.5 亿元,同比增长 40.1%。在工业的拉动下,产业结构得到极大的改善，2006 年第一、第二、第三产业比重为 20.6：35.9：43.5，2007 年第一、第二、第三产业比重为 12.4：38.0：49.6。

虽然广西北部湾区域经济金融发展进入快车道，但广西北部湾经济区域资金供给仍大量短缺。

区域合作的不足压制了北部湾区域发展的资金供给。在资本市场上，泛珠三角地节在香港主板市场发行 H 股的企业占内地 H 股企业总数约四分之一，香港的银行在内地已开设有 69 间分行，其中一半以上设在泛珠三角地区，广西区域内无一家落户。虽然实现我国与东盟金融区域化的呼声很高，但如何推动这一进程却面临实际操作的重重困难，如各国在经济、政治、货币政策上还存在着巨大差异，在金融合作上很难进行有效的组织协调，在短时间内很难取得突破进展。这就形成了自身内部可用金融资源有限的情况下，区域外金融资源的欠缺加深了广西北部湾经济区的资金等金融资源供给的不足的程度的状况。

区域内金融资源配置效率的低下是区域建设资金供给不足的又一重要原因。由于国有金融机构的垄断，金融市场缺乏有效的竞争机制，又没有一个统一的资金运作平台来集聚分配金融资源，各金融主体间信息不透明，沟通和协调较少，致使金融资源配置效率低，出现银行找不到优质的贷款客户而好的客户又不知哪家银行有款可贷的现象，存贷差趋势扩大。2005 年广西金融机构存贷差额达到 1145.98 亿元，是 2000 年的 1.7 倍，2006 年存贷差继续扩大达到 1376.61 亿元。2006 年 5 月，国家开放银行承诺给北部湾 40 亿元贷款额度，但还没有完全利用，这些情况表明，存款资金资源中有一部分没能实现优化配置，造成了资金浪费。

资本市场发展滞后，任何区域的经济的迅猛发展都需要有大量的资金投入，发达的资本市场则是成本最低且数额具大的资金筹措渠道，而广西的资本市场发展缓慢，货币市场成为主要的市场。广西经济发展一直以来都处于较落后的水平，企业的规模小，盈利能力不强，加上资本市场政策的约束，很难通过资本市场，筹措企业发展的资金，最终推动本区经济的发展。在证券市场上，广西上市公司数量少，总体规模小，上市企业的数量明显低于全国平均水平。截止到 2007 年 12 月，广西的上市公司只有 23 家，仅占境内上市公司的数量的 1.56%，上市公司总股本占全国比重的 1.507%，总市值占全国上市公司总市值 0.625%，2006 年上市公司市值占广西 GDP 的 109%。

区域内金融机构的发展与经济的发展要求不相匹配。广西的 GDP 与金融资产比在全国处于一个比较落后的地位。在各金融部门中，以银行类金融机构为例，广西银行业金融机构营业网点仅占全国银行业金融机构网点总数的 2.7%。在广西，除五大国有商业银行之外，国内股份制银行只有浦发银行和新进的华夏银行在区内开设分支机构，民营和外资银行的分支机构为空白，而在上海，现有银行类金融分支机构多达 200 多家。广西银行的支付、结算及托管、贷款担保系统等金融基础设施以及金融工具创新等方面的发展滞后，限制了金融功能的发挥和优化；再以非银行类的保险业为例，保险业保险深度和密度均低于全国平均水平。

面对如此严重的广西北部湾区域资金短缺，解决广西北部湾经济区域资金供给不足成为重中之重的问题。

通过不断优化金融生态环境，加强与区域内外的金融机构的金融合作。不断优化金融生态环境是加强金融合作的着力点。金融生态环境的优劣决定着金融资源在地区间的流向和流量，一个地方金融生态环境越好，资金聚集的“洼地效应”就越明显，就能引来更多的资金，促进地方经济持续较快发展。充分发挥政府的组织协调功能，政府通过综合运用法律、经济、行政、宣传、舆论监督等手段，构建经济与金融和谐发展的良好金融生态环境。

大力发展金融市场参与主体、鼓励金融机构的改革创新。加大“引银入桂”的力度，出台优惠政策，吸引更多的国内外金融机构在广西设立机构，加快实现金融市场主体多元化，积聚更多的金融资源支持广西经济建设。同时，加快组建区域性商业银行和保险公司，积极争取设立更多的期货公司、财务公司、融资租赁公司、小额贷款组织等专业性金融企业和新型金融服务组织。鼓励和支持区域内金融机构通过改善金融基础设施、创新金融工具等改革创新更大程度上融入泛北部湾和泛三角区域的金融合作，为区域经济合作发挥更大的作用。

大力发展资本市场，扩大直接融资规模和比重。大力推动条件成熟的企业加快发行申报速度的同时，建立上市企业后备库，加快企业股份制改造，推动非上市公众公司在全国统一的场外交易市场挂牌交易；积极引导、鼓励和支持符合条件的企业利用企业债、公司债这一融资方式，扩大发行规模，改变广西企业直接融资方式单一，债券融资发展相对滞后的状况；发展产业投资基金，以“集合投资，专家管理”的模式，为未上市企业提供资本支持；构建新型投融资主体，探索成立以行业投融资为基础的专业化投资公司或跨领域的综合性投资公司，对重点产业、基础设施、公用事业等提供速融资支持，提高区域资本配置效率。

出台一些特殊的、扶持性的金融政策。在广西这样一个还不太发达的区域，建设一个经济区，就需要一些特殊的政策，国家为了促进广西北部湾经济区的进一步开放开发，在政策、资金、产业布局等多方面予以大力支持。金融也需要制定一些特殊的政策，比如，全国性的货币政策持续适度从紧对于广西北部湾经济区建设正处于初步阶段来说有待改善，或许国家可以通过加大给广西的信贷指标以及实行特殊的利率优惠来抵消广西北部湾经济区域在投融资方面受到国家宏观调控的影响。此外，如边贸贸易结算以及信贷授信、机构设置等给予特殊的政策和管理办法。

建设社会主义新农村是落实科学发展观，统筹城乡经济社会发展，缓解我国经济二元结构矛盾的重要内容，是解决“三农”问题、全面建设小康社会的重大战略举措，关系到我国经济和社会发展的全局。随着中国—

东盟自由贸易区建设和泛北部湾经济区域的形成,给广西城乡带来了机遇与挑战,而城乡的建设离不开金融的支持,所以必须打造具有广西区域特色的城乡金融服务体系。

由于我国地大物博,自然资源禀赋、人文历史传统、经济技术水平等存在强烈的地域差异,使经济运行呈现明显的区域性特点,并形成国民经济中的中观层次——区域经济。毋庸置疑,任何经济活动都要在特定的区域空间展开,金融活动自然也不例外,金融系统作为国民经济的重要组成部分,不仅直接反映着经济的区域性特点,而且经济的区域化也会反作用于金融运行,形成金融运行的区域化。亦或从理论上说,由于金融资源的供给和需求在空间的非均衡性,金融运行势必也会呈现区域非均衡的特征。

中国—东盟自由贸易区建设和泛北部湾经济区域的形成给广西带来的发展机遇。广西是我国进入东盟的前沿,是东盟国家进入我国的第一道门户。随着中国—东盟自由贸易区的建立和泛北部湾经济区域的形成,交通条件的改善和广西作为中国—东盟经济走廊的形成,边境与内地进一步拉近了距离。因此,理应站在经济全球化和区域经济一体化的高度,从建设中国—东盟自由贸易区和实现富民兴桂新跨越的高度认识广西城乡金融服务体系的地位与作用,给广西金融重新定位。

《广西壮族自治区国民经济和社会发展第十一个五年规划纲要》提出了"深化城乡金融体制改革,规范发展适合城乡特点的金融组织,探索发展城乡保险,改善城乡金融服务"的方针。"十一五"期间,广西将继续实施区域经济发展战略,以城市化和发展县域经济为重点突破口,依靠中心城市的带动辐射功能和优势要素聚集,完成区域经济结构的合理、有效布局,突出重点区域,实现聚集效益。将以改善发展环境为突破口,加快推进农业产业化、城乡工业化和城镇化,大力发展县级区域经济,逐步改变城乡二元经济结构;放手发展非公有制经济,使其成为城乡经济发展的主要力量;加快推进城乡工业化,调整改造提高中小企业,大力发展农产品加工业,扶持一批骨干企业,培植优势主导产业和特色产业,不断提高工业在乡镇经济中的比重;加快推进农业产业化,用现代工业理念抓农业,加强区域特色产业基地和现代农业示范园区建设,采取扶持农业产业化龙头企业的政策措施,建立健全龙头企业与农民风险共担、利益共享的机制,使传统农业尽快向现代农业转变;加快推进农村城镇化,积极发展小城镇经济,以产业聚集带动小城镇发展,使小城镇成为县域经济发展的平台。这一系列的发展目标和规划给广西农村经济的发展带来了良好的机遇,而农村经济发展离不开农村金融服务的支持,所以广西农村金融的服务体系的发展也迎来了难得的发展机会。

尽管中国—东盟自由贸易区建设和泛北部湾经济区域的形成以及"富民兴桂"战略的实施给广西农村金融发展带来了较大的机遇,但也应该看到,广西的农村金融服务体系还存在着比较严峻的问题。

二十余年的经济改革使广西农村经济已经取得长足进步,但农村金融发展比农村经济发展明显滞后。

信贷资金供应不足,农业资金外流严重。农业资金的大量外流影响了农业投资,成为农村经济发展的一个重大障碍。以广西2006年为例,农业和农村非农产业获得贷款比重在GDP中的份额就极不平衡,乡镇企业增加值占GDP比重超过1/3,农业占GDP比重接近15%,但是两者贷款总和只占总贷款1/20左右,造成这种现象的原因是多年来广西"以农补工"的发展战略造成农业基础设施落后,投资环境恶劣,依靠市场机制来促进农业投资必然与投资者的理性相违背,并且农业资金不足进一步削弱该行业的盈利能力,形成恶性循环。但是农业与农村发展对广西经济全局产生的巨大外部效应,具有明显的"公共物品"特征,因此,资源配置应该采用市场以外的方式,需要政府从长远的经济发展和社会进步角度考虑,运用适当的方式将非农资源引导进入农村领域。

农村借贷规模相应扩大，但以民间借贷为主。随着农村经济发展，农户收入水平差距加大，农户的借贷水平也呈上升趋势，但是其上升部分中民间借贷占主要部分。形成上述现象的原因是：从供给者角度来看，农村贫富差距拉大，使部分先富起来的农民有了部分闲散资金，而农村正规金融机构的存款利率较低，同时又缺乏相应的正规投资渠道，从而使这部分资本的持有者成为非正规金融的供给者；从需求者角度看，农村资金需求具有分散化、规模小、监控难、风险大的特点，作为正规金融机构来说是不愿意将资金投入到这个高风险低收益的领域，而非正规金融以其手续简单、成本低、利率灵活的特点很大程度上满足农村不同贷款需求主体。同时，小农经济仍在广西农村中占据主要地位，这一经济特点对于农民借贷也产生了很大的影响，借款多向亲朋好友去借，这样一来，由于“血缘”和“地缘”的关系使贷款风险降低很多。

金融机构提供的服务单一，缺乏层次。广西农产品市场已经形成现货市场和期货市场、专业市场和综合市场、批发市场和零售市场的多层次的市场体系，而农村金融服务却很单一，主要集中在信贷业务上，新兴的中间业务在农村根本没有普及。此外，僵化的农业贷款条件已越来越不能满足各种农业产业发展的客观需要，农业贷款的“春贷秋收”是根据种植业的生产周期而确定的，而水产品养殖、农村工商业等的生产周期却无法确定下来，农业贷款品种仅局限于短期流动贷款资金，缺乏针对农村固定资产更新和改造的中长期贷款。传统按季付息的方式也不符合农业资金秋季集中回流的现实。可见，广西农村“贷款难”不仅仅是一个金融机构“惜贷”的问题，也存在农村经营个体找不到合适的贷款品种而“惜借”的困境。

造成广西农村金融服务领域诸多问题的原因之一，是广西农村金融机构长期粗放的经营发展模式。广西农村金融机构必须改变这一粗放的经营发展模式，更新金融发展理念，牢固树立科学发展意识，注重优化金融结构，提高金融质量，其中构建地方性、区域性、小型化为主要特征的广西农村金融机构体系是解决农村金融市场供求矛盾的最佳选择。要以区域性、地方性、小型化为核心，探索县域金融存量资源的整合路径，重视农村金融机构的产权改革和可持续发展，构建具有鲜明广西区域特色的农村金融服务体系。

构建多层次的金融市场机制。在广西经济欠发达的地区，传统农业的氛围浓厚，信息离散度高。信用社虽具有先天性的信息优势，但因实现制度性绩效的困难而缺乏持续发展的潜力，故应选择“供给领先”模式发展这些地区的金融，应在稳定现有合作金融基本格局的前提下，充分发挥政策性金融、创新金融的作用。在广西经济相对发展较快的地区，可以对一些规模较大的信用好的企业，进行股份制改造，在保护私有财产通过政策给予保护，形成能够提供激励的有效产权制度，增强社会信用社的实力，以巩固和强化合作绩效。

根据市场经济的多样化，构建较为完善的市场金融市场。应该建立一个包括政策性银行、商业银行、农村信用社、证券租赁、保险、担保、社会团体等在内的组织机构网络。此外，包括农村信托投资咨询公司、企业财务与家庭理财公司等不同的金融或非金融组织和团体都应得到发展。

成立地方性金融管理机构，统筹区域金融发展。如何在国家金融总体发展战略框架下促进创新型城市建设是当前和未来较长一个时期内广西农村金融面临的主要任务，而广西金融业现有的沿袭中央政府的分业监管体制显然不能适应这一需要。这就要求广西有关部门要从服务区域经济建设这一战略高度出发，成立由政府主要领导担纲负责的地方性金融管理机构，统筹区域金融发展相关事务。在这方面，上海从打造国际金融中心的角度考虑，成立了金融服务办公室，浙江省也从建设金融强省的出发点考虑，成立了金融办公室。这两者的成功经验都值得广西学习。

当然，成立地方性金融管理机构，加强对区域金融的监管是把“双刃剑”，因而要明确定位未来的广西地方性金融管理机构。首先，它应是个专职机构，要具备一定的调配区域金融资源的行政职权；其次，其近期主要目标是构建一个区域创新的金融支持体系，促进区域经济建设。其促进广西农村金融发展的主要途径是为区域农村金融市场运行创造一个良好的环境，让区域农村金融市场能真正发挥功效，而不是直接参与这一金融市场的运行。

创新金融服务广西，建设我国沿海新的经济增长极。广西创造了令人瞩目的“北部湾速度”后，处于打基础、上水平的关键时期，广西北部湾经济区又迎来了新的重大机遇。在新出台的《国务院关于进一步促进广西经济社会发展的若干意见》中，40 条有 16 条直接涉及广西北部湾经济区，内容从规划布局、产业发展、交通港口建设到体制机制创新、开放合作等，明确提出发展目标和支持政策。广西北部湾经济区将以此为契机，加快重点产业园区建设，推进产业集群化；加快基础设施建设，提高发展支撑能力；加快保税物流体系建设，构建开放型经济；加大招商引资力度，吸引更多外部资源；加快体制机制创新，增加发展活力；进一步扩大开放，深化多区域合作，构筑国际国内区域经济合作新高地；深入实施广西北部湾经济区发展规划，加快推进经济区开放开发。广西北部湾经济区主要采取措施有：

1. 加快重点产业园区建设，推进产业集群化发展

在北部湾经济区“五区两园一基地”8 大重点产业园区的基础上，根据经济区各市产业定位和实际情况，规划布局了 20 多个产业园区，规划面积达 200 多平方公里，计划投入 700 亿元建设园区基础设施，加快园区基础设施建设，出台和完善促进产业发展配套政策，依托园区引进国内外大企业，形成产业集群发展的核心。

2. 依托沿海港口优势，加快推进已经布局的石化、林浆纸、电子等重大产业项目建设

加快推动实施北部湾经济区防城港钢铁精品基地、钦州炼油二期、北海铁山港石化、防城港红沙核电等重大项目，并以重大项目为龙头，努力引进上下游产业链项目，促进产业集群发展，打造临海先进制造业基地和现代物流基地，构建特色鲜明、集群发展、协调配套、竞争力强的现代产业体系。

3. 加快基础设施建设，提高发展支撑能力

加快北部湾国际大港的建设步伐，重点推进一批 20 万吨级航道、10 万吨级泊位以及北海邮轮码头、钦州 30 万吨级油码头和 30 万吨级航道建设，积极开展与国内外著名港航企业合作，开辟更多国际海运航线，打造亿吨大港；加快推进一批出海通边的高速公路、铁路项目建设，打造经济区 1 小时城市圈；加快推进南宁机场新航站区建设，形成面向东盟的门户枢纽机场，增强北部湾经济区城市群要素集聚作用，打造连接多区域的重要交通枢纽。

4. 加快保税物流体系建设，构建开放型经济

广西钦州保税港区、南宁保税物流中心已经通过国家验收，进入正式运营阶段，北部湾经济区保税物流体系建设取得历史性突破。广西将充分利用保税港区功能政策优势，抓住《意见》明确将钦州保税港区列为整车进口口岸的政策，加快引进国内外高端产业，打造国际一流、特色鲜明、功能强大的保税港区。推动南宁保税物流中心与广西北部湾港和南宁空港进行紧密合作，建设功能强大的南宁国际物流基地，移植港口功能，建成我国西南地区最大的“无水港”；要加快凭详综合保税区的规划建设和北海出口加工区拓区申报，打造广西北部湾经济区开放层次最高、政策最优惠、门类最齐全、功能最完善的保税物流体系。

5. 加大招商引资力度，吸引更多外部资源

经过几年不懈努力，北部湾经济区投资环境和商务环境已不断完善，已经具备了进行大规模招商引资的条件，招商引资是北部湾经济区下一步工作的重点。广西将积极推动建立和完善经济区招商全面统筹协调机制、激励机制和考核机制，健全北部湾经济区招商投资服务体系，推动大规模招商引资。2010 年，计划组织“民营企业走进北部湾”、“北部湾对话世界 500 强”等大型招商推介活动，将组织专业招商队伍，到国外、国内发达地区，通过定向招商、专业招商等多种方式，争取更多大企业到北部湾经济区投资发展，吸引更多外部资源参与北部湾经济区开发建设。

6. 加快体制机制创新，增强发展活力

积极推进经济区行政管理体制创新，建立更高效、更顺畅的管理体制，增强统筹能力。加快推动经济区土地、财政、涉外经济等方面改革，先行先试；加快经济区金融体系建设，构建南宁区域性金融中心；推动在保税港区、综合保税区开展离岸金融、跨境贸易人民币结算等业务。

7. 进一步扩大开放，深化多区域合作

牢牢把握中国—东盟自由贸易区建成这一重大机遇，拓展合作空间，在继续办好泛北部湾经济合作论坛的基础上，推动合作平台和机制建设，积极争取 100 亿元中国—东盟产业合作基金和 150 亿元对东盟国家信贷资金的支持，加快推进南宁—新加坡经济走廊建设，加强与国内其他地区合作，以全面开放合作促进经济区的开发建设，构筑国际国内区域经济合作新高地。

8. 打造区域性金融中心，增加金融资本供给

国家批准实施的《广西北部湾经济区发展规划》提出了“构建南宁区域性金融中心”的目标。为促进中国—东盟经贸合作，广西有条件，也有信心按照国家的规划要求打造我国与东盟的区域性金融中心。广西正以

国际眼光和促进多区域合作的思维来谋划金融业发展。

广西正成为中外客商投资的热点。“十一五”期间，广西约需 1.5 万亿元以上的投资总量，年均 3000 亿元以上，对金融资本的需求年均增量在 1000 亿元以上，这为金融机构进入创造了机会。在中国人民银行、中国银监会等部门的支持下，广西与各银行机构总部签订的“一揽子”战略合作协议，将确保各银行机构“十一五”期间向广西投放新增贷款总量在 4000 亿元以上。

广西要发挥区域性金融中心的作用，就必须不断创新。为此，广西将重点放在创新金融工具、培育机构投资者、完善融资体系、拓宽投融资渠道、整治金融生态环境上。广西金融创新的设想是：以充分发展间接融资、扩大直接融资和增强金融综合服务功能为重点，建设与中国—东盟自由贸易区相适应的现代金融服务体系，争取国家支持创立全国金融改革试验区。

广西将利用现有的直接融资渠道，支持更多企业上市融资和再融资；抓住《公司债券发行试点办法》颁布实施的机遇，引导和支持企业发行公司债券；积极探索创立产业投资基金、创业投资基金、打包发行公司债券等融资新模式和新渠道。

我国各大银行驻桂机构不断加强金融基础设施建设，大力推广现代化支付系统。通过发展小额担保信贷、便利性结算工具等创新产品，积极为中小企业提供优质服务，同时，对能源、交通、输油和输气管道、旅游以及环保等重大项目，提供开发性金融服务，以支持产业结构调整、基础设施建设和实施“走出去”战略。

人民银行资金流量监测数据显示：从 2006 年开始，流入广西的资金量已大于流出量，一改过去几十年广西资金净流出的局面。2007 年末，广西资金净流入量达 500 多亿元。2010 年上半年，资金流入量比去年同期增加 1500 多亿元。对此，金融界人士认为，广西作为“资本洼地”已初见雏形。

9. 坚持“请进来”与“走出去”相结合，加强泛北部湾金融合作

早在1996年，中国农业银行、中国工商银行和中国建设银行广西分行就与越南开展了边贸结算业务。十多年后，各大银行在广西设立的边贸结算网点、外汇业务点已遍布1000多公里的中越边境线，中国工商银行广西分行开通中越“边贸通”电子结算业务，结束了中越边境贸易依靠手工结算的历史，步入了电子结算新时代。中国农业银行广西分行外汇业务快速发展，其边贸结算业务市场占有率一直居广西同业首位。

“请进来”与“走出去”相结合是国家支持广西加快推动区域性金融体系建设的发展思路。这种结合对缩短区域合作中双方金融机构和企业在当地发展的人文、习俗等适应周期非常有利。据了解，包括国家开发银行、中国工商银行、中国银行等多家金融机构都非常重视借助广西地缘优势和人才优势实施“走出去”战略，在东盟国家设立金融机构的步伐不断加快。新加坡星展银行、越南西贡商业银行进驻南宁，标志着东盟各国金融机构和企业进入广西的步伐也在加快。

广西面对东盟国家的国际结算业务呈现逐年上升趋势。以中国银行广西区分行为例，2004年该行对东盟10国的国际收支额为4085万美元，2005年为6475万美元，2006年为10897万美元，2007年为15554万美元，2008年前5个月则达到9457万美元。

各大银行广西分行还积极为区内、国内企业提供全方位金融服务，大力支持企业“走出去”。各家银行除提供国际结算服务外，还为客户提供资信调查、海事调查、当地政策法规咨询等服务，使企业在交易过程中免受损失。在担保支持方面，各银行还大力发展保函业务，对企业“走出去”给予强有力支持。

随着泛北部湾经济合作的务实推进和中国—东盟自由贸易区建设步伐的加快，广西北部湾经济区重要性凸显。2008年初国家批准实施的

《广西北部湾经济区发展规划》中提出，要将广西北部湾经济区发展成为带动、支撑西部大开发的战略高地和我国沿海发展的新一极，区域金融合作显得尤为迫切。

在广西北海举行的2008泛北部湾经济合作论坛上，加强区域金融合作和区域性金融体系建设，服务泛北部湾经济合作，成为与会代表们关注的焦点问题之一。

图8　2008年泛北部湾经济合作论坛

在世界经济发展不平衡背景下，泛北部湾合作的日益深化要求加快金融合作步伐。随着全球经济放缓，世界经济面临诸多问题，如次贷危机、油价上涨、粮食价格上涨等，而且有可能持续恶化，金融合作将有利于抵御全球经济危机。同时，金融是区域经济合作的重要平台，在资源流动和产业合作分工中具有配置导向和市场调节作用，泛北部湾区域各方贸易和投资合作的日益深化，要求加快金融合作步伐。多家中外金融机构"请进来""走出去"，为区域金融合作提供条件。

《广西北部湾经济区发展规划》中提出"构建南宁区域性金融中心"的

目标，从国家层面建设北部湾经济区现代金融服务体系，通过南宁区域性金融中心这个平台，进一步扩大我国与东南亚国家和地区的金融合作，提高金融关联度，使金融业成为一个重要制高点，对中南半岛乃至整个东盟地区产生强大的辐射作用。

广西在构建面向东盟的区域性金融中心方面取得了进展，金融对区域经济合作的支撑力逐步提高。我国多家银行已明确表态支持泛北部湾建设，国家开发银行再三呼吁建立泛北部湾区域银行联合体，为区域发展提供金融服务，此建议也得到了越南等国银行的响应。在《广西北部湾经济区发展规划》获国务院批准实施前后，华夏银行、兴业银行、越南西贡商信银行等各路金融机构加速抢滩广西，酝酿已久的广西北部湾银行也将登场。

广西金融创新的设想是以充分发展间接融资、扩大直接融资和增强金融综合服务功能为重点，建设与中国—东盟自由贸易区相适应的现代金融服务体系，争取国家支持创立全国金融改革试验区；打造全方位区域金融合作平台，实现泛北部湾地区经济健康可持续发展。首先，政府应当是这个平台的主导者。政府应为区域金融发展提供良好的基础设施，包括完善金融生态环境，建立信息共享与风险预警机制，鼓励和推动辖内金融机构产品创新与业务协调，健全区域支付结算体系。并且，还应与东盟各国政府加强对话与政策协调，从机制的层面降低金融资源在各国之间流动的成本。同时，政府应积极推进地方金融机构改革，鼓励跨区域收购、兼并、重组，鼓励社会资金参与其重组改造，从根本上建立自我约束、自我发展的新机制，保证地方金融的健康发展，增强为地方经济发展服务的能力。其次，金融机构之间的信息分享和合作协商机制是这个平台的核心。随着泛北部湾经济合作的纵深推进，相关国家和地区之间的经济依存度势必加大，这虽然有利于扩大区域市场和经济发展的空间，但也意味着某一国、地区、甚至某家机构的问题可能会传染到整个区域。因此，建立区域信息分享与协作机制，防范和化解金融危机，是十分必要的。再次，银行与非银行业金融机构之间的合作和互动机制是这个平台的重要组成部分。广西区党校经济学部主任张家寿博士认为，在泛北部湾区域加快建立人民银行、金融监管部门、地方政府部门之间的金融稳定协调机制十分必要。通过这个特定的协调机制，共同商讨区域金融合作的长远规划，探讨如何加强与泛珠三角、东盟自由贸易区的金融合作，进一步扩大金融合作平台；交流经济金融发展中出现的问题和经验，共同研究经济金融风险的应对措施；协调区域金融合作的各种矛盾，加强财政支持与金融支持的协调配合，扩大金融支持乘数效应，促进泛北部湾经济区的发展。

随着北部湾地区产业聚集度和市场开放度的提升，金融服务需求将趋向于多样化、高层次和综合化。在我国实行金融分业的总体法律框架下，必须加强商业银行与投资银行、保险、租赁和其他非银行金融业务的融合互动，才能满足客户“一揽子”的综合需求。

“广西沿海发展应形成新的一极”，胡锦涛总书记的指示已在广西北部湾激起了开发建设的热潮。“千机遇、万机遇，北部湾开放开发才是最好的机遇”。从2007年骄阳似火的5月到2008年万紫千红的新春，在北部湾看海港建设浪起涛涌，听开发者足音跫然，各路建设者和投资者正呈百川入海之势，汇入我国南海北岸这片生机盎然的热土。

10. 重大项目波澜，壮北部湾畔涌大浪

2008年新春的艳阳天，登临钦州湾口的龟岭俯瞰繁忙的临海工业区。

矗立在山顶的孙中山铜像正以深邃目光凝视着蔚蓝的大海。这位伟大的革命先行者早在1919年2月就把钦州港建设为南方第二大港的倡议写在他的《建国方略》中。潮涨潮落90多年，如今的钦州湾已经不再是“去京师万里”烟瘴之地。极目海湾，年吞吐能力已达1500万吨的钦州港内一幢幢楼宇正在港口区拔地而起，一排排高大的港口塔吊正在来回运转，来自各大洲的船舶正汇集在蔚蓝的港湾里等待装卸。钦州港 2007 年完成货物吞吐量 1206.3 万吨，同比增长 58.3%，完成年度计划任务的 120.6%。龟岭下，总投资 150 多亿元的中石化千万吨炼油项目已经进入全面施工阶段，几千名建设者正在烈日下忙碌工作。在钦州港填海建设巨型码头的天盛煤炭调配基地已在印尼投资开采煤矿。该公司负责人表示，他们正主动投入中国—东盟区域合作战略，联合日本丸红株式会社与越南国家煤炭矿业总公司进行贸易合作。他们的目标很明确：打造我国南方的大型煤炭进口基地，为广西的经济发展作贡献。

11. 千企汇海港，抢滩北部湾

许多投资者就是带着对广西投资环境的信任抢滩北部湾的。最新数据可以印证投资者的坚实信心：2007 年，防城港市全年新增招商引资到位资金 36.17 亿元（含续建项目），同比增长 47.13%；钦州市引进实施内联项目 393 个，项目总投资 286 亿元，同比增长 4 倍；北海市新引进项目 130 多个，预计实际到位资金 75 亿元人民币，增长 85.2%，实际到位资金额相当于 2005 年和 2006 年两年的总和。入驻北海出口加工区的近 40 家企业中，有来自美、日、韩、新加坡和港澳台的多家企业。这些以绿色产业和高科技产业为主的企业选择北海的理由有两个：物流便利、气候适宜。韩国 WIN&WIN 公司在这里投资一年，就把自己生产的体育用品通过港口远销到了法、意、美、英、荷等国和东盟市场，公司负责人连道几个“好”：“出口加工区基地好、政策好、服务好、本地工人素质好”。

12. 金凤纷飞来，海湾筑巢忙

沿海基础设施和园区建设在炽热的氛围中日新月异。钦州港沿海“四路一网”在机声轰鸣中顺利延伸，二期工程已经开工建设，紧随着基础设施的推进，与大港口配套的石化、能源、粮食加工、生物制药等产业群迅速集结。防城港热火朝天的沿海基础设施建设的场面和成效，也为该市招商引资带来了丰硕的成果，现在已有美、加、日、韩、阿联酋、新加坡等

20多个国家和地区及国内20多个省市的企业汇入防城港的开放开发的热潮中。

北部湾人正以无私的奉献筑巢引凤。为了加快北海建设基础设施，北海市的全体干部自愿把套改新增的共4000多万元工资收入投入铁山港铁路修建。在全市总投资近千亿元的58个重点项目每天都有责任单位、责任领导和责任人层层跟踪服务。正是北海人的热情与主动，曾被称为"烂尾楼博物馆"的北海市如今已脱胎换骨，步入健康快速发展的新纪元，全市确认的138个停缓建工程如今已有133个复工建设，完成总投资近46亿元，市区主干道的"烂尾楼"如今已经焕然一新，变成售价一路飙升的新楼宇，一大半商住房已被外来投资者订购。芬兰斯道拉恩、中电北海基地、中石化北海项目、武汉凯迪就在这些投资动辄十多亿、上百亿元大项目成功进驻北海时，来自国内外的众多客商也纷至沓来，到北海"抢滩登陆"。广西壮族自治区党委常委、北海市市委书记温卡华激情澎湃："北部湾将波澜壮阔"。

13. 为北部湾建设提金融支撑

金融是经济发展的核心，广西北部湾经济区的发展同样离不开金融的支持。北部湾风生水起，北部湾红红火火，随着重大项目纷纷落户沿海城市，广西北部湾经济区已成为各金融机构新的发展亮点。

2008年一季度，广西北部湾经济区4个中心城市(南北钦防)人民币各项贷款共2536亿元，贷款余额及增量分别占全区的55%和53.69%，全区半数以上的贷款均投向了北部湾经济区，融资能力明显增强。"

2008年4月，钦州市聚集了一群为北部湾经济区开放开发呐喊助威的金融银行业决策者，以及北部湾经济区有影响的企业家们他们论政策，理认识，恳合作，谈发展，共同的追求，让他们的心真正聚在一起。

国家开发银行是我国政府的开发性金融机构，长期以来积极推进区域的合作与发展。北部湾地区是国家开发银行一贯支持的重点，国家开发银行积极提供发展顾问服务，推动规划先行，立足区情，努力探索实践，与经济区各级政府和重大企业建立了良好的合作关系，支持地方经济发展。

2008—2010 年，先后支持北部湾经济建设的重点行业、重点项目和重点企业近 200 个，累计投放贷款 500 多亿元，有力地支持了经济区的发展。一直不断提升金融服务水平，为北部湾经济服务。2010 年，国家开发银行选定了北部湾经济区 42 家客户作为直接营销管理对象进行深度开发，实行大客户服务转型，同时创新金融产品服务，适应北部湾经济区客户金融新需求，积极打造面向北部湾的金融服务平台，加大与经济区外金融合作。”

北部湾经济发展建设正处在初期，也是关键时期，基础设施和重大项目开工频繁，项目建设周期长、投入大。这些项目都是北部湾经济区的重点核心项目，关系到北部湾经济区未来的发展前景，意义重大。对于区域内的各家银行而言，无论是从全局还是自身发展的角度，都有责任和义务给予其资金上的支持。然而在宏观调控背景下，信贷规模相对紧缺，单一的银行难以独立支撑如此大规模的信贷资金。进一步加强与东盟国家的金融合作，尝试建立东南亚地区金融机构联络机制，加强交流互动；鼓励金融机构向西南边境发展边贸结算业务，为边境贸易提供良好的金融服务。

作为以外汇业务为主的银行，中国银行广西区分行为北部湾经济区的改革开放、对外贸易作出了积极的努力。该行积极寻求银行间合作，注重以银团贷款、联合贷款等方式，在降低风险的前提下，始终保持对区内基础性行业和重大工程项目的贷款投放力度，2007 年，该行累计发放各项人民币贷款 55 亿元。

在国家全面实行从紧货币政策的前提下，地方政府与时俱进地探索如何按市场经济运作规律办事，推动银企合作，促进银企对接，真正做到‘政府搭台，银企唱戏’，增进地方政府与金融机构的交流，加强各银行与重点优势企业的合作,实现银政、银企合作的双赢。

二、广西发挥“桥头堡”作用,推进人民币国际化

随着我国经济的快速增长,人民币国际化已经是一个不可回避的问题,此间金融专家认为,人民币国际化的突破口或在东盟。在与东盟国家贸易往来中,人民币正成为双边贸易中重要的结算货币,地处中国—东盟“桥头堡”的广西,在加快推进人民币国际化进程中凸显先行先试的潜力。

作为我国首批境外直接投资人民币结算试点,广西2010年实现跨境贸易人民币结算金额列8个边境省区第一,结算金额突破126亿元人民币,出口结算金额达到93亿元,跃居全国第一。

2010年6月,中国人民银行公布广西正式成为我国跨境贸易人民币结算试点地区。地处中国—东盟合作前沿地带的广西,在中越边境最大的口岸城市凭祥正式启动跨境贸易人民币结算试点。

广西辖内工商银行、农业银行、中国银行、建设银行、交通银行、光大银行、兴业银行等已为东盟国家和港澳地区的20多家银行开立人民币往来账户,辖内有近千家企业与境外贸易伙伴采用人民币进行贸易结算。

专业人士认为,广西应把握好广西在跨境贸易人民币结算中的地区优势,对一些在跨境人民币结算中遇到的障碍,广西可先行试点,摸索人民币跨境贸易与投资机制。此外,通过鼓励省内的中资银行进一步“走出去”,在海外开设分支机构,拓展国际业务,提升中资银行在人民币国际化进程中的综合服务能力。广西金融界银行业一直在积极实施“走进东盟”战略,开展东盟国家货币直接交易业务,努力打造成为东盟国家货币兑换中心。2010年6月,中国工商银行中国—东盟人民币跨境清算(结算)中心(南宁)在中国—东盟博览会举办地南宁挂牌成立,广西北部湾银行在中越边境城市东兴市成立支行。

广西作为连结多区域的国际通道、交流平台与合作平台，开展跨境贸易人民币结算试点不但有利于推动我国与东盟各国的交流与合作，使广西面向东盟开放合作的桥梁、平台作用更为凸显，同时可以促进北部湾经济区开放开发，拓展开放合作新空间，受益于中国—东盟自贸区关税优惠政策，我国与东盟贸易实现快速双向增长，区域内银行业机构的国际贸易结算和金融服务需求大量增加。广西作为我国与东盟国家之间的桥梁和门户，拥有突出的区位优势和战略地位，东盟已连续十年成为广西的第一大贸易伙伴。据统计，2010 年广西全年外贸出口额 96.1 亿美元，增长 14.8%，其中对东盟出口 45.9 亿美元，增长 27.1%。2008—2010 年，广西银行业机构边贸结算量年均增长 50%以上。

“十一五”期间，广西需要 1.5 万亿元投资总量，年均 3000 亿元以上才能满足经济社会发展的需要，相应地这期间广西每年的金融资本有效需求增量约为 1000 亿元以上。面对如此香的“金饽饽”，金融家们哪肯错过。上海浦东发展银行、越南西贡商信银行和华安财产保险等 20 多家中外银行、保险机构领先一步进入南宁。2008 年 7 月，又一家股份制商业银行——中信银行在南宁开设分行。

新加坡星展银行、香港南洋银行等正摩拳擦掌准备进驻广西，具有区域性、国际化、股份制特点的广西北部湾银行也即将闪亮登场。这标志着广西在构建面向东盟的区域性金融中心方面取得了重大进展，金融对区域经济合作的支撑力逐步提高。

“引金入桂”成效卓著，引进中外金融机构进驻，完善现代金融机构体系。金融范畴包括银行、证券期货、保险三大领域，要完善广西现代金融体系，促进银行、证券期货、保险业的和谐发展至关重要。

2004 年，主管金融工作的时任广西壮族自治区党委副书记、自治区常务副主席，郭声琨提出：广西必须加紧实施“引金入桂”战略，以引进金融机构和金融资本为重点，加快完善现代金融体系，增加金融资源供给，强力支撑快速增长的广西经济。

在引进金融机构工作中，广西主要坚持做到“三个结合”：坚持硬环境建设和软环境建设相结合；坚持政府主导和金融部门推进相结合；坚持“走出去”和“引进来”相结合。

广西成功引进了新华人寿、出口信用保险、信诚人寿等16家内外资保险公司。广西已有省级保险公司22家、保险代理公司40家、兼业代理机构1206家，保险业总资产已达217.23亿元，形成了主体多元、竞争充分、和谐发展的保险市场新格局。

在“引金入桂”的同时，广西不断加快地方金融业的整合发展。重点是对南宁市商业银行重组改制，通过对其进行“增资、升级、上市”，组建起股份制的法人银行——广西北部湾银行。稳健推进农村信用社改革进程。此外，广西还加快国海证券公司借壳上市步伐，并着手筹组区域性、国际化、股份制的法人保险公司，引进实力强、操作经验丰富的企业，到广西组建或收购期货经纪公司，完善期货机构体系，繁荣期货市场。

第八节　加快泛北部湾区域经济合作与发展的建议

2010年泛北部湾区域经济合作市长论坛在北海举行。广西北海市市长连友农表示，如期建成的中国—东盟自由贸易区，为双边深化互利合作带来重大历史机遇。他建议发挥泛北部湾区域城市合作在中国—东盟自由贸易区中的重要作用，不断完善互利合作机制，努力推动相互间的产业合作，扩大相互间的贸易规模。中国—东盟自由贸易区商品货物、服务、投资等贸易自由化政策的实施，不仅为泛北部湾城市之间增进交流、促进合作提供了前所未有的便利条件，同时也为各方投资兴业、谋求发展开辟了广阔空间。

作为这一泛北部湾区域性多边活动的承办者和推动者，连友农市长提出四点建议，以谋求区域各方在后金融危机时期实现共赢发展。

第一，努力发挥泛北部湾城市合作在中国—东盟自由贸易区中的重要作用。泛北部湾城市应当发挥自由贸易优惠政策先知先行的优势，率先实践，深化合作，努力把泛北部湾城市打造成为区域经济一体化的先行示范区。

第二，积极推动泛北部湾城市间的产业合作。产业和经济合作，是泛北部湾城市合作的重要载体。泛北部湾城市应利用自身独特优势，加大产业项目合作，推进产业结构优化升级，形成联系紧密的产业纽带，打造富有特色、竞争力强的产业集群，不断提升区域内各城市的国际经济竞争力。

第三，进一步扩大相互之间的贸易规模。扩大贸易往来，是深化泛北部湾城市合作的务实选择。北海市将继续支持北海的企业从东盟国家特别是泛北部湾城市进口更多的货物，同时亦支持更多企业到泛北部湾城市投资发展。

第四，不断完善互利合作机制，强化贸易、投资和文化等领域的交流合作，逐步建立城市间经常性互访和双边、多边磋商机制，探索建立城市互访周制度，建立健全民间团体、企业、行业协会之间的交流沟通机制，促进多层次对话交流，为泛北部湾城市合作不断向前发展提供制度保障。

一、建设富裕文明和谐新广西

从广西实际来看，全区综合经济实力还比较薄弱，城乡居民收入水平总体还比较低，农村劳动力转移渠道亟待拓展，人民群众合法权益保障工作亟待加强，大石山区贫困人口转移安置亟待开展，边境地区群众生活质量亟待提高，库区移民安置与扶持工作亟待改进，所有这些，都是当前和今后一个时期影响全区经济发展和社会进步的民生问题。只有全面加快富裕文明和谐新广西的建设步伐，才能从根本上解决好上述民生问题。为此建议：

一要积极探索新型工业经济的发展道路。通过大力开发和积极引进高新科技项目，构建适合广西特点的优势工业体系，全面提高广西新型工业化发展水平，为全区经济总量的增长创造直接条件；

二要积极探索新型现代农业经济的发展道路。通过机械化、规模化、市场化、信息化、国际化改造，大力发展具有广西独特优势的现代农业经济，进一步提高全区农村经济实力和农民收入水平；

三要积极探索建设社会主义和谐社会的有效途径。在建立和完善“三制”（首问负责制、限期办结制、责任追究制）、转变干部作风、提高行政效能的基础上，进一步做好城乡清洁工程、生态保护工程、民居改造工程、法律援助工程、社会保障工程的实施工作，切实加快富裕文明和谐新广西的建设进程。

二、研究民族关系问题

推动中国—东盟各民族的共同进步繁荣。民族关系问题是当今影响世界经济发展和社会稳定的重大问题，民族关系问题的核心是平等互助、共同繁荣。广西和东盟各国山水相连，许多民族跨国而居，自古以来一直和睦相处，往来密切，形成“谁也离不开谁”的民族关系格局。全面实施泛北部湾区域经济合作与发展战略，必将推动东盟各国发挥区域经济优势，加快基础设施建设步伐，促进传统产业转型，推动民族文化繁荣，进而促进各民族跻身于世界民族之林。为此，围绕各民族共同发展繁荣的奋斗目标，广西应通过六个方面的努力，在推动中国—东盟各民族进步与发展上发挥更大的作用：

一是认真落实中央的民族发展政策，实行长期稳定优惠的扶助政策，全面加快边疆少数民族的经济发展与社会进步；

二是实施特殊的边疆少数民族教育政策，紧紧围绕加快实现各民族共同进步繁荣目标来培养各类专业人才，特别是要集中人力财力物力重点办好东盟各国青少年人才培训基地；

三是认真做好边疆少数民族村寨的建设规划，全面加快边疆少数民族地区社会主义新农村的建设进程，让边疆少数民族率先发展富裕起来；

四是举办丰富多彩的民族文化活动，进一步密切边疆各民族的经济合作与文化往来，积极营造边疆地区各民族共同进步繁荣的良好氛围；

五是继续办好南宁国际民歌节和中国—东盟博览会，使之成为中国—东盟各民族民族交往、经济合作、文化发展的永久性国际平台；

六是集中力量处理好影响边疆地区民族交往和社会稳定的突出问题，为各民族的进步发展事业创造和平安宁的政治环境。

三、遵循国际准则

始终站在世界发展最前沿开创泛北部湾区域经济合作与发展事业。实施泛北部湾区域经济合作与发展战略，是一项艰巨复杂的系统工程，必须按照国际惯例，努力从广西实际出发，抓好各项具体工作：

立足区域合作，始终站在区域合作的最高平台上做好自身的建设工作。只有在泛北部湾经济合作、大湄公河次区域合作、泛珠三角合作、大西南合作等多区域合作过程中抢占先机，拓展空间，集聚资源，才能实现大开放、大开发、大发展的建设目标。

努力用好、用足国家西部大开发政策。紧紧抓住国家重点开发西部地区重大资源、重点扶持西部地区战略产业、重点建设西部地区国际化发展平台的有利时机，以泛北部湾区域经济合作与发展战略实施为契机，努力把广西建设成为我国与东盟的区域性物流基地、商贸基地、加工制造基地、信息交流中心和连接多区域合作的国际大通道、交流大桥梁、合作大平台，全面加快自身的建设与发展。

努力开创中国—东盟经济合作的新局面。按照把北部湾经济区建设成为经济新高地和发展新一极的指导思想，在办好中国—东盟博览会和商务与投资峰会、继续增强广西对外吸引力、聚集力的基础上，从港口经济、交通航运、基础设施等方面入手，寻求经济发展与合作的新途径。

充分调动各方积极性，加快建设中国—东盟一体化发展的流通体系。争取在国家的重点支持、东盟各国的积极参与下，全面加快建设"一枢纽、两大港、三通道、四辐射"的陆海空国际大通道体系，早日实现中国—东盟各国之间铁路、公路、水路、海运、航空的自由通行。

四、实施高级人才优先引进政策

"事业的基础在人才，关键在人才，成败也在人才"，这样的人才观已成为广西壮族自治区党委、政府，以及全区上下的共识。广西正以海纳百川的胸怀和气魄来广聚天下英才，为北部湾经济区开放开发提供支撑。

广西北部湾经济区人才现状还存在着一些不足，人才总体数量不足，人才队伍整体实力较弱，缺乏高层次、高技能和国际化人才。打破人才瓶颈的制约，迫在眉睫。

北部湾风生水起，要真正成为经济发展的新一极，最关键的是要有强劲的人才支撑，成为群贤毕至、才智涌动、活力迸发的人才高地。正是基于这样的思路，广西壮族自治区党委、政府组织力量超前研究了人才规划，着力解决发展动力、人才支撑和智力支持问题。

推动泛北部湾区域合作和加快北部湾经济区发展的新形势、新任务对人才数量和质量都提出了新的更高要求，争取世界各类高级优秀人才

图 9　广西北部湾经济区开放开发人才引进推介会

投身泛北部湾区域的经济合作与发展事业。在经济发展诸多因素中，人是最基本、最活跃的因素之一，国家或地区的人力资源状态，对于充分有效地利用物质资源，实现经济增长，都是极为重要的条件。发展经济学理论认为，物质资本是经济起飞的先决条件之一，但最终决定国家或地区经济发展成效的却是人力资本。由于高级人才是人力资本中的最高层次，因而实施高级人才资源优先开发战略，对于加速一个国家或地区的经济发展与社会进步，无疑具有决定性作用。从广西实际看，最迫切需要优先开发利用生产、加工、物流、服务、销售、教学、科研、艺术等方面与泛北部湾区域经济合作与发展密切相关的各类高级人才，这些高级人才分布在世界各地，只有打破国界，从国际发展最前沿来制定高级人才引进政策，积极构建有利于高级人才充分展示个人技能的广阔平台，才能在较短时间内聚集世界一流的高级人才队伍，为泛北部湾区域经济合作与发展战略汇集最活跃的发展要素。

经国务院批准的《广西北部湾经济区 2008—2015 年人才发展规划》提出了必须加快实施重点产业、外向型高层次人才、人才公共管理与服务、紧缺专业人才等四项人才开发工程，以提升广西北部湾经济区内人才整体素质和国际化水平。为此，广西实施人才发展举措有：

1. 实施重点产业人才开发工程

实施“北部湾英才”培养计划，重点提升专业技术人才创新能力。北部湾以培养年轻学术技术带头人和创新人才为重点，实施多元化培训方式。“广西新世纪十百千人才工程”、“自治区优秀专家评选制度”等评选活动重点向北部湾经济区倾斜，每年从北部湾经济区选拔10名左右优秀中青年技术创新骨干人才并给予重点培养和扶持，并有5项以上国内领先的科技成果在北部湾经济区投入应用，力争培养一批能够站在科技发展前沿、创新能力强、拥有自主知识产权的技术创新领军人才。依托国家面向西部地区的各项专业技术人才培养计划、重大科研和工程项目、高级研修班，每年从北部湾经济区选培100名左右的高层次专业技术人才；每年在北部湾经济区重点发展领域、重点项目和优势产业中选派30～50名学术技术上实绩突出、有发展前途的中青年专业技术骨干到高等学校进修或到沿海发达地区学习，予以重点培养；建立创新激励机制，鼓励专业技术人才开展科技创新和技术攻关。

实施重点企业经管管理人才培养计划，提升企业国际竞争能力。首先，选择部分符合产业发展方向的重点产业和重点企业，给予政策上的优惠和扶持，着眼于提高企业经营管理人才的综合素质，造就一批具有战略思维和创新精神，精通资本运作和经营管理的复合型人才。其次，建立和健全企业经营管理人才学习培训制度和激励机制，鼓励和引导企业开展多种形式的自主培训，鼓励企业经营管理人才在职攻读工商管理硕士(MBA)。再次，制定国有大中型企业经营管理人才培训计划，每年从重点企业中选拔30名有实践经验的优秀经营管理人才到国内外高校、大公司、大企业和中央国家机关及区内党政部门学习、研修和挂(任)职锻炼。另外，制定优惠政策，鼓励北部湾经济区内企业到东盟各国建立独资、合资企业，双方互派人员在独资、合资企业任职学习，了解国外企业的运作模式、管理方式，增强企业经营管理人才的国际化意识和竞争能力。重视中小企业经营管理者的成长和能力建设。最后，拓宽培训渠道，依托高校、科研院所及重点企业，建立 8～10 个企业经营管理人才培训基地。

试行职业经理人资格制度，建立职业经理人信息库，引进和培养一批职业经理人，引导企业选聘职业经理人管理企业。培育发展职业经理人市场，力争 5 年内建设一支在经营管理、资本运作等方面有较强能力的北部湾经济区职业经理人队伍。

实施重点行业高技能人才开发计划，提升高技能人才的技改革新能力。建立以企业行业为主体、职业院校为基础、学校教育与企业培养紧密联系、政府推动与社会支持相互结合的高技能人才培养体系，建立技能型人才培养和职业技能鉴定机制，加快培养技术技能型、知识技能型、复合技能型人才，带动各类高、中、初级技能人才梯次发展。建立北部湾经济区高技能人才培养基地，在符合条件的部分重点优势企业和职业院校建立 10 个自治区级高技能人才培养基地，30 个市级基地。每年在重点产业中选拔 10～20 名企业急需的优秀技能人才到国内外职业院校、大企业培训（研修）。

制定“首席技师”选拔制度，在北部湾经济区优先发展的重点产业、行业遴选一批“首席技师”，享受同级专业技术人员待遇。指导企业建立健全职工培训制度、名师带徒制度和技师研修制度，力争北部湾经济区每年新增加技师和高级技师总数不少于 1500 名，新增高级技工总数不少于 5000 名。强化岗位技能培训，发挥高级技师传帮带作用，实施新技师培养带动计划，重点培养造就一支既掌握高超技能，又掌握现代科学知识和前沿技术，能够对工艺设备进行革新改造的高技能人才队伍。到 2015 年，高技能人才占持证技术工人总数 15%以上。

2. 实施外向型高层次人才开发工程

实施外向型人才培训计划。拓宽境外培训渠道，与港澳地区、东盟以及更多的国家签订培训合作协议，提高公务员涉外工作能力水平。每年选派30名北部湾经济区重点产业紧缺高层次人才出境进行中长期培训；选派50名科级以上干部到东盟国家学习培训；选派100名涉外岗位和涉外专业的高级人才出境短期培训。重点培养一批熟悉国际规则，具备跨文化沟通能力、国际交流与合作能力的高层次外向型人才。

实施国外智力引进计划。加大对北部湾经济区内重点产业、重点领域中引智项目的倾斜力度，实行重点项目重点扶持，持续引进。鼓励北部湾经济区企事业单位以项目为载体，通过项目招投标、项目指导、学术讲座、聘请教授顾问等柔性方式，引进外国专家（智力），设立北部湾经济区引智专项资金，对各单位引进外国专家费用予以补贴。

实施泛北部湾文化教育国际合作交流计划。积极拓宽与东盟各国其他领域的交流合作渠道，开展互派访问专家、学者活动；积极开展国际教育交流，促进北部湾经济区各高等学校与国际知名学校的多方位合作，开展合作培养留学生工作；聘请国外知名大学经营管理资深教授、知名企业经营管理者举办专题讲座，促进国际人才交流与合作，提高人才的国际化水平。

3. 实施公共管理与服务人才培养工程

实施公共管理人才开发计划，加强公务员能力建设，提高公共管理和服务水平。积极争取国家有关部委支持，在现有基础上，每年增加50名以上党政领导干部到中央党校、国家行政学院、中国浦东干部学院等院校的学习培训名额，每年在中央级培训机构举办二期以上党政领导干部综合知识学习班，每年举办二期以上金融证券、旅游、港口管理、保税物流和城市规划建设等国（境）外专题培训班。继续加强公务员公共管理和公共服务能力培训，鼓励公务员参加公共管理硕士（MPA）专业学位教育，不

图 10 广西加速引进和用好海外高层次留学人员建言座谈会

断更新公务员知识，提高公务员职业化、专业化水平；实施基层公务员培训工程，重点加强乡镇、街道公务员培训和公安、海关、税务、工商、质检等执法部门基层公务员培训，5 年内将北部湾经济区内各级公务员轮训一遍；实施“五个一百”工程，加大人才交流，以提高公共管理和服务水平，每年从中央、国家机关和东部经济发达地区引进 100 名优秀干部和企业经营管理人才到北部湾经济区任职或挂职锻炼，传授先进管理经验，支援北部湾经济区建设，从区直部门选派 100 名优秀人才到北部湾经济区挂职，从高等学校选调 100 名硕士以上应届优秀毕业生到北部湾经济区工作锻炼，选派 100 名紧缺专业大学应届毕业生到北部湾经济区专业技术岗位工作锻炼，选送北部湾经济区 100 名优秀青年干部到中央、国家机关和东部经济发达地区以及粤港澳地区培训学习，提高北部湾经济区现有人才素质和能力。

实施社会工作人才培养计划。构建由组织部门综合协调，人事、民政、教育、劳动保障等职能部门具体负责，司法、卫生等有关部门以及工会、共青团、妇联组织密切配合的社会人才工作格局。积极探索街道、社区落实“党管人才”方针的方式方法，整合区域内政府机构公共服务平台，建立街道、社区人才服务站(所)。在社会管理公共服务部门配备社会工作专门人员，推进社区管理和服务，加大社会工作人才培训力度，北部湾经济区每年选送50名以上优秀社会工作人才到东部发达地区及港澳台地区培训学习，提高社会工作人才综合素质。建立社区人才工作联络员制度，将人才工作列入专职党群工作者职责进行考核。制定完善扶持政策，大力发展公益性社会团体和民办社会服务机构，拓展社会工作人才施展才能的空间和舞台。至2015年，形成一定规模的社会工作人才队伍。

4. 实施紧缺专业人才培养工程

紧贴北部湾经济区经济建设和社会发展以及产业结构调整对人才需求的实际，适时适势地大力引进和培养石化、林浆纸、能源、钢铁和铝加工、粮油食品加工、海洋产业、高技术及国际贸易、保税物流、旅游、会展、外语、涉外法律、金融等现代服务业紧缺专业人才，加大环保人才培养引进力度，抓紧培养社会主义新农村建设急需的农业产业化人才、农业科技人才和农村新型实用人才；以区域重点产业发展所需要的人才为重点，定期科学编制紧缺人才需求目录，向社会公布，引导紧缺人才培养方向，为强化紧缺人才培养提供科学的依据；积极推动区域重点产业成为人才培养基地，实现人才培养与产业项目开发建设相配套，做到开发一个产业，培养一批人才；建设一个项目，培训一批急需人才。

广西北部湾经济区的就业形势，是我国就业寒冬里的春天。广西北部湾经济区基础建设风潮方兴未艾，仅南宁市二00九年“项目建设年”重点建设项目就有一百个。这些项目包括城市轨道交通工程、快速铁路、城市电网改造和邕江梯级工程、物流园区等一批重大基础设施项目建设，计划总投资一千二百多亿元人民币，年度计划投资二百多亿元，这些投资必将带动相关行业的发展，产生大量的工作岗位。

2008年2月28日，广西壮族自治区党委、政府在北京人民大会堂举

图 11　北部湾经济区人才招聘会

行介绍会，向国内外隆重推介《广西北部湾经济区发展规划》。2 月 29 日，广西在北京举行人才推介会，公布广西要拿出 48 个厅、处级涉外工作领导职位和国有企业经营管理者职位，面向全国进行公开选拔的消息。3 月 1 日，广西北部湾经济区急需紧缺人才招聘会在北京海淀展览馆举行，172 家用人单位，近 3000 个岗位，吸引了北京、河北等省市诸多高校的 1.2 万多名应届毕业生前往应聘。这一系列举措正说明广西对人才的重视。广西壮族自治区党委、政府决定两个规划同步研究、两个推介会同步进行、两个规划同步实施，正是基于对人才资源重要性的自觉认识，旨在表达招贤纳士、求贤若渴的诚意，以及唯才是举、广纳群贤的决心。到 2015 年，北部湾经济区将建设成为集人事制度改革试验区、区域性国际人才港和人才创新创业基地于一体的区域性国际人才新高地。

今后，广西还将继续健全完善干部挂职锻炼省部合作机制，建立健全人才培养省校共建机制，完善人才竞争选拔机制、人才小高地管理机制以及人才服务机制，建设区域性国际人才新高地。

Part 5 第五章

虚拟经济与实体经济结合托起北部湾的腾飞

第一节　我国政府批准实施《广西北部湾经济区发展规划》

加快广西北部湾经济区开放开发，既是广西发展的需要，更是国家整体发展战略的要求，不仅对整个广西发展意义重大，而且对推进中国一东盟自由贸易区建设、带动我国西南以及西部地区的开放发展，都具有重大的现实意义和深远的战略意义。

（一）有利于加快广西发展，巩固民族团结，维护边疆安宁。广西地处沿海，但又是西部省区、少数民族地区和边疆地区。长期以来，由于历史上的各种原因，广西尤其是北部湾沿海地区开发建设起步比较晚，与全国东部沿海地区相比差距较大。加快北部湾经济区的发展，形成经济新高地，有利于从整体上带动和提升广西作为少数民族地区的发展水平和生活水平，进一步振兴民族经济，巩固民族团结，维护边疆稳定。

（二）有利于深入实施西部大开发战略。北部湾经济区是我国西部唯一沿海的地区和西南地区最便捷的出海大通道，加快北部湾经济区的开放开发，增强西南出海大通道功能，形成西部大开发的战略高地，可以促进西部尤其是西南地区进一步扩大对外开放，加快发展，从而促进东中西互动、协调发展。

（三）有利于完善我国沿海沿边区域发展布局。目前我国沿海已形成长三角、珠三角、渤海湾和海峡西岸等经济发达地带，只有北部湾地区开发较慢。但北部湾具有良好的区位优势和资源优势，具备了加快发展的条件与基础。加快北部湾经济区开放开发，可以使其发展成为中国沿海经济增长新的一极，形成中国沿海“两角两湾两岸”（长三角、珠三角、渤海湾、北部湾、台湾海峡两岸）的发展格局，使我国沿海经济带更加完整，使东中西部发展更加协调，联系更加紧密，为国家经济社会发展战略作出贡献。

（四）有利于深化中国与东盟合作。北部湾经济区是我国面向东盟扩大开放合作的门户、前沿和桥头堡。加快北部湾经济区的开发建设，同时积极参与泛北部湾经济合作、大湄公河次区域合作、中越“两廊一圈”合作等，这对于推进中国一东盟自由贸易区建设，深化中国与东盟面向繁荣与和平的战略伙伴关系，意义重大。

国家在有关规划、重大项目布局及项目审批、核准、备案等方面，给予北部湾经济区必要的支持，鼓励东部地区带动和帮助北部湾经济区发展；支持北部湾经济区在符合条件的地区设立保税港区、综合保税区和保税物流中心，拓展出口加工区保税物流功能；支持在北部湾地区设立地方性银行，探索设立产业投资基金和创业投资企业，扩大企业债券发行规模，支持符合条件的企业发行企业债券；支持北部湾经济区发挥开放合作示范作用，推动泛北部湾经济合作成为中国—东盟合作框架下新的次区域合作，加强交通运输、海洋产业、农林渔业、能源开发、跨国旅游、生态环保等重点合作领域规划编制，加快实施合作项目。

国家大力支持北部湾经济区开放发展，明确给予五大方面的政策支持：

（一）是综合配套改革方面的政策支持。《规划》提出要大胆试验，开拓创新，推进行政治理体制、市场体系、土地治理制度等综合配套改革，加快转变政府职能，创新经济区治理模式，深化投融资体制改革，加大港口等资源整合力度等。

（二）是重大项目布局方面的政策支持。国家通过对有关规划、重大项目布局及项目审批、核准、备案等方面给予支持，鼓励东部地区带动和参与对广西北部湾经济区的整合力度。

（三）是在保税物流体系方面的政策支持。国家支持北部湾经济区在符合条件的地区设立保税港区、综合保税区和保税物流中心，拓展出口加工区保税物流功能。

（四）是在金融改革方面的政策支持。国家支持在北部湾地区设立地方性银行，探索设立产业投资基金和创业投资企业，扩大企业债券发行规模，支持符合条件的企业发行企业债券。

（五）是在开放合作方面的政策支持。国家支持北部湾经济区发挥开放合作示范作用，推动泛北部湾经济合作成为中国一东盟合作框架下新的次区域合作，建立和完善开放合作机制，加快实施合作项目。

围绕实现北部湾经济区的功能定位，北部湾经济区发展的战略重点是：

（一）优化国土开发，形成开放合作的空间优势。优化空间布局，密切区域合作，强化城市间功能分工，保护生态环境，打造整体协调、生态友好的可持续发展空间结构。

（二）完善产业布局，形成开放合作的产业优势。充分利用两个市场、两种资源，优化投资环境，以市场为导向，发挥比较优势，大力发展高起点、高水平的沿海工业、高技术产业和现代服务业，承接产业转移，形成特色鲜明、竞争力强的产业结构。

（三）提升国际大通道能力，构建开放合作的支撑体系。加快建设现代化沿海港口群，打造泛北部湾海上通道和港口物流中心，构筑出海出边出省的高等级公路网、大能力铁路网和大密度航空网，形成高效、便捷、安全、畅通的现代综合交通网络。

（四）深化国际国内合作，拓展开放合作的新空间。积极参与中国一东盟自由贸易区建设，打造开放合作的新平台，进一步提升中国一东盟博览会的影响力和凝聚力；大力推进泛北部湾经济合作，继续参与大湄公河次区域合作，推动南宁一新加坡通道经济带建设，形成中国一东盟“一轴两翼”区域经济合作新格局；深化国内区域合作，加强与珠江三角洲地区的联系互动，发挥沟通东中西的作用。

（五）加强社会建设，营造开放合作的和谐环境。大力发展教育卫生、劳动就业、文化体育、广播电视、社会保障等各项社会事业，加强基本公共服务体系建设，维护社会稳定，促进社会和谐。

（六）着力推进改革，创新开放合作的体制机制。加快建立行政区和经济区在促进经济发展方面有机结合的体制机制，加大企业改革力度，建立生态补偿机制，深化土地管理、投融资、劳动就业等方面的体制改革，加快建立统一、开放、竞争有序的现代市场体系。

图 13　中共中央总书记习近平同志在第九届中国一东盟商务与投资峰会暨 2012 中国一东盟自贸区论坛开幕式上的致辞

中共中央总书记习近平在第九届中国一东盟商务与投资峰会暨 2012 中国一东盟自贸区论坛上，是对中国与东盟经济的合作与发展十分关切。习近平说道，中国的持续发展和繁荣对周边邻国是重大机遇、持续利好，将给包括东盟国家在内的世界各国带来重要发展机遇。中国将进一步全面发展开放型经济，不断巩固同发达国家的经贸合作，继续加强同发展中国家的互利合作，深化和扩大同周边国家的务实合作。中国将不断完善区域开放格局，继续深化沿海开放，加快内陆和沿边地区开放，促进同周边国家共同发展。

中国同东盟作为友好近邻和战略伙伴，应该审时度势、顺势而为，携手推进深度合作，共同赢得持续发展。为此，中共中央总书记习近平同志提出了4点建议。

第一，更大力度提升自贸区建设水平。涵盖19亿人口的中国一东盟自贸区建成不到3年，为深化以东盟为中心的区域一体化合作奠定了坚实基础。希望双方继续落实和完善自贸区各项协议，进一步提高贸易和投资自由化便利化水平，优化进出口商品结构，到2015年如期实现双方贸易额达到5000亿美元的目标。要以中国一东盟科技合作年为契机，加强自贸区框架下的经济技术合作，促进政策宣传和能力建设，提高优惠政策利用率。继续深化产业合作，优化区域资源配置。秉持开放包容、平等互利原则，扩大自贸区覆盖范围。

第二，更大力度深化双向投资合作。本世纪第二个10年，中国将继续把“引进来”同“走出去”结合起来，引导中国企业有序到境外投资，积极开展有利于改善当地基础设施和人民生活的项目合作。

第三，更大力度推进互联互通建设。实现东盟内部以及中国一东盟的互联互通，是深化经贸合作和人员往来的重要基础，是促进域内经济融合、提升地区竞争力的战略举措，有利于地区经济持续稳定增长。通过建立促进互联互通建设的投资融资平台，加强同东盟国家的陆上通道建设，构筑双方海上互联互通网络，开拓港口、海运物流和临港产业等领域合作。

第四，更大力度促进社会人文交流。睦邻友好的深厚基础在民间。要充分发挥中国一东盟中心、民间友好组织大会、教育交流周等机构和平台作用，促进文化、教育、旅游、青年等各领域友好交流，增进双方人民了解和友谊。

第二节　虚拟经济的起源与本质

近年来，虚拟经济问题日益引起经济学者的关注，但大部分研究集中在现实的虚拟经济运行问题上，而忽视了虚拟经济的本质问题。这里，我们希望通过虚拟经济起源的研究，揭示虚拟经济的本质，并在此基础上，揭示虚拟经济的发展趋势和运行规律。

一、商品价值和货币的虚拟化

马克思分析资本主义是从商品开始的。因为资本主义经济是高度发达的商品经济，而商品是资本主义经济的细胞，所有资本主义经济的矛盾都存在于这个胚胎形式中。虚拟经济也是商品经济高度发展的产物，虚拟经济的原始或胚胎形式，存在于最简单的商品关系即价值中。所以，分析虚拟经济也应该从分析商品开始，从分析商品的价值形式开始。虚拟经济的实质是一种符号经济，即以符号代表商品价值和资本价值的一种经济形式。事实上，价值符号的起源就是虚拟经济的起源。所以，研究虚拟经济的起源，必须从价值符号的研究开始。

马克思科学地区分了商品的使用价值与价值。作为使用价值，是商品的自然属性，是实实在在的，无论如何不可能出现虚拟形式。但是作为价值，是通过交换产生的，是商品生产者的劳动交换关系，是商品的社会属性。正是由于价值的这种本质特性，才使价值可以由符号来代表。马克思在批评货币符号论时指出，“由于货币在某些职能上可以用它单纯的符号来代替，又产生了另一种误解，以为货币是一种单纯符号。但另一方面，在这种误解里面包含了一种预感，即物的货币形式是物本身以外的东西，它只是隐藏在物后面的人的关系的表现形式。从这个意义上说，每个商品都是一个符号，因为它作为价值只是耗费在它上面的人类劳动的物质外壳”。这是虚拟资本、虚拟经济产生的根本基础。只有商品的价值才有可能被虚拟化。虚拟资本、虚拟经济存在于商品经济的最基本价值关系中，不论它发展到什么阶段，采取什么形态，本质上都是一种价值关系。

商品价值真正用符号来代表，即价值符号的出现是由于商品矛盾和交换关系的发展，而货币产生以后才具有现实的可能性。马克思指出，商品的价格或货币形式，同商品的所有价值形式一样，是不同于商品可以捉摸的实在的物体形式，因而只是观念的或想象的形式。马克思还指出，货币在执行价值尺度的职能时，只是想象的或观念的货币。当货币出现以后，商品的价值就不由另一种商品的使用价值来表现，而是用货币来表现，这就是商品价值的货币形式，即价格。在货币和价格出现以后，作为价值形式的价格，就可能产生独立运动，从而在一定程度上脱离商品的价值，即价格与价值的不一致性。“价格和价值量之间量的不一致的可能性，或者价格偏离价值量的可能性已经包含在价格形式本身之中。但这并不是这种形式的缺点，相反地，却使这种形式成为这样一种生产方式的适当形式，在这种生产方式下，规则只是作为没有规则性的盲目起作用的平均数规律来为自己开辟道路。”

价格形式不仅可能引起价值量和价格之间，即价值量和它的货币表现之间的量的不一致，而且能够包藏一个质的矛盾，以至货币虽然只是商品的价值形式，但价格可以完全不是价值的表现。有些东西本身并不是商品，例如良心、名誉等也可以被它们的所有者出卖以换取金钱，并通过它们的价格，取得商品形式。因此，没有价值的东西在形式上可以具有价格。在这里，价格表现是虚幻的，就像数学中的某些数量一样。另一方面，虚幻的价格形式，如未开垦的土地的价格，这种土地没有价值，因为没有人类劳动物化在里面，又能掩盖实在的价值关系或由此派生的关系。

在价值的货币形式(价格)出现后，商品的价值就有可能由货币符号来代表，但是这种可能性成为现实性，是货币作为流通手段产生的。这是由于货币在商品所有者之间，从货币形式转变为商品形式，又从商品形式转变为货币形式，以实现商品的交换。在这种形态变化中，商品的价值形态与商品对立，只是为了马上又消失。在这里，商品的交换价值的独立表现只是转瞬即逝的要素，它马上又会被别的商品代替。因此，在货币不断转手的过程中，单有货币的象征存在就够了。货币的职能存在可以说是吞掉了它的物质存在。货币作为商品价格的转瞬即逝的客观反映，只是当作它的符号来执行职能，因此也能够由符号来代替。

由于金属货币在流通中的不断磨损，使不足值的货币可以同足值的货币共同流通。这样，“作为流通手段的金同作为价格标准的金偏离了，因此，金在实现商品的价格时不再是该商品的真正等价物”，马克思还指出，“流通过程的自然倾向是要把铸币的金存在变为金假象，或把铸币变为它的法定金属含量的象征。这种倾向甚至为现代的法律所承认，法律规定，金币磨损到一定程度，便不能通用，失去通货资格”。

既然货币流通本身使铸币的实际含量同名义含量分离，使铸币的金属存在同它的职能存在分离，所以在货币流通中就隐藏着一种可能性：可以用其他材料做的记号或用象征来代替金属货币执行铸币的职能。这样，较廉价的金属，如银和铜，就作为银记号和铜记号代替金执行货币职能。银记号或铜记号的金属含量是由法律规定的。它们在流通中比金币磨损得还要快。因此，银和铜的铸币职能实际上与它们的重量完全无关，也就是说，与任何价值完全无关，金的铸币存在同它的价值实体完全分离了。因此，相对来说没有价值的东西，例如纸票，就能代替金来执行铸币的职能。在金属货币记号上，这种纯粹的象征性质还在一定程度上隐藏着，但在纸币上，这种性质就暴露无遗了。纸币是金的符号或货币符号。纸币同商品价值的关系只不过是商品价值观念表现在一个含金量上，这个金量则由纸象征地、可感觉地体现出来。所以说，当纸币出现以后，虚拟经济的原始形态或胚胎形式，也就真正地出现了。

随着货币作为支付手段的出现，货币的虚拟性质进一步暴露。一般来讲，货币作为支付手段，必须是实实在在的货币，既不可能是观念上的货币，也不可能是转瞬即逝的，从而可以由不足值的货币或纸币代替。然而，从本质上讲，货币是一种信用，是参加交易人们都互相承认货币的价值，在下一次交易中还会接受这个货币。但是货币作为信用货币出现，使货币作为支付手段出现。马克思指出，信用货币的自然根源是货币作为支付手段的职能。在货币作为支付手段的情况下，货币交易可以与商品交易脱离，在时间和空间上分为两个不同的阶段，即商品的赊销和商品价格的支付。在前一阶段，货币执行价值尺度职能和购买手段职能。在执行价值尺度职能时，货币是观念的或想象的货币，完全虚拟的，而货币执行流通手段时，并没有实际的货币交易，货币只是存在于买者支付货币的承诺中。所以，货币的流通手段职能也是观念的。正如马克思所说，货币执行观念的购买手段职能。只是当支付日期到来时，支付手段才进入流通，但这是在商品已经退出流通之后。不仅如此，由于支付集中于同一地点，使这些支付互相抵销的专门机构和方法就自然地发展起来。与此同时，随着流通的支付手段量越来越少，观念的流通手段量却越来越大了。可见，随着信用制度和货币的支付手段职能的出现，货币也虚拟化了。

总之，随着商品经济的发展，商品转化为货币，铸币转化为不足值的金属货币和辅币，而不足值的金属货币转化为纸币。纸币出现以后，货币的价值符号的性质也就暴露无遗了。至此，商品价值实现了虚拟化，这是商品经济虚拟化的第一步。而货币作为支付手段出现，即信用制度出现后，货币的流通手段职能也可以由观念的货币来执行了，货币也实现了虚拟化。商品和货币的虚拟化，为虚拟经济的产生创造了基础。

二、信用制度与资本的虚拟化

随着商品经济的发展，特别是信用制度出现以后，商品经济中虚拟成分逐渐发展和不断扩大。虚拟经济的真正产生，还必须建立在信用制度的高度发展基础上，特别是近代银行制度的基础上。随着近代银行制度的出现，产生了各种各样的信用工具和支付手段，特别是银行创造货币功能的产生，使商品经济进一步虚拟化了。1694 年英格兰银行的建立，标志着英国信用制度的高度发展。马克思指出，英格兰银行不用库内的金属贮藏作准备金而发行银行券时，它创造了一些价值符号，对它来说，它们不仅是流通手段，而且还按没有准备金的银行券的票面总额，形成了追加的是虚拟资本。并且这一追加的资本，会为它提供追加的利润。根据马克思研究，除了发行本银行的银行券外，英格兰银行还通过开出汇票、付出已经贴现的汇票等方法创造信用和资本。这样，银行就可以在准备金以外创造多得多的货币和货币资本。马克思指出，随着生息资本和信用制度的发展，一切资本好像都会增加一倍，有时甚至增加两倍，因为有各种方式使同一资本，甚至同一债权在不同的人手里以不同的形式出现。这种“货币资本”的最大部分纯粹是虚幻的。

银行制度的建立，为货币转化为资本、货币资本转化为借贷资本创造了条件。但是，当货币资本转化为借贷资本以后，借贷资本实际上已经仅仅作为一种权利证书存在，不仅不再作为现实资本存在，甚至不再作为货币资本而存在。即使假定借贷资本存在的形式只是现实货币即金或银的形式，也只是以自己的物质充当价值尺度的商品形式，那么，这个货币资本的相当大的一部分也必然只是虚拟的，也就是说，完全像价值符号一样，只是对价值的权利证书。马克思指出，当货币转化为借贷资本，并且同一货币反复代表借贷资本时，很清楚，它只是在一点上作为金属货币存在，而在所有其他点上，它只是以资本索取权的形式存在。借贷资本起初总是以货币形式存在，后来却作为货币索取权而存在，因为它原来借以存在的货币，现在已经以现实货币的形式处于借款人手中。对贷款人来说，借贷资本已经转化为货币索取权，转化为所有权证书了。因此，同一数额的现实货币，可以代表数额极不相同的货币资本。就是说，同一个货币，既是借款人手中的现实的货币，又是贷款人手中的货币所有权证书，同一货币表现为两个价值符号。所以，虚拟资本即以货币符号和货币的权利证书来表示资本的数量，可能大大超过实有的货币资本价值。这就是虚拟资本产生的信用制度基础。

股份制度是虚拟经济发展的另一个重要基础，股份制度的建立，使资本进一步虚拟化了。股份制度不仅使资本的所有权和使用权分离，还进一步使资本的所有权转化为剩余索取权。在发达的股份制度下，由于股东既不能退股，也不能真正地实施所有权，所以，股东的现实权益也就仅仅作为剩余索取权而存在，这样，股票作为资本所有权证书也转化为剩余索取权证书。正如马克思指出的：公用事业、铁路、矿山等等的所有权证书，固然是现实资本的证书，但有了这种证书，并不能去支配这个资本，这个资本是不能提取的。有了这种证书，只是在法律上有权索取这个资本应该获得的一部分剩余价值。因此，这种证书也就成为现实资本的纸制复本，正如提货单在货物之外，和货物同时具有价值一样。这些证书成为并不存在的资本的名义代表。这是因为现实资本存在于这种复本之外，并且不会由于这种复本的转手而改变所有者。这种复本所以会成为生息资本的形式，不仅因为它们保证取得一定的收益，而且因为可以通过它们的出售而得到它们的资本价值的偿付。当这些证券的积累表示铁路、矿山、汽船等等的积累时，它们也表示现实再生产过程的扩大，就像动产征税单的扩大表示这种动产的增加一样。但作为纸制复本，这些证券只是幻想的，它们的价值额的涨落，和它们有权代表的现实资本的价值变动完全无关。既然它们的价值额的涨落和它们有权代表的现实资本的价值变动完全无关，那么，其“价值额”，即市场价格就有可能大大超过它们有权代表的现实资本的价值。这个想象的财富，按照它原来具有一定的名义价值的每个组成部分的价值表现来说，也会在资本主义生产发展的进程中扩大起来。

国债也是虚拟资本的重要形式之一。国家对借入资本每年要付给自己的债权人以一定的利息。在这个场合，债权人不能要求债务人解除契约，而只能卖掉它的债权，即他的所有权证书。资本本身已经被国家花掉了，耗费了，它已不再存在。但这份债权却仍可以为它的所有者带来收益，由于仍可以带来收益，这份债权就仍可以交易。这种债权的交易额，自然会大大超过债权本身的价值。在这一切场合，这种资本，即把国家付款看成是自己的幼仔（利息）的资本，是幻想的虚拟的资本。这不仅是说给国家的贷款已经不再存在。这种贷款本来不是作为资本耗费的，不是作为资本投入的，而只有通过作为资本投入，它才能转化为一个自行保存的价值。

在股份制度和信用制度高度发展的条件下，生息资本获得长足发展，不仅资本家掌握大量生息资本，而且社会上大部分居民的收入，只要不被消费掉，也都转变为生息资本。生息资本的形式造成这样的结果：每一个确定的和有规则的货币收入都表现为资本的利息，而不论这种收入是不是由资本生出。货币收入首先转化为利息，有了利息，然后得出产生这个货币收入的资本。同样，有了生息资本，每个价值额只要不作为收入花掉，都会表现为资本，也就是都会表现为本金，而和它能够生出的可能的或现实的利息相对立。就是说，有了生息资本这种形式，就决定了收入必定转化为资本，而资本必定转化为虚拟资本。由于人们所考虑的不是收入和收入转化为资本的价值，而是收入和收入转化为资本所能带来的利息，是资本的利息决定资本的价格，而不是资本的价值决定资本的价格。

马克思指出，人们把每一个有规则的会反复取得的收入按平均利息率来计算，把它算作是按这个利息率贷出的资本会提供的收入，这样就会把这个收入资本化了。

股票和债券，对于股东和债权人来说，只要这份资本证书可以给他带来收益，并不追究这份资产的实际存在和实际价值。这是因为，这份资产的价值是他的积累部分，而不是他要求现实消费的部分。正如马克思所指出的，所有这些证券实际上都只是代表已积累的对于未来生产的索取权或权利证书，它们的货币价值或资本价值，或者像国债那样不代表任何资本，或者完全不决定于它们所代表的现实资本的价值。货币资本的积累，大部分不外是对生产的索取权的积累，是这种索取权的市场价格，即幻想资本价值的积累。所以，这份资产究竟是否存在，其价值究竟是否与其价格一致，并不是他必须关心的。正如货币作为流通手段的作用，在流通中仅仅是转瞬即逝一样，股票和债券在资本市场上也是不断交易和处于流通中的，人们关心的只是它们的交易价格，而不关心他们的实际价值。既然作为剩余索取权证书而存在，股票和债券就是一种预期的未来收入的代表，所以，它的市场价格并不是由它的现实价值决定，而是由它所代表的预期的未来收入决定。这些人总是以货币的形式或对货币的直接索取权的形式占有资本和收入。这类人的财产的积累，可以按极不同于现实积累的方向进行。所以说，资本的市场价格可以大大超过资本的实际价值，虚拟资本可以大大超过实体资本。而这种想象的货币财产，不仅构成私人货币财产的很大的部分，也构成银行家资本的很大的部分。

银行家资本的最大部分纯粹是虚拟的，是由债权（汇票）、国家证券（代表过去的资本）和股票（对未来收益的支取凭证）构成的。在这里，不要忘记银行家保险箱内的这些证券，即使是对收益的可靠支取凭证（例如国家证券），或者是现实资本的所有权证书（例如股票），它们所代表的资本的货币价值也完全是虚拟的，是不以它们至少部分地代表的现实资本的价值为转移的。既然它们只是代表取得收益的权利，并不是代表资本，那么，取得同一收益的权利就会表现在不断变动的虚拟货币资本上。

三、虚拟资本的独立运动

虚拟资本一旦形成，不论其是否与现实资本一致，都必然产生独立的运动。马克思指出，虚拟资本有它的独特的运动。这就是说，它们已经成为商品，而这些商品的价格有独特的运动和决定方法，它们的市场价值，在现实资本的价值不发生变化（即使它的价值已增值）时，会和它们的名义价值具有不同的决定方法。一方面，它们的市场价值，会随着它们有权索取的收益的大小和可靠程度而发生变化；另一方面，这种证券的市场价值部分地有投机的性质，因为它不是由现实的收入决定的，而是由预期得到的、预先计算的收入决定的。但是假定现实资本的增值不变，或者假定象国债那样，资本已不存在，年收益已经由法律规定，并且又有充分保证，那么，这种证券的价格的涨落和利息率成反比。

虚拟资本的独特运动，使虚拟经济可能大大脱离实体经济而过度发展，从而导致经济泡沫的出现。虚拟经济在一定程度上脱离实体经济，甚至经济泡沫的出现，在一定程度上也是有利于经济发展的。但是，如果虚拟经济成分大大超过实体经济，结果就会出现泡沫经济，而泡沫经济必然导致灾难性的后果。

虚拟经济与实体经济分离的可能性，在货币产生以后就出现了。价格与价值的偏离，实际上已经包含了虚拟经济与实体经济分离的基本形式。当纸币出现以后，如果纸币的发行数量超过了限度，那么就会发生通货膨胀，这也是虚拟经济与实体经济的分离形式。当近代信用制度和股份制度高度发达，虚拟资本出现以后，虚拟经济与实体经济分离的可能性就更大了。在虚拟资本里，一切都以颠倒的形式表现出来，因为在这个纸券的世界里，现实价格和它的现实要素不会在任何地方表现出来。表现出来的只是金银条块、硬币、银行券、汇票、有价证券，全部过程都变为不可理解随着信用制度的发展，金融创新的演进，特别是衍生工具的出现，投机行为和投资行为的区别日趋缩小，虚拟经济在正常时期也会大大超过实体经济，所以，两方面脱离的情况成为常态，而两方面一致的情况倒是不正常的了。

虚拟经济毕竟不能脱离实体经济的基础，就如价格不能脱离价值一样，价格运动永远也只能是以围绕价值波动的形式出现。虚拟经济也必然围绕实体经济运动，而如潮汐一样有涨又落。在经济膨胀时期，以价值符号表示的虚拟经济的价值，可能大大超过实体经济价值，而在经济紧缩时期，虚拟经济价值也可能小于实体经济的价值，如果虚拟经济大大超过实体经济，特别是出现泡沫经济以后，紧接着到来的必然是价值的回归，不过，这种价值的回归，必须通过泡沫破灭即经济危机的形式来实现。

商品经济的基本矛盾，包藏者虚拟经济危机的全部原因。马克思指出，一旦劳动的社会性质表现为商品的货币存在，从而表现为一个处于现实生产之外的东西，独立的货币危机或作为现实危机尖锐化的货币危机，就是不可避免的。不过，这种货币危机只有在一个接一个的支付的锁链和抵销支付的人为制度获得充分发展的地方才会发生。当这一机构整个被打乱的时候，不问其原因如何，货币就会突然直接地从计算货币的纯粹观念形态变成坚硬的货币。在再生产过程的全部联系都是以信用为基础的生产制度中，只要信用突然停止，只有现金支付才有效，危机显然就会发生，对支付手段的激烈追求必然会出现。所以乍看起来，好像整个危机只表现为信用危机和货币危机。而事实上问题只是在于汇票能否兑换为货币，但是这种汇票多数是代表现实买卖的，而这种现实买卖的扩大远远超过社会需要的限度这一事实，归根到底是整个危机的基础。在信用收缩或完全停止的紧迫时期，货币将会突然作为唯一的支付手段和真正的价值存在,绝对地和商品相对立。因此,商品会全面跌价,并且也难于甚至不可能转化为货币,也难于甚至不可能转化为它们自己的纯粹幻想的形式。但另一方面,信用货币本身只有在它的名义价值额上绝对代表现实货币时,才是货币。

在虚拟经济高度发达的场合,虚拟经济也仍然依赖于实体经济的发展。所有权证书,不仅是国家证券,而且是股票的价值的独立运动,加深了这种假象,好像除了它们可能有权索取的资本或权益之外,它们还构成现实资本。但事实上,这个资本不能有双重存在:一次是作为所有权证书,即股票的资本价值,另一次是作为在这些企业中实际已经投入或将要投入的资本。它只存在于后一种形式,股票只是对这个资本所实现的剩余价值的相应部分的所有权证书。所以,虚拟经济尽管有独立的运动,但并不能使实际的社会资本增加。在货币市场紧迫的时候,这种有价证券的价格会双重跌落:一是因为利息率提高,二是因为这种有价证券大量投入市场,以便实现为货币。不管这种证券能否保证它的所有者取得收益,像国家证券那样是不变的,也不管这种证券所代表的现实资本的增殖象在产业企业中那样会因为再生产过程的扰乱而受到影响,在这种场合,这种价格跌落的现象都是会发生的,只是在后一种场合,除了上述贬值以外,还会进一步贬值。一旦风暴过去,这种证券就会回升到它们以前的水平,除非它们代表的是一个破产的或欺诈性质的企业。虚拟资本,生息的证券,它们的价格随着利息的提高而下降,它们的价格还会由于信用的普遍缺乏而下降。只要这种贬值不表示生产以及铁路和运河运输的实际停滞,不表示已开始经营的企业的停闭,不表示资本在毫无价值的企业上的白白浪费,一个国家就决不会因为名义货币资本这种肥皂泡的破裂而减少分文。

除此以外,这种汇票中也有惊人巨大的数额。首先代表那种现在已经败露和垮台的纯粹欺诈营业;其次,代表利用别人的资本进行的已告失败的投机；最后，还代表已经跌价或根本卖不出去的商品资本，或者永远不会实现的资本回流。

四、虚拟经济的本质

虚拟经济，包括货币、信用、衍生工具的出现，一方面要有生产力基础，另一方面要有生产关系的基础。就生产力基础而言，只有生产力发展达到一定程度时，即可已有一部分商品从必须消费的货品中分离出来以后，才可能出现货币；只有当一部分收入可以不被用来消费而被积累起来的时候，才有可能出现收入的资本化，才有可能产生虚拟资本。就是说，人们就有可能将这部分财富的价值进行各种各样的活动，包括各种投机活动。这些活动本质上是为了使这部分资源不被闲置，或更有效地利用，但既然这些活动都是利用的实际财产的代表或符号，这种活动就有可能被放大，产生远远大于原有实际价值的价值。在这种情况下，名义资本或以价值符号表示的资本可能很大，但实际上并没有这么大，事实存在的资本即有实物存在的资本仅仅是其中的一个部分。正如发生磨损的铸币或纸币，只要能实现交换，就没有人关心追究它的实际价值。所以，虚拟资本作为一种资本的符号，代表一种交换价值，只要可以实现交易，并通过交易获得收入，没有人关心是否与实体资本的价值一致。当股票等有价证券出现以后，就出现财富的证券化趋势。人们的财富概念，不再是看得见，摸得着的物质财富，而是以货币符号代表的虚拟财富。随着信用制度和财富证券化的发展，一切财富都符号化了，财富完全变成了价值符号。

马克思指出，这是货币资本的那样一部分的发展，这部分货币资本只不过是对未来劳动和剩余劳动的所有权证书的积累。这部分货币资本的积累由对预定的未来财富的所有权证书构成，因而它本身不是实际存在的国民财富的要素，或者说成为这种要素的原因，仅仅是因为它代表有固定资本的现有价值(而不是它的价值增值)的所有权证书。但是,所有权证书在这种价值生产出来以前总是存在,并且它们所直接代表的只不过是为生产出这种价值而消耗或预付的资本价值。甚至在这种情况下也不能把这种价值计算两次,如铁路的价值和股东手中的铁路股票的价值。在这里,情况完全同国债一样,国债券不是价值,但年产品中由这些证券保证其占有者占有某一份额的价值部分不包括在内。但是,由于对这种债券的价格支付——它的行情的波动——起决定作用的那些情况跟这种证券作为所有权证书所代表的价值没有直接联系,所以上述表面现象就更为严重。但是,资本主义社会极有权势的那部分人竭力追求这种积累形式,以便支配生产和积累的实际运动。

从本质上讲,商品和货币、信用和银行,现实资本和虚拟资本都是生产关系,而不是任何物质的东西或具有自然形态的东西。所以,它们才有可能被符号化、虚拟化。这种虚拟化的东西能够具有价值,可以转化为现实资本或现实财富,是因为这种转化有国家法律制度来保证,也正因为如此,虚拟资本的生产关系性质才暴露无遗。但是信用货币的这个基础是和生产方式本身的基础一起形成的。信用货币的贬值(当然不是说它的只是幻想的货币资格的丧失)会动摇一切现有的关系。因此,为了保证商品价值在货币上幻想、独立的存在,就要牺牲商品的价值。一般来说,只要货币有保证,商品价值作为货币价值就有保证。因此,为了几百万货币,必须牺牲许多百万商品。这种现象在资本主义生产中是不可避免的,并且是它的妙处之一。

泡沫经济的发展与破灭,是生产关系调整和财富再分配的一种方式。马克思指出,虚拟资本在危机中的贬值,会作为货币财产集中的一个有力的手段来发生作用。由于这种所有权证书的价格变动而造成的盈亏,以及这种证书在铁路大王等人的手里的集中,就其本质来说,越来越成为赌博的结果。赌博已经代替劳动,并且也代替了直接的暴力,而表现为夺取资本财产的原始方法。危机所引起的资本的破坏意味着资本量的贬低，这种贬值妨碍价值量以后按同一规模作为资本更新自己的再生产过程。这就是商品价格的毁灭性的下降。这时，使用价值没有被破坏。一个人亏损了的东西，被另一个人赚了去。作为资本发挥作用的价值量不能在同一个人手里作为资本更新，原来的资本家遭到破产。

社会的名义资本，也就是现存资本的交换价值，有很大一部分永远消灭了，虽然由于不秧及使用价值，但这种消灭正好可以大大促进新的再生产。这同时也是货币所有者靠牺牲产业家而发财致富的方式。至于纯粹的虚拟资本（公债券、股票等）的跌价，只要它不导致国家和股份公司的破产，不因此而动摇持有这类证券的产业资本家的信用，从而不阻碍再生产，那么这种跌价就只是财富从一些人的手里转到另一些人的手里，总的来说对再生产起着有利的影响，因为那些用廉价把这些股票或证券弄到手的暴发户大多数比原来的所有者更有事业心。

在危机时期，这种虚拟的货币资本大大减少，从而使它的所有者凭它在市场上获得货币的力量也大大减少。这些有价证券在行情表上的货币名称的减少，虽然和它们所代表的现实资本无关，但是和它们的所有者的支付能力关系极大。

通过对虚拟经济起源的研究，我们可以得出以下几个结论：第一，商品的使用价值和价值的矛盾，作为生产关系的商品和商品价值关系，包藏着虚拟经济的全部本质和原因。价值形态的独立性和独立运动，是最原始的虚拟经济的胚胎形式；第二，信用和股份制度的出现，积累和资本化以剩余价值索取权形式的出现，产生了虚拟资本；第三，随着经济的发展，剩余财富的扩大以及相应的财富观念的变化，特别是财富和资本的证券化，以及现代资本交易手段的发展，使虚拟经济作为一种独立的经济形态出现；第四，虚拟经济并不能脱离实体经济，虚拟经济的膨胀与收缩，是生产关系调整的重要方式。

人们的财富可以由纸制的符号来代替，从而产生了对货币符号的膜拜。但是，纸币流通的特殊规律只能从纸币是金的代表这种关系中产生。这一规律简单说来就是：纸币的发行限于它象征地代表的金（或银）的实际流通的数量。

它们的价值额，也就是它们在证券交易所内的行情，在利息率的下降与货币资本特有的运动无关，而单纯是利润率趋向下降的结果时，会随着利息率的下降而必然出现上涨的趋势，所以，单是由于这个原因，这个想象的财富，按照它的原来具有一定的名义价值的每个组成部分的价值表现来说，也会在资本主义生产发展的进程中扩大起来。如果真正地需要这份收入来花费，可以将这份债权卖掉，只要能够卖掉，对于拥有者来说，这份资产就是现实的、存在的。当然，一旦债券卖不出去，这个资本的假象就会消失。

按照假定，索取权的积累是由现实积累，也就是由商品资本的价值转化为货币而产生的。虽然如此，这种索取权或权利证书本身的积累，既不同于它由以产生的现实积累，也不同于由发放的贷款实现的未来积累（新的生产过程）。更进一步讲，随着生产力的发展和社会收入水平的提高，导致人们的消费观念发生变化，人们不再以消费有形产品为满足，而要消费无形产品，包括服务等，特别是人们更注重对财富的支配权利这种满足，而不是消费财富。

即使是最简单的价值符号——纸币的出现，也必须以国家法律来保证。例如，货币标准一方面纯粹是约定俗成的，另一方面必须是普遍通用的。因此，最后就由法律来规定了。货币符号本身需要得到客观的社会公认，而纸做的象征是靠强制流通得到这种公认的。国家的这种强制行动，只有在一国范围内或国内的流通领域内才有效，也只有在这个领域内，货币才完全执行它的流通手段或铸币的职能，因而才能在纸币形式上取得一种同它的金属实体在外部相脱离的并纯粹是职能的存在形式。

第三节　我国虚拟经济的生存状态

随着市场经济的日益深化以及信息技术的发展，现代经济的运行方式发生了根本的变化，在原有以商品、劳务为载体的实体经济的母体内，产生了以股票、债券等有价证券的发行、交易为主要内容的虚拟经济，并且逐步发展、壮大，对原有实体经济的影响越来越大。改革开放以来，我国虚拟经济也获得一定程度的发展。

一、我国虚拟经济发展的现状和问题

从股票市场看，改革开放后，企业融资渠道由间接融资向直接融资转变，直接融资比重逐步提高，因而，股票市场快速成长并壮大起来。从债券市场看，我国从 20 世纪 80 年代开始恢复国债发行，国债发行规模逐年增大。从金融衍生品市场看，在国内资本市场快速成长和国际金融创新的双重作用下，我国金融产品创新步伐不断加快，金融衍生产品不断丰富和发展。

尽管我国的虚拟经济已有了长足的发展，但是，相对来说还是比较落后的，尚不能满足实体经济发展的需要。主要存在以下问题：从总体上看，一方面，虚拟资产数量过少，即一部分真实资产没有相应的虚拟资产；另一方面，虚拟经济结构不合理。股权资产，尤其是可流通股权资产份额太低，并且市场运作效率低，不规范；债权资产中，证券化的很少，流动性差，资源配置的效率很低；股票市场缺乏分散风险的股票指数期货，衍生金融产品等所占比重太低。从局部看，确实存在投机泡沫，潜伏着一定的风险。一级市场存在泡沫，发行价定得过高；在二级市场上，市盈率偏高，高于世界平均水平；股票换手率过高，沪深两市的换手率远远高于发达国

家;有些“垃圾股”被当作题材广泛炒作,坑害了中小投资者;疯狂炒卖地皮和房屋,使房地产“火”气冲天。这些都使我国经济在一定程度上被过分“虚化”。

二、制约我国虚拟经济健康发展的原因

各种主客观因素错综复杂地发生作用,制约了我国虚拟经济的健康发展。我国的虚拟经济成长于经济体制的转轨过程中,因此,不可避免地受到传统体制惯性的制约。就企业而言,一方面,政府有关部门的直接干预仍然屡禁不止,另一方面,公司不重视股东权益的现象也比较普遍。这种状况严重影响了上市公司质量的提高和现代企业制度的建立,极大地制约了上市公司的行为,使其不仅在国内市场中的表现不能令人满意,而且在国际市场中的信誉也大受影响。在法制建设方面,一些政府部门常常从自身利益出发考虑相关法律的形成和部门法规的制定,这就使得这些法律和法规成为相关部门“争权夺利”相互妥协的产物。甚至各相关部门各自制定出了自相矛盾的法律和法规,使企业等机构无所适从。与双重体制并存相对应,政策也在两种状态中变动。政策取向和落脚点的不断变动,既打乱了人们的预期,也使许多部门和机构难以适应。由于市场的力量难以抵消政策的强烈影响,政策出台常常出乎人们意料,具有很强的人为性,人们在进行市场运作的同时不得不密切关注经常变化的政策,所以,我国的证券市场被称为“政策市”。这些都严重制约了虚拟经济的发展。

体制问题、政策问题说到底是观念问题。当前,在发展虚拟经济的过程中存在一些认识误区。主要表现如下:一是把虚拟经济等同于泡沫经济。虚拟经济是历史发展的必然趋势,它的适度发展是以正常的社会需求和投资关系为基础的,因此对国民财富的增长起着一定的促进作用。而泡

沫经济则不然，它并不是历史发展的必然现象，它是由虚假的高盈利预期和过度的投机行为带动起来的，在这个过程中，表面化的交易活动相当活跃，而内在化的物质生产却呈停滞之势，因此它的发展并不意味着国民财富的真正增加，而只是昙花一现的虚假繁荣。二是把已存在的银行巨额不良资产归结为虚拟经济。实际上，银行不良资产问题是由国企改革不到位、生产效率低下等实体经济因素造成的。将造成不良资产的罪魁祸首归结为虚拟经济，实在是一种极大的误解。三是迄今仍有一些人认为，虚拟资本的交易活动不创造价值，投资收益是以其他投资者的亏损为前提的，并进一步认为，资本市场的发展将导致居民收入的两极分化，因此，主张限制虚拟经济的发展。

第四节　促进我国虚拟经济与实体经济和谐发展

虚拟经济与实体经济是两个独立的经济范畴，二者相互依存，相互制约。实体经济是虚拟经济产生和发展的基础，虚拟经济是市场经济高度发展的产物，没有实体经济的发展，就没有虚拟经济。虚拟经济的载体是股票、债券等有价证券，而这些有价证券的发展规模是由实体经济发展的需要决定的。实体经济运行状况和有价证券的发行规模又制约着虚拟资本的交易规模。金融衍生工具也决定于实体经济活动的规模和需要，一定的实体经济活动规模决定了虚拟经济规模不可能无限膨胀。实体经济的状况是虚拟经济健康运行的基础，实体经济状况良好，则虚拟经济的运行就有了坚实的物质基础，反之，虚拟经济的运行就会受到影响。

在经济全球化背景下，虚拟经济对世界经济的影响是双刃剑：一方面由此产生的财富效应促进了全球经济的繁荣；另一方面则表现为金融风险因素的加剧。

一、虚拟经济对实体经济发展的积极作用

虚拟经济以其高流动性和高获利性吸引着大量暂时闲置和零散的资本投入到股票、债券和金融衍生品等虚拟资本上。全社会的沉淀资本也就由此直接或间接的投入到了实体经济中,满足实体经济发展过程中的资金需要。虚拟经济发展可以转移风险,降低交易成本。虚拟经济有助于降低交易成本,分散经营风险,使部分投机者获得较高的收入。虚拟经济可以更好地揭示和传递实体经济的信息,提高实体经济运作效率。虚拟经济的信息揭示功能体现在两个方面:一方面,虚拟经济中的金融商品价格信息能直接揭示出金融资源的稀缺程度,是金融资源有效配置的前提;另一方面,经济生活中存在着大量的信息不对称,虚拟经济体系通过迅速有效的信息揭示及相应的金融创新,能够处理因信息不对称所产生的激励问题。虚拟经济可以提高社会运行效率。虚拟经济在促进社会资本优化配置的同时,也带动了劳动力、技术以及自然资源在实体经济部门之间的优化配置,提高了资源的利用效率。证券市场的发展,股权置换、控股收购等产权交易方式的创新都有助于社会规模经济的发展。虚拟经济的发展可以创造社会财富,促进了 GDP 的增长,并提供了大量的就业机会。

资本市场是虚拟经济的主要形态之一。在这里主要是以资本市场,特别是股票市场为例,在我国的新型工业化进程中,虚拟经济的重要作用。概括起来主要有以下几个方面的作用。

(一)证券市场有利于促进企业的良性发展

证券市场是筹集资本的重要渠道,资本市场具有使资金从资金剩余者流向资金需求者,为资金不足者筹集资金的功能。发行有价证券(主要

是股票和债券)是筹集资本的重要渠道。我国政府和企业先后发行多批债券,为弥补国家财政赤字和国家的许多重点建设项目筹集了大量资金。早在“八五”期间,我国企业通过发行债券共筹资820亿元,重点支持了三峡工程、上海浦东新区建设、京九铁路、沪宁高速公路、吉林化工、北京地铁、北京西客站等能源、交通、重要原材料等重点建设项目以及城市公用设施建设。到2008年9月末,我国通过资本市场累计发行各类债券1.96万亿元,中央国债登记结算公司债券托管量余额为14.5万亿元。

股票的最原始作用就是筹集资金。企业通过发行股票,可广泛地吸引社会暂时闲置的资金,在短时间内把社会上分散的资金集中成为巨大的生产资本,组成一个“社会企业”——股份有限公司。而通过二级市场的流通,又能将短期资金通过股票转让的形式衔接为长期资金。如2008年9月8日,四川省自贡市的川润股份发行2300万股股票,每股发行价10.44元,共筹集资金22182万元(去掉1830万元的发行费用)。到2008年6月6日,我国上市公司通过股票市场筹集资金共36405亿(A股21214亿元,B股665亿元,香港14526亿元)。

实现创业资本增值。在股票发行市场上,股票的发行价总是和企业的经营业绩相联系。当一家业绩优良的企业发行股票时,其发行价都要高出其每股净资产的许多,若遇到二级市场的火爆行情,其溢价往往能达到每股净资产的2～3倍或者更多,而股票的溢价发行又使股份公司发起人的创业资本得到增值。通过高溢价发行股票后,股份公司每股净资产含量就能提高30%,甚至更多。以川润股份(2008年9月8日发行,9月19日上市)为例,发行前总股本为6900万股,净资产为16077万元,每股净资产2.33元。以每股10.44元的价格,发行2300万股新股后,筹集资金22182万元,总股本变成9200万股,净资产合计38259万元,每股净资产4.16元,原始股东持有的股票每股净值增加1.83元,净资产升值78.5%。

优化了上市企业的资产负债率。我们的企业突出的问题之一是企业资本金不足，大多数企业主要靠银行贷款补充流动资金，因此企业的资产负债率很高。特别是由国家拨款改为贷款成立的企业，从它成立的那天起，资产负债率为百分之百。从证券市场上市以后，从资本市场募集的资金直接充实了企业的资本金，为企业的经营发展奠定了良好的基础。如一企业总资产有8000万元，负债6000万元，净资产为2000万元，资产负债率为75%；若发行债券或贷款2000万元，总资产10000万元，负债8000万元，负债率为80%；若发行股票筹资2000万元，总资产10000万元，负债6000万元，负债率为60%。

分解实体经济风险的作用。无论哪一类企业，总会有经营风险存在，特别是一些高新技术产业，由于产品的市场前景不明朗，技术工艺尚待成熟和完善，在经营过程中，其风险就更大。通过发行股票来组成股份公司为新的投资者提供了投资的场所，为原来的投资者分担了风险。以川润股份为例，川润股份发行前资产负债率为62.6%，发行后资产负债率降为41.3%，降低了21.3个百分点。创业资本增值了，负债率也降低了，意味着偿还能力强了，原有资产的风险降低了。即使投资失败，将风险分担给更多的投资者，每个股东所承受的损失也就非常有限，能将风险发生时对社会的震荡和对经济的危害降低到最低的限度。

（二）证券市场对实现国家产业政策有促动作用

1. 证券市场具有资源配置作用

证券市场的发展有利于促进资金的合理流动，优化资源配置。证券市场的这种作用是通过投资者和证券发行者两方面的行为发挥出来的。资本是唯利是图的，有趋利性，它决定了社会资金在资本市场上的不断转移。马克思曾在《资本论》中从经济学角度来分析腐败的成因与腐败成本的关系：一旦有适当的利润，资本就大胆起来，如果有10%的利润，它就保证到处被使用；有20%的利润，它就活跃起来；有50%的利润，它就铤而走险；为了100%的利润，它就敢践踏一切人间法律；有300%的利润，它就敢犯任何罪行，甚至冒绞首的危险。投资者为了谋求其投资的保值与增值，必然十分关注投资对象的经营状况和财务状况。投资者会做出购买某家公司证券的投资决策，是因为经过对投资对象的经营和财务状况进行分析后，认为这家公司能有效地运用资金，投资于这家企业不仅股息有保障，而且能随着企业经济效益的提高分享企业的经营成果。投资者这种经过分析判断后做出的投资决策，有利于社会资金流向高效率的企业，社会资源的配置就得到了优化。

2. 促进国家产业结构的调整和优化

产业政策是国家制定的，利用多种手段规划产业结构，干预产业结构的形成，最终实现国民经济各产业部门均衡发展，也是指导投资者合理、正确投资的依据。投资者按照国家产业政策的要求进行投资，就能在各种优惠政策的作用下取得较好的投资效益。因此，投资者会竞相购买那些国家产业政策鼓励、发展前景广阔、社会经济效益好的产业发行的有价证券。这会使这些产业的发展得到充足的资金，从而使整个社会的产业结构不断向产业政策要求的方向变动。

我国自觉的运用证券市场进行产业结构调整开始于1997年。1996年12月，中国证监会颁布了《关于股票发行若干规定的通知》，通知强调新股的发行由原来的额度控制改为总量控制，限报家数。对选择上市企业的标准进行了重大的调整。从产业政策角度，要求重点支持农业、能源、交通、通信、重要原材料等基础产业和高新技术产业，从严控制一般加工工业、商业和流通性企业。要求推荐经济效益好、主业突出、发展潜力大、在行业中处于领先地位的企业发行股票并上市。这个转变是比较自觉地利用资本市场促进产业结构调整和优化。在我国的产业结构调整和优化升级的过程中，证券市场已经发挥了非常重要的作用，一大批基础行业中的优秀企业上市筹资，大大缓解了国家能源、交通、通信、原材料、高新技术产业等基础行业发展资金的不足，加快了基础行业的发展步伐。

(三)证券市场拓宽了社会闲置货币的投资渠道

资本市场有利于促进社会闲置货币转化为资本，有利于促进资本的社会化和公众化。货币本身不是资本，将货币投入到生产经营中，才能成为资本。2008 年 9 月末，我国城乡居民储蓄余额为 20.8 万亿元，非金融性公司储蓄为 21 万亿，国家财政储蓄为 2.8 万亿元，其他存款 0.9 万亿元，合计 45.5 万亿元。居民储蓄的规模在国民总储蓄中的份额为 45.7%，比 2006 年同期的 57.1%下降了 11.4 个百分点，这得益于 2007 年我国资本市场的大发展。然而，我国居民 45.7%储蓄率在世界上高居第二，仅次于丹麦，居民基本上是把手中的资金存入银行。企业的流动资金、固定资产投资、设备更新资金、技术改造资金都要向银行贷款。利用资本市场的直接融资机制，引导居民金融资产的分流，直接投入到实体经济，按市场的原则配置资源。在国有商业银行改革没有完全到位，放贷效率低下的前提下，发展资本市场，推动直接融资具有紧迫感和重要性。

(四)证券交易税是国家的财源

证券交易税是国家的重要财源之一。在虚拟经济发达国家，证券交易税是一个国家的重要财源。我国的资本市场还不够发达，表现得还不够明显，但已经有所表现。1988 年，我国在深圳开征证券交易印花税以来，证券交易印花税为国家财政做出了重大贡献，并且占 GDP 比重越来越大。2007 年，股市成交 45.7 万亿元，股民向国家财政缴纳 2032 亿元的证券交易印花税，向基金托管银行交纳 45.5 亿元的托管费，使证券公司营业性收入达到 2847 亿元，净利润 1320 亿元，股民在证券市场的交易解决了 58000 证券从业人员的就业问题。2007 年 5 月 30 日是印花税率从0.1％调高到0.3％的第一天，沪深股市共成交4156亿元，投资者缴纳印花税24.94亿元，缴纳手续费、过户费16.62亿元。由于证券交易过程实行电脑管理，凡是成交的由电脑自动扣税，所以证券交易印花税不像其他的海关税、营业税等容易逃税、漏税，并且证券交易人不管盈亏，交易就交税，从不漏税，股民永远是最好的纳税人。

（五）对宏观调控机制的影响

证券市场具有发挥调控货币流通量的作用。货币流通量与货币流通必要量相适应是经济均衡发展的重要前提。货币流通量取决于货币供给量。中央银行作为国家货币政策的制定与实施部门，主要依靠存款准备金、公开市场业务、再贴现和利率等政策工具进行宏观经济调控。其中，公开市场业务就是中央银行通过在证券市场上买卖国债等有价证券，从而调节货币供应量。在经济过热、需要减少货币供应时，中央银行卖出债券、收回金融机构或公众持有的一部分货币，从而抑制经济的过热运行。当经济萧条、需要增加货币供应量时，中央银行便买入债券，增加货币的投放。2008年9月末，中央人民银行累计办理再贴现93.3亿元，再贴现余额为44亿元，这显示银行流动性不足，向我国人民银行再贴现贷款增加。

2007—2008年6月末，国家先后六次提高商业银行存贷款基准利率，十四次提高商业银行的存款准备金率。现行的银行准备金率为17.5％，冻结银行资金78750亿元，使货币扩张乘数由去年同期的4.57降到现在的3.84，对控制经济过热作用很大。党中央、国务院要求把保持经济平稳较快发展、控制物价过快上涨作为宏观调控的首要任务，把抑制通货膨胀放在突出位置。

但在2008年9月16日、10月9日、10月30日，中国人民银行为了保经济增长和稳定市场预期，连续三次下调金融机构存贷款基准利率。

2008年,中国人民银行分别于9月、10月两次下调金融机构人民币存款准备金率,合计1.5个百分点,释放流动性6825亿元。这也说明了规模以上企业的发展面临的形式非常严峻,反映了华尔街金融风暴对我国经济潜在的威胁。这是对全国有6.7万家规模以上中小企业倒闭及华尔街金融风暴的应急反映。

通过公开市场操作调控基础货币,意味着货币政策关注证券的价格、关注资金的价格、关注证券市场的流动性需求;意味着金融市场对宏观政策的作用机制和效果有很重要的影响,进一步意味着宏观调控使用市场手段、借助了虚拟经济的行为。

二、虚拟经济对实体经济发展的消极作用

虚拟经济的发展增加了实体经济运行的不确定性和投机风险。虚拟资本以信用化形态进入生产或服务领域,虚拟经济就与实体经济之间形成了互动,增加实体经济的不确定性和风险。虚拟经济过度膨胀,金融市场存在大量投机和炒作行为,大量资金停留在活期账户上,这样会减少进入实体经济的资金,从而降低资金有效利用率。

虚拟经济的扩张能够引发泡沫经济产生。金融运行本身就具有脆弱性,从根本上讲金融运行是建立在信用链条上的,由于各种原因,一旦某一环节发生断裂,就会引发连锁反应,产生危机,虚拟经济的发展使金融体系具有更大的脆弱性。由于虚拟经济具有相对独立性,一旦虚拟经济脱离实体经济的现实需要而单独扩张时,就会使经济虚拟化而产生泡沫经济,造成虚假的经济繁荣,严重时会导致金融危机,而最终致使宏观经济衰退。

三、虚拟经济是相对独立的经济活动领域

虚拟经济是实体经济发展到一定阶段的产物，但它自身又是一个相对独立的经济活动领域。虚拟经济的规模经常会与实体经济规模有很大的偏离。如股票，其所代表的实际资产已经被投入企业的生产经营过程中去创造价值和利润，而股票本身又在资本市场上流通转让，甚至被当作交易对象进行买卖，成为与其所代表的实物资本相对应的另一套资本的载体。这些股票又可能衍生出股票期权、期货合约或股票指数期权期货合约，与同一套实物资本相对应的可能是几套，甚至几十套虚拟资本。全球虚拟经济的总规模已经大大超过了实体经济，2000 年年底全球虚拟经济的总量已达 160 万亿美元，其中股票市值和债券余额约为 65 万亿美元，金融衍生工具柜台交易额约为 95 万亿美元，而当年各国国民生产总值的总和只有约 30 万亿美元，即虚拟经济的规模已达实体经济的 5 倍。尽管如此，虚拟经济的发展仍然受到实体经济的制约。虚拟经济和实体经济的运行经常出现非同步性。虚拟经济是经济全球化、信息化和金融自由化的产物，它是资本脱离实体经济而独立运动的经济，其具有高流动性、超速增殖性、高风险性的特征并且对资本投入有溢出效应和报酬递增的特点。正是由于虚拟经济的上述特征，使得虚拟经济独立运行，并与实体经济共同发展，成为现代经济领域的两大支柱，为社会经济的发展做出了很大贡献。

企业的发展壮大离不开金融市场发展。就我国而言，自改革开放以来，金融市场体系已经初步建立。我国已经基本建立了证券期货市场、货币市场和银行间外汇市场。金融市场参与主体日益多元化，不仅包括商业银行、社会保障基金、信托公司、保险公司和证券公司，自 2003 年起，还引入合格的境外机构投资者(QFII)，对我国金融市场发展发挥了重要作

用。市场产品的逐步多样化，不仅包括金融债、国债、中央银行票据，公司股本和债务性债券，而且在证券和银行业产品方面不断推陈出新。ABS（资产担保证券）、MBS（低押贷款证券化）、CDO（担保债务凭证）等银行类创新产品、开放式基金等证券类创新产品都有强烈的需求。跨市场的金融创新产品不断出现，例如货币市场基金的出现，银行信贷资产证券化的发展等，所有的这些都为企业的发展提供了强大的金融支持。但是和发达国家相比，我国的金融市场还是存在产品匮乏、简单化的问题，金融深化程度还不足，在不少方面还存在创新压抑的现象和问题。

首先，随着我国加入世贸组织过渡期的结束，随着国民待遇的实现，市场准入的逐步放松，金融业面临的国际竞争将进一步加大。加入世界贸易组织的承诺和我国自身经济发展的需要均要求我国必须加快金融市场的发展。其次，随着市场的逐步开放，经济全球化的不断进展，2003 年我国经济贸易依存度已达 60%。越来越多的企业涉足国际业务，客观上需要我国的金融机构为企业公司客户提供包括套期保值、风险控制、外汇理财等在内的一系列金融服务，市场需求的不断扩大为金融市场的发展和金融产品的发展提供了契机。然后，随着对外开放的深入，我国将进一步完善汇率形成机制，逐步取消不适宜的外汇管制措施，最终实现人民币资本项目可兑换，这些都要求金融市场进一步发展，金融产品要进一步多样化。要发展全方位、多层次的金融市场体系，为企业经营提供良好服务。

在建立了证券业监督管理委员会、银行业监督管理委员会、保险业监督管理委员会之后，我国已经基本形成了功能监管的格局，为金融业的稳健发展和金融风险的有效防范发挥了重要作用。与此同时，应该看到，市场需求的不断变化，客观上要求金融资源能够在不同的市场之间进行合理有效配置。例如，公司客户在贷款需求的基础上，有更多的投资理财、套期保值、保险业务的需求，居民个人在存款需求的基础上，有了进一步的消费信贷、住房贷款、甚至投资理财、养老保险等多种需求。交叉业务的产生和发展为改变不合理的直接融资和间接融资的比例关系带来了新的可能。

四、虚拟经济的发展受到实体经济的制约

虚拟经济是市场经济高度发展的产物。没有实体经济的发展，就没有虚拟经济。虚拟经济的载体是股票、债券等有价证券，而这些有价证券的发展规模是由实体经济发展的需要决定的，实体经济运行状况和有价证券的发行规模又制约着虚拟资本的交易规模。金融衍生工具也决定于实体经济活动的规模和需要，一定的实体经济活动规模决定了虚拟经济规模不可能无限膨胀。实体经济的状况是虚拟经济健康运行的基础，实体经济状况良好，则虚拟经济的运行就有了坚实的物质基础，反之，虚拟经济的运行就会受到影响。

如果没有实体经济的支撑，虚拟资本的运行在实际资本的增值运动受阻时迟早会难以进行下去。当虚拟经济发展到泡沫经济的时候，如果控制不当，就会引发金融危机、使市场失灵和宏观调控失灵。日本泡沫经济的破裂、墨西哥和巴西的金融危机以及东亚金融风暴，情况虽然千差万别，但从经济泡沫到形成泡沫经济直至爆发经济危机，这一过程都是由于虚拟经济过度发展，实体经济运行结构不合理造成的。

五、虚拟经济和实体经济的运行经常出现非同步性

世界金融交易量占世界 GDP 的比重这一指标可以从宏观总量上来衡量虚拟经济与实体经济的不同发展情况。1996 年，世界金融交易量占世界实际 GDP 的比重为 1142.70%；1997 年，世界金融交易量占世界实

际 GDP 的比重为 1275.37%;1998 年,世界金融交易量占世界实际 GDP 的比重为 1315.93;1999 年,世界金融交易量占世界实际 GDP 的比重为 1096.64%;2000 年,世界金融交易量占世界实际 GDP 的比重为 827.78%。由此可见,全球虚拟经济的发展速度越来越快,虚拟经济与实体经济的发展呈现出非同步性。

虚拟经济是经济全球化、信息化和金融自由化的产物,它是资本脱离实体经济而独立运动的经济,其具有高流动性、超速增殖性、高风险性的特征,并且对资本投入有溢出效应和报酬递增的特点。正是由于虚拟经济的上述特征,使得虚拟经济独立运行,并与实体经济共同发展,成为现代经济领域的两大支柱,为社会经济的发展做出了很大贡献。

现代市场经济是实体经济与虚拟经济相互依存、相互作用的辩证统一体。因此,党的十六大报告明确提出,正确处理虚拟经济和实体经济的关系。要促进虚拟经济与实体经济和谐发展,应做到以下几点。

首先,研究虚拟经济运行的客观规律,为其健康发展提供理论指导。虚拟经济的产生和发展是不以人的主观意志为转移的客观历史发展进程,因此,从历史客观性和必然性的角度来对待和研究虚拟经济的发展规律,认真研究国外发展虚拟经济的经验和教训,为我国虚拟经济的稳定和健康发展提供借鉴和启示。在发达的市场经济国家,既有发展虚拟经济,促进实体经济增长的成功经验,也有虚拟经济发展过度,导致泡沫经济破灭的教训。还有一些新兴工业化国家和地区,在实现工业化过程中出现的虚拟经济混乱和失控问题,都值得我们去认真地研究和借鉴。

其次,夯实虚拟经济发展的基础。虚拟经济是在实体经济的基础上产生的,虚拟经济发展取决于实体经济结构的合理性与其细胞——企业的活性。我国发展虚拟经济时需考虑以下几个方面:一是在产业选择上要以新技术产业、高增长产业、有发展优势的产业和经济支柱产业为对象,为其提供虚拟化支持;二是实施中小企业发展的资本虚拟化战略,开创中小企业融资的新思路；三是规范上市公司的产生机制，并对现有业绩较差的公司进行以资产重组等为内容的产权运作，以便从整体上提高上市公司的质量。

再次，促进虚拟经济自身的发展。一是在提高效率、规范运作的条件下积极发展资本市场。二是认真研究探索，促进金融创新。我国目前的虚拟经济活动大多限于传统虚拟资本交易的范畴。我国金融工具和金融品种较少，创新型的虚拟资本形式及其交易方式更是少得可怜。为改变这种情况，我们应借鉴西方国家金融创新的经验，积极探索虚拟资本的新形式以及虚拟资本交易的新技术。应当把开发具有避险功能的各种衍生金融工具作为虚拟经济创新的重点，增加金融品种，提高服务质量。三是大力发展机构投资者，在成熟的资本市场上，机构投资者是市场的主要角色；四是适应国际竞争需要，大力培训金融专业人才。

最后，提高金融监管水平，建立虚拟经济演变成泡沫经济的预警机制。我国虚拟经济中的最大问题莫过金融机构普遍存在的巨额不良资产。它不仅导致了“金融泡沫”的形成，而且加大了爆发金融危机的可能性，因此，必须想方设法予以化解。应加强管理与监督，促进资本市场平稳运行。我们一方面应在对证券市场准确定位的基础上保持证券市场政策的连续性，减少政府对市场运行的直接干预；另一方面，应根据《证券法》的规定进行严格的市场监管，杜绝一切形式的市场操纵行为，抑制过度投机。应建立严密的监控体系，防范衍生金融工具的风险，既要制定和完善相关法律法规，又建立健全衍生金融工具交易主体的内部监控制度和监控方法。

六、推动投资、消费发展战略，直接拉动区内经济增长

广西作为后发展地区，正处于工业化由初期向中期过渡阶段，要加快

广西的经济发展，主要力量还是要依靠投资拉动，因此必须充分发挥投资对经济增长的主导拉动作用，加大基础设施建设，加快重大工业项目布局，培育壮大广西的产业集群。

要实现投资、消费、出口三者的协调发展，可以说首先要抓住扩大投资，没有一定规模、效益的投资，那么整个经济增长就缺乏发展动力。在扩大投资的同时又要保持投资规模的适度增长，这就要求多渠道筹措资金，扩大利用金融资本，切实改善投资环境。

从资金的渠道来说，第一是要千方百计利用好银行投资；第二个是我们要充分利用资本市场；第三个就是要加强招商引资，主要是包括广西以外的民间资本，在全球经济不确定因素增多的大背景下，扩大区内消费与投资，成为推动经济发展的基本立足点、基本点，更是经济增长的突破点，必须采取有力措施扩大商业行为，引导消费、投资，不断满足经济市场的需求，增强消费对经济增长拉动力，让消费带动投资，反过来投资又会带动消费，把经济发展的重点放在满足在居民消费与投资的需求上。

就消费来说，要实施积极的扩大就业的机会，在广西非常落后的社会保障体系中，不断地提高社会经济市场的活力，直接或是间接的，提高居民的消费能力。在经济市场中自治区对外贸易规模仅占全国的 0.4%，外贸依存度仅 11.8%，外贸出口对经济增长的拉动力还有待增强。

加快转变经济发展方式是我国继续应对国际金融危机影响，保持经济平稳较快发展的主要任务之一。促进经济增长由主要依靠投资、出口拉动向依靠消费、投资、出口协调拉动转变，是加快转变经济发展方式的重要内容。随着经济实力的增强，广西把扩大消费作为经济增长主要拉动力的条件已经基本具备。扩大消费需求、改善民生，提高人民生活质量应成为今后广西加快全面建设小康社会进程，实现经济社会又好又快发展的重要举措。

广西社会科学院农村发展研究所所长、研究员杨亚非认为，广西壮族自治区是后发展地区，为改变经济总量小和发展水平低的状况，多年来投资一直是广西实现经济快速增长的决定性因素，成为经济发展的主要拉动力。特别是2009年，为应对金融危机，紧紧围绕“保增长、保民生、保稳定、保持发展良好势头”的总要求和总目标，努力扩大投资规模，全年完成全社会固定资产投资5706.7亿元，增长50.8%，比2008年提高23.6个百分点，增速创自1993年以来的历史新高，比全国水平高出20.7个百分点，实现生产总值7700.36亿元，按可比价格计算，比2008年增长13.9%，经济增长的业绩骄人。

在总体经济实力显著增强，生产能力扩大，居民收入水平和生活质量不断提高的情形下，消费、投资、出口将共同成为经济增长的拉动力，凸显了消费需求是拉动社会经济发展的作用。经济增长不以单纯追求经济增长速度和规模为目的，而是以实现最广大人民群众的根本利益，以人民共享改革开放发展的成果为目标。这就要求继续扩大投资和增大出口的基础上，注重提高居民收入水平，扩大城乡居民消费。

提高居民收入水平，调整收入分配结构。扩大消费需求，基础是提高居民收入，尤其应注重提高中低收入者的收入，提高职工基本工资和最低工资标准，提高农民收入，逐步缩小居民间和城乡间收入差距。广西乡村人口比重较高，2008年城乡居民收入差距比达3.83∶1，2009年1—4月统计仍高达3.88∶1，形势极为严峻。为此，广西壮族自治区应加大对农业农村的投入，发展现代农业，特别要根据当地资源优势发展特色产业，使资源优势转化为产业优势、产品优势和区域竞争力；加快建立覆盖整个乡村居民的社会保障体系，包括加大对农民的教育、医疗、住房保障等公共服务的投入，深化城乡统筹的医疗、教育、住房、养老保险等体制改革等；还应采取强有力举措提高农民就业能力，拓宽农民的就业渠道，加快农村剩余劳动力转移，提高就业率其次，促进消费结构优化升级。拉动和引导消费需求的多样化和品质化，要在巩固扩大传统消费基础上，积极培育信息、旅游、会展、文化、健身、培训、养老、家庭服务等消费热点。同时，加大政策和金融支持及引导，应注重完善消费信贷体系建设，不断改善消费环境，净化消费市场。增大消费需求对经济增长的贡献率，促进消费与经济发展形成良性循环，加快调整产业结构。广西的产业结构还属于较低层次，还不能很好地适应消费结构升级的要求。为此，应充分利用广西的多重和叠加的发展机遇，充分利用工业化和城镇化进程加快的需求，充分利用对外对内开放的需求，加快发展第三产业特别是发展文化、教育、科技、生活服务等产业，并深化和细化这些产业的分工，培育消费增长亮点，以适应消费发展的要求。

在社会主义条件下，我国的消费战略指导思想是：坚持马克思主义的生产与消费的同一性原理，把满足人民生活需要作为整个社会经济增长的最高目标和最终目标；破除自然经济和小生产者封闭式的消费观，树立商品经济的、适应社会化大生产要求的开放式的消费观；提倡合理消费，积极引导消费，充分发挥消费在国民经济良性循环中的作用。消费发展战略以满足人民生活达到一定的规模与水平，最大限度地满足人民物质、文化生活的需要，是社会主义社会、小康生活发展的总战略目标。

根据消费发展总战略目标在各个历史阶段上实现程度的不同，可以将消费发展的总过程区分为不同的战略阶段。我国人民生活消费的发展过程，大体经历四个战略阶段：饥寒阶段、温饱阶段、小康阶段、富裕阶段。在每个大的阶段中，又可划分若干小阶段，这些阶段的划分有相对性，它们互相渗透。例如，在小康阶段，既有继续解决前一阶段上尚未解决的一小部分人的温饱问题，又有使一部分人的生活达到富裕水平、完成下一阶段上的一小部分任务。

在消费发展的每个战略阶段上，既要全面安排生活消费的各个方面，又要重点解决一定的问题。随着加入世贸我国企业的出口利润不断的增长，同时伴随着西方国家的经济危机，国外消费购买力下降，我国经济战略也发生了变化。随着出口战略阶段的推移，启动给内消费市场的政策不断地出台，社会经济结构出现了大幅度的调整。在东部沿海已解决温饱问题的阶段上，吃、穿、住、用，已经不是问题的时候，而西部还处于十分落后的局面。为此在大力发展物质生产和服务业，破除平均主义，合理分配国民收入和改善西部经济，改善流通环节，同时保持物价在基本稳定的基础上一定的合理升降，通过外来消费，投资是直接解决本地区人民生活水平不断地提高。其中，最主要的是生产力的发展与劳动生产率的转化比例直接提高，必须使消费与投资互相促进，协调发展。要在生产发展的基础上，使居民收入不断增加，消费水平日益提高。

在西方国家，虽然没有消费发展战略的提法，但在不少国家的宏观经济政策和计划中都有居民生活消费的内容，如日本的国民收入倍增计划中，规定了居民收入和消费在计划期中将要达到的目标，这实质上也是一种消费发展战略。

北部湾经济区消费指数突破我国的困局。2011 年 1 月 11 日，广西财经学院数学与统计系、市场调查与数据挖掘中心联合发布广西 2010 年第四季度消费者信心指数，数据显示广西北部湾经济区消费者信心指数最高。2010 年 12 月，广西财经学院数学与统计系、市场调查与数据挖掘中心以电脑辅助电话调查（CARI）的方式对广西 14 个市（含城镇和农村地区）的 1728 个消费者进行随机抽查。

消费者信心指数一般取值在 0～200 分之间。在 0～100 之间表示态度“消极”，以 100 表示中立水平；在 100 至 200 之间表示态度“积极”。

广西各市 2010 年第四季度消费者信心指数调查结果显示，北海市消费者信心指数最高，比全区平均水平高 5.79 个百分点，其次是钦州、崇左、南宁、防城港。广西财经学院副院长唐拥军分析，由于广西北部湾经济区是国家战略区域发展经济区，国家及广西重点发展北部湾经济区，所以处于北部湾经济区的南宁市、北海市、钦州市和防城港市的投资和经济发展迅速,有利于消费者信心指数的提高。另外数据显示,广西消费者经济发展信心总指数为118.50,说明广西消费者对于将来广西经济景气状况依然保持比较乐观的态度;广西消费者就业信心总指数为100.07,广西就业预期指数为104.63,表明广西消费者对将来就业抱着尚好的态度。而消费者对广西物价水平满意度和购房满意度等均较低。

随着"十二五"规划的制定与落实,以国内特色需求为主导北部湾经济增长模式将能够得到有识之士的确认。广西在2001年8月推出的"百企入桂"的品牌消费才刚刚有了用武之地,哪怕每年只有1%的人加入到这个队伍中来,那么就会创造出巨大的社会需求。总之,在虚拟资本市场以满足内需为核心的消费概念,在"十二五"期间有非常良好的运行环境。如果说它们在数年内将有所表现的话,那么无疑在广义上,其虚拟资本行情将是跨年度的,它以重点满足内需为主的消费,将有望得到进一步的快速发展。在这里,投资者可以发现有很多很好的投资机会存在。

第五节　北部湾经济区迎来发展机遇

2010年,广西提出坚持"四个非常"抓住"八大重点",实现北部湾经济区发展新突破新跨,举全区之力加快推进北部湾经济区大产业、大港口、大交通、大物流、大城建、大旅游、大招商、大文化发展,推动北部湾经济区取得重点突破,实现跨越发展,开创全新局面。

做强大产业,加快形成产业集群

重点产业园区建设是北部湾经济区发展新的突破口,是当前和今后一段时期北部湾经济区开放开发工作的重点。《北部湾经济区重点产业园区布局规划》已经在自治区政府专题会审议通过。纳入规划的重点产业园区有29个,其中自治区重点支持的11个,各市重点推进的18个。这29个重点产业园区到2015年预计可实现总产值1.11万亿元。

自治区重点支持的11个重点产业园区，南宁、北海、钦州、防城港市每市两个，玉林、崇左市每市1个和自治区直管的钦州保税港区。作为自治区统筹推进的重点，集合各方面的力量抓好，以最快的速度把园区的基础设施配套完善，吸引更多的企业落户园区，迅速壮大产业。自治区重点支持的这些园区有：南宁—东盟经济开发区（含台湾（南宁）轻纺产业园）、南宁六景工业园区、北海电子产业园、北海铁山港工业区、防城港企沙工业区、防城港大西南临港工业园、广西钦州保税港区、钦州石化产业区（含台湾（钦州）石化产业园）、钦州港综合物流加工区（含湖南（钦州）临港产业园）、玉林龙潭产业园、广西凭祥综合保税区。

建设大港口，加快建成区域性国际航运中心

港口是北部湾经济区开放开发的龙头，是经济区沿海区位优势最直接的体现。沿海港口已经取得很大成绩，广西北部湾经济区将加快建设，力争建成防城港区、钦州港区、北海铁山港区3个亿吨级港区，北部湾港的总体吞吐能力超过3亿吨。建成2个以上30万吨级和2个10万吨级原油码头、2个20万吨级和9个15万吨级的大型矿石和散货码头、8个10万吨级的集装箱专业码头。

广西北部湾经济区将形成生产能力大、功能强、布局合理、分工明确、服务一流，能够全方位为北部湾经济区开放开发服务的现代化港口，加快形成中国—东盟合作的区域性国际航运中心和物流中心。

北部湾经济区沿海岸线是北部湾经济区开放开发的重要资源，对这种不可再生的稀缺型战略资源，经济区将科学、合理、有效、有序的利用和管理。

完善大交通，加快构建区域性国际交通枢纽

大交通是北部湾经济区加快发展的重要前提和基础，是经济区良好区位优势得以发挥的重要条件。广西北部湾经济区将力争全面打通经济区通往周边省市、国家和地区的高速公路、快速铁路通道和大密度的航空通道。届时，将形成南宁到北部湾经济区各城市1小时以内、到广西主要中心城市2小时左右、到周边省会城市3小时左右的快速交通网络。

构筑大物流，加快形成低成本高效率的物流支持体系

中国—东盟自贸区的建成首先带来的是物流的大发展，北部湾经济区将尽快完善大物流的区域布局，使中国—东盟之间的物流加快向北部湾经济区集散。

经济区将初步建成以保税物流体系为核心，生产性物流、国际贸易物流、城市商业物流和专业市场协同发展的大物流体系，把物流业培育成北部湾经济区新的经济增长点。

北部湾经济区将抓好保税物流体系建设，同时加快大物流网络构建，此外还将加快物流服务平台的信息化建设，统筹整合现有的物流信息网络，建成海关、商务、税务、交通管理、银行、工商、质检等部门共享的综合物流信息平台，提高物流服务公共管理水平；完善电子口岸服务网络，提升社会化通关服务水平，形成覆盖北部湾经济区的物流服务信息平台。

推进大城建，加快建设北部湾城市群

加快建设北部湾经济区城市群具有十分重要的现实意义和长远意义。随着工业化、城市化进程加快，人口集聚加速，北部湾经济区城市进入快速发展阶段，特别是城际高速铁路、高速公路的发展，进一步加快了北部湾都市圈的形成，区域同城化趋势越来越明显。

北部湾城市群的建设既要做到快速发展，迅速扩大城市规模，又要有序推进，良性发展，科学发展。按照《广西北部湾经济区城镇群规划纲要》和陆续修编的各市城市总体规划，集中区域，抓住重点，突出特色，务求实效。

发展大旅游，加快打造世界级滨海旅游目的地

按照《北部湾旅游发展规划》，加快发展滨海旅游，打造北部湾经济区成为与地中海、加勒比海等相媲美的世界级滨海旅游目的地。推动区域旅游资源的整合。在产品开发、基础设施建设、旅游路线设计、信息平台构筑等方面整合资源、整体规划、整体开发。进一步完善北部湾经济区旅游规划体系，特别是做好重点旅游区域的总体和详细规划。深度开发旅游资源，加快发展一批具有市场前景和潜力的旅游项目，创建一批国家5A级景区。

实施大招商，集中力量组织重点产业园区招商

招商是引资金聚产业的重要手段，通过大招商，促使资源要素更多、更快地流向经济区。组织重点产业园区开展针对性招商。各个重点园区将根据产业发展定位，做好招商引资项目的策划、包装和储备等相关工作，以点对点专业招商为重点开展招商活动。组织、协调区内企业向重点产业园区集中发展，促进形成产业链，集中规模发展。组织举办“携手四川合作开发北部湾经济区”“桂台港口物流发展与合作论坛”“世界500强对话北部湾”“北部湾经济区保税物流体系和园区发展论坛”“全国知名民营企业兴业北部湾”等系列大型招商推介活动，力争实现招商引资新突破。

发展大文化，加快提升北部湾经济区发展软实力

按照“重心不变、镜头不移、力度不减”的要求，加强资源整合，创新宣传方式，利用各种手段，立体唱响“北部湾品牌”，努力使经济区“时时有高潮，处处有亮点”。发掘特色文化，发展文化产业，创建一批有影响力的文化品牌。充分发掘利用民族文化、海洋文化资源，推进文化产业发展，结合唱响一首北部湾之歌、编好一台北部湾大戏、推出一套北部湾丛书、构建一批北部湾对外交流平台，打造一批北部湾精品文化工程和优势品牌。加快发展教育，构建多层次人才培养网络。充分在整合现有教育资源的基础上，积极利用外部资源，加快高中端人才、职业技术人才培养，完善成人教育体系，形成多层次的人才培养网络，满足产业发展的人才需求。大力发展体育产业，形成几个有影响力的体育品牌赛事。

在广西“十二五”规划中，为推动北部湾经济区率先发展，深入实施广西北部湾经济区发展规划，全面落实国家赋予的各项优惠政策，继续在资源配置、产业布局、重大项目、政策支持等方面加大倾斜力度，推动产业、港口、交通、物流、城建、旅游、招商、文化等实现大发展，充分发挥北部湾经济区引领带动作用。加快推进钢铁、石化、核电、铜镍、林浆纸、电子信息、机械设备制造、新能源等重大项目布局建设，完善国家级和自治区级重点工业园区基础设施，培育壮大防城港钢铁深加工，钦州和北海石化及林浆纸，南宁铝深加工，北海、南宁和钦州电子信息，防城港、铁山港等有色金属深加工，南宁生物高技术，北部湾港域临港粮油、海产品加工等产业集群，尽快建成我国沿海现代重化产业基地。加快扩大北部湾港吞吐能力，完善港口集疏运体系并与周边地区对接的铁路、公路、管道、航道等基础设施和物流设施，尽快建成我国沿海重要枢纽港和连接多区域的重要物流枢纽。统筹推进陆海旅游，提升滨海、岛屿、港湾、跨国等旅游精品，使其成为国际旅游新热点。挖掘海洋文化资源，创新海洋文化与地域民族文化相结合的产业发展模式，构筑国际海洋文化新基地。推动行政管理、财政、金融、投融资、土地和招商机制等综合配套改革实现新突破，扩大沿海沿边和重点区域开放合作形成新优势，引进高素质人才建立人力资源新高地。尽快打造成为重要国际区域经济合作区，构建具有全国重要影响的经济增长新一极。到 2015 年，力争北部湾经济区生产总值占全区比重达到 40%以上。

广西北部湾经济区已进入了一个千帆竞发、激情四射的跨越发展时期。北部湾经济区正劈波斩浪前行，在全球经济、区域经济一体化中迅速崛起！

激情北部湾

构建“沿海经济发展新一极”，产业发展是核心支撑力。抓住北部湾经济区发展纳入国家发展战略的重大机遇，以重点产业园区建设为突破口，以超常规思路和举措推进大发展、大突破、大跨越。

2012 年 1 月－10 月北海市完成规模以上工业总产值 700 亿元，超 2011 年 150 亿元，同比增长 58.49％。

这令人振奋的数据是北海在宏观经济整体下行压力较大、工业投资放缓的情况下，以实施抓大壮小扶微工程为抓手，强力推进三个千亿元产业发展和传统优势产业优化升级取得的漂亮业绩。

据统计，2012 年 1 月－10 月，北海地区生产总值、财政收入、规模以上工业总产值和增加值四项主要经济指标增速分别为 21.5％、70％、58.5％、51.5％，增幅均排全区第一，呈现跨越发展态势，为全面实现北海三年跨越发展工程目标奠定了坚实基础。

电子信息产业是北海的优势产业，也是北海重点培育的千亿元产业之一。2012 年 1 月－10 月，北海电子信息产业（含服务业）完成 316.5 亿元。其中，规模以上电子信息制造业完成 249.7 亿元，比增 5.4％。

作为传统优势产业，北海农产品加工业 2012 年 1 月－10 月完成产值 101.5 亿元，其中，规模以上农产品加工业完成 86.9 亿元。

2012 年 1 月－10 月，北海市港口货物吞吐量累计完成 1359.21 万吨，比增 31.70％，已超过去年全年货物吞吐量，为去年全年吞吐量的 108.69％。其中集装箱吞吐量完成 59048 标箱，比增 12.62％；旅客吞吐量完成 25.10 万人次，比增 22.67％，涠洲岛港区间客运量 90.25 万人次，比增 65.45％。

北海市根据广西自治区《关于实施抓大壮小扶微工程的意见》，制订了北海《关于实施抓大壮小扶微工程的意见》及四个配套实施方案：《加快推进我市百亿元工业企业工程实施方案》《加快推进我市十亿元工业企业工程实施方案》《加快推进我市亿元工业企业工程实施方案》《加快推进我市小型企业上规模工程实施方案》，确定了一批重点培育企业。通过实施抓大壮小扶微工程，北海市重大项目拉动效应明显，重点企业贡献突出。

图 14　日益繁忙的铁山港码头

在技术创新能耗降方面，北海市坚持以节能技改项目为工业节能的主要抓手，认真组织企业开展节能技改项目建设。根据北海规模上工业综合能源消费的实际运行情况，北海先后为攀钢集团北海特种铁合金有限公司铁合金节能减排综合工程等 8 个节能项目争取自治区节能技术改造财政奖励项目资金，推动北海节能降耗工作。

速度北部湾

广西地处华南经济圈、西南经济圈与东盟经济圈的结合部，与东部、中部和西部三大地区相连，沿江、沿海、沿边，是我国唯一与东盟国家既有陆地又有海上通道的省区，在中国与东盟、泛北部湾、泛珠三角等国际国内区域合作中具有重要的战略地位和作用。

用开放的眼光重新审视自己，“神经末梢”可以成为“区域枢纽”。启动北部湾经济区开放开发，就是将独特的区位优势变成现实的经济优势。

从 2006 年北部湾经济区成立到 2009 年，广西北部湾经济区生产总值从 1434 亿元增加到 2450 亿元，年均增长 16.7%。2009 年，在国际金融危机的严重冲击下，北部湾经济区生产总值增长 15.9%，比全区高 2 个百分点，比全国高出 7.2 个百分点。

“北部湾速度”在刷新纪录，更在创造历史。“北部湾速度”在北海也得到了最鲜明的体现。

截至2012年12月24日，北海全市财政收入完成1000010万元，完成调整任务数的100.00%，同比增长73.79%，提前实现2012年全年财政收入目标。北海财政收入首次突破百亿元大关，成为广西第五个财政收入超百亿元的地市。

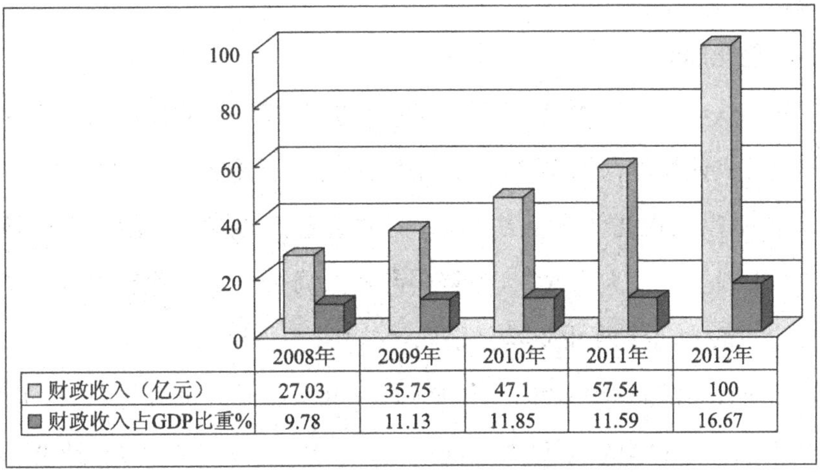

图15　北海市2008—2012年财政收入情况

2012年是北海实施三年跨越发展工程的决战之年。北海以项目建设为抓手，进一步加大招商引资力度，扶持壮大千亿元产业，电子信息、石油化工、临港新材料三大产业蓬勃发展，产业支撑作用明显增强，拉动北海经济特别是工业经济高速发展。

北海市旅游、商贸、金融等现代服务业全面繁荣，促进了产业结构的优化调整，加快了转变经济发展方式的步伐，经济发展质量明显提高。加大产业项目建设力度，加快基础设施和固定资产投资建设，产业链条逐步形成，园区集聚效应逐步显现，多家规模较大的龙头企业成为工业发展的中坚力量，为北海经济持续快速发展源源不断注入新的活力，为实现北海三年跨越发展宏伟目标夯实基础,也促进了经济发展与财政增收的良性互动。

2012年上半年,北海市财政收入拉动广西财政收入增长2个百分点(9月为2.6个百分点,11月为2.9个百分点),并圆满实现百亿元目标任务。2009年至2012年,北海财政收入分别突破35亿、45亿、55亿、100亿大关。从2008年的27.03亿到2012年的100亿,短短五年,翻了近两番。

希望北部湾

在加快广西北部湾经济区产业发展的号角声中,北部湾重点产业园区加快开发建设的浪潮澎湃。北部湾经济区设立专项资金加快重点产业园区建设,以实现北部湾经济区向外的通道更宽、更畅通、更便宜,经济区内的产业投资环境大为改善,为重大产业布局和东部产业转移准备了必要的基础条件,推动了北部湾经济区经济快速发展。

广西自治区政府在区内乃至全国,建设和形成一批有特色、有实力、有影响力的产业园区,通过发展园区,形成产业集聚。纳入《广西北部湾经济区重点产业园区布局规划》的产业园区共有29个,其中自治区重点支持的11个。将集中力量把这11个重点产业园区建设好,力争形成有实力、有影响、有特色的临海产业工业体系、出口加工产业体系和保税物流产业体系。

南宁—东盟经济开发区:重点发展轻纺、食品、机械与电子、家具与五金等四个主导产业,2012年,开发区工业产值预计达到105亿元,工业产值达到200亿元;南宁六景工业园:园区将重点发展制浆造纸、火电能源、化工、茧丝绸加工、农副产品加工、人造板生产、钢结构等产业,到2012年,预计实现工业总产值100亿元,工业增加值30亿元。

北海铁山港工业区:重点发展能源、化工、林浆纸、船舶修造、港口机械等临港产业及配套产业。目前,工业区已签订合同15个,合同金额约

672 亿元，主要项目有北海炼油异地改造石化项目、北海诚德新材料生产项目、运德集团北部湾物流中心项目、圣安时代“一指键”智能系统项目等。2012 年，实现临港产业产值 300 亿元。北海市电子产业园，集电子产品生产加工、研发、交易、物流、商务生活为一体，2012 年实现产值达到 150 亿元。

广西钦州保税港区：以石油、有色金属、汽车、洋酒和冷鲜食品的存储、配送、分拨、交易展示为重点，尽快形成集散地和枢纽中心；钦州石化产业园，2012 年产值预计达 800 亿元。

防城港企沙工业区：以钢材深加工、海洋工程、机械装备制造、有色金属加工产业为主，2012 年产值预计达 300 亿元；大西南临港工业园，重型钢结构、特种设备、海洋机械等制造产业、磷化产业研发等产业，2012 年产值预计达 150 亿元。

北部湾经济区从港口一体化到临海产业一体化的战略构想，正在变成现实，一个个产业集群沿着 1629 公里的海岸线拉开了跨越发展的态势，金融、商贸、物流的南宁组团，临海重化工的钦防组团，林浆纸、加工贸易的铁山港组团，边境出口加工、商贸的东兴组团，海滨旅游、高技术制造的北海组团，正构建起北部湾新一轮发展的动力源。

2011 年，北海市政府与中国电信广西公司协议约定，在“十二五”期间，中国电信广西公司将投入 4 亿元以上，通过加强通信基础设施及信息服务等建设，打造“智慧北海”，全力为推进北海三年跨越发展工程作贡献。

“智慧城市”建设，是中国电信广西公司利用自身先进的 3G 通信技术和大容量、高速率、立体化的宽带信息网络体系，快速提升北海市信息化应用基础能力。中国电信广西公司将在北海实施“宽带北海·光网城市”工程，加快智慧城市建设，助力推进“智慧政务”“智慧民生”“智慧产业”三大工程、13 个重点项目全面突破，推动服务型政府的效能提升和信

图 16　北海市领导启动象征“智慧北海”项目的水晶球

息惠民，为发展创新型经济注入活力，以信息化钥匙开启“智慧北海”的大门。

北海市市委副书记、市长周家斌说，启动“智慧城市”建设，标志着双方合作进入了新阶段，对于北海加快建设服务型政府、转变经济发展方式、促进城乡公共服务均等化，都将起到重要的推动作用。

2012 年 12 月，对广西北部湾经济区具有战略发展意义的《北海电子信息产业基地建设规划(2012—2020 年)》，通过了广西自治区相关部门组织的专家评审。按照规划，2015 年北海电子信息产业目标销售收入将突破 1000 亿元，到 2020 年计划超过 1800 亿元。

北部湾硅谷的发展规划过审有利于进一步提升广西区域的整体发展水平，将会对广西北部湾电子信息产业产生积极影响，并会形成产业规模、产品质量、科学技术水平的重大跨越。随着多家知名电子信息企业的入驻，北海地区经济建设迎来新的发展机遇，从而带动当地基础建设、商贸、物流等企业的发展，也成为广西地区上市公司的“造血剂”。

2012年12月25日，北海市委常委会召开会议，会议指出北海市各级各部门要认真学习领会，切实把思想和行动统一到中央的决策部署上来，统一到广西自治区党委对“广西最突出的优势在区位，最根本的出路在开放”的判断上来，大力改进作风，抓好落实，科学谋划安排好2013年北海经济工作。

会议强调，一要认真吃透中央和全区经济工作会议精神。2013年是全面贯彻落实十八大精神的开局之年，是实施“十二五”规划承前启后的关键一年，是为全面建成小康社会奠定坚实基础的重要一年。北海以积极进取的精神和扎实有效的措施，突出以好促稳、以快求进，以提高经济增长质量和效益为中心，把2013年的经济工作做好。

二是要结合北海的实际，谋划好明年的经济工作。努力实施北海三年跨越发展工程，要着力进一步提升产业水平、扩大产业产能，不断壮大实体经济，确保我市经济持续较快发展。

三是要突出重点，紧紧抓住影响北海经济发展的重点产业、重点项目、重点环节不放松。要扩大中石化北海炼化、诚德新材料、建兴电子等重大项目产能建设。

四是要努力保障和改善民生，夯实北海率先在全区全面建成小康社会的基础。要把关注民生，解决好民生问题作为工作的重点，要按照全面建成小康社会的25项指标，逐年逐项进行细化落实。同时，要加快城镇化进程，推动统筹城乡发展步伐。要坚持不懈地加强城市建设管理工作，不断提升城市品位和管理水平。

五是坚决贯彻落实中央改进工作作风、密切联系群众的八项规定的精神。加强制度建设，落实执行好相关的规定，保持艰苦奋斗的作风，做到与群众一块过、一块干，推动北海实现新的更高水平的跨越发展。

六是要加强经济规律的研究，找准切合北海实际，实现又好又快持续发展的路子。

2012年12月15日至16日，中央经济工作会议在北京召开，会议的召开既是对过去一年全国经济工作的总结，也是对2013年全国整体经济工作的部署。

2013年是贯彻落实党的十八大精神的开局之年，是实施"十二五"规划的关键之年，是为全面建成小康社会奠定坚实基础的重要一年。从国际和国内形势看，有机遇也有挑战，希望和困难并存。

本次中央经济工作会议明确提出了"以更大的政治勇气和智慧推动下一步改革"。会议同时还要求"提出改革总体方案、路线图、时间表"。这些表述都凸显出中共中央高层推动改革的决心和行动力。

"改革"已成为党的十八大召开以来最热门的词汇之一，也被认为是解决中国经济问题最根本的举措。中央领导人明显关注到了这一问题。国务院副总理李克强说，改革是我国最大的红利。"改革目前已进入攻坚区、深水区，下一步的改革，不仅是解放思想、更新观念，更多方面的改革是要打破固有利益格局，调整利益预期。这既需要政治勇气和胆识，同时还需要智慧和系统的知识。"在谈到下一步的改革步骤时，李克强说："改革要既有顶层设计，又尊重基层的首创精神。"

2012年中央经济工作会议，确定以提高经济增长质量和效益为中心，继续"稳中求进"，明确提出了2013年全国经济工作的六项任务。

2013年全国经济工作的主要任务：

(一)加强和改善宏观调控，促进经济持续健康发展；

(二)夯实农业基础，保障农产品供给；

(三)加快调整产业结构，提高产业整体素质；

(四)积极稳妥推进城镇化，着力提高城镇化质量；

(五)加强民生保障，提高人民生活水平；

(六)全面深化经济体制改革，坚定不移扩大开放。

同时，在本次会议中，可以发现中央针对经济工作的大方向，而"改革”“路线图”“空谈误国”“质量和效益”“民生”“内需”“城镇化”也成为在会议上常出现的词汇。

而在中央经济工作会议结束后不久，2012 年 12 月 19 日，中共中央政治局常委、国务院副总理李克强在北京主持召开经济社会发展和改革调研工作座谈会。

李克强指出，面对世界经济低迷的趋势，中国作为大国要立足内需，城镇化就是最大的内需，要把这个潜力发挥出来，还要靠改革。推动城镇化，把农民工逐步转为城市市民，需要推进户籍制度改革；城镇基础设施和保障房建设，还要完善融资和管理机制；城镇化必须确保粮食安全，这关系到严格保护耕地和发展现代农业等问题，也要靠改革的办法来推动。把城镇化最大潜力和改革最大红利结合起来，形成叠加效应，中国经济就有长久持续的动力。

李克强还强调，改革要打破部门、行业利益和固有格局，抓住关键环节。要深化投融资体制改革，促进结构调整，培育地方主体税种，增强地方自主发展力量。改革既要有勇气推进，又要有智慧把握。

李克强最后说，谋划发展与改革，是为了让群众更多受益。要深入基层，了解基层有什么困难；走进群众，倾听群众有什么期盼。

2012 年 12 月 23 日，中共广西壮族自治区委员会书记彭清华在南宁开幕的广西全区经济工作会议上要求善用“底线思维”，凡事从坏处准备，争取最好的结果；要保持广西经济增长高于全国平均水平的“广西速度”，与全国同步全面建成小康社会。

在全国实施经济改革的大环境下，广西把中央经济工作会议部署落实到各项经济工作中去，研究制定广西经济工作的具体意见和方案。明确做好 2013 年经济工作的基本要求，提出经济社会发展的目标任务和工作措施；制定实施城镇居民收入倍增计划和农民收入倍增计划；加快产业转型升级；加快推进新型城镇化步伐，提高县域城镇化发展水平；进一步扩大内需,特别是消费需求;更加关注教育、就业、分配、医疗、住房等民生问题;坚持深化改革开放。

彭清华指出,抓好2013年广西经济工作要把握好"如何突破经济结构调整的难点"。广西资源型工业所占比重大,以原材料供应为主,产业链不长,抓好延长产业链至关重要。抓好2013年广西经济工作还要把握好"加快工业化、城镇化,培育更多经济增长点。"加快工业化是广西经济的增长点,而城镇化是扩大内需的最大潜力所在,也是广西新的经济增长点。

彭清华还分析指出,广西最突出的优势在区位,最大的机遇在开放,广西已经实现了从末梢到对东盟开放前沿的历史转变。2013年是中国一东盟博览会10周年、中国一东盟建立战略伙伴关系10周年,也是广西北部湾经济区建设实施5周年,广西要用好国家给予广西的开放合作大平台、大政策、大机遇,在扩大开放中赢得更多发展资源和机会。

在新形势下,广西针对北部湾经济区进入全面开放开放新阶段转折时期的发展方向,点明了北部湾经济区具备成为带动区域发展的开放高地良好基础。

广西北部湾经济区要认真学习和深刻领会党的十八大报告精神,更加自觉地把思想和行动统一到党的十八大精神上来。深刻领会和全面把握过去五年成就和十年历程的科学总结,深刻领会和全面把握科学发展观新的历史定位,深刻领会和全面把握全面建成小康社会的战略部署,深刻领会和全面把握推进党的建设新的伟大工程的总体要求,充分发挥职能作用,推动北部湾经济区工作迈上新台阶。

附　录

《推动共建丝绸之路经济带和21世纪海上丝绸之路的愿景与行动》

国家发展改革委、外交部、商务部2015年3月28日经国务院授权，联合发布了《推动共建丝绸之路经济带和21世纪海上丝绸之路的愿景与行动》，全文如下。

推动共建丝绸之路经济带和21世纪海上丝绸之路的愿景与行动

国家发展改革委 外交部　商务部

目　录

前言
一、时代背景
二、共建原则
三、框架思路
四、合作重点
五、合作机制
六、中国各地方开放态势
七、中国积极行动
八、共创美好未来

前　言

2000多年前，亚欧大陆上勤劳勇敢的人民，探索出多条连接亚欧非几大文明的贸易和人文交流通路，后人将其统称为“丝绸之路”。千百年来，“和平合作、开放包容、互学互鉴、互利共赢”的丝绸之路精神薪火相传，推进了人类文明进步，是促进沿线各国繁荣发展的重要纽带，是东西方交流合作的象征，是世界各国共有的历史文化遗产。

进入21世纪，在以和平、发展、合作、共赢为主题的新时代，面对复苏乏力的全球经济形势，纷繁复杂的国际和地区局面，传承和弘扬丝绸之路精神更显重要和珍贵。

2013年9月和10月，中国国家主席习近平在出访中亚和东南亚国家期间，先后提出共建“丝绸之路经济带”和“21世纪海上丝绸之路”（以下简称“一带一路”）的重大倡议，得到国际社会高度关注。中国国务院总理李克强参加2013年中国—东盟博览会时强调，铺就面向东盟的海上丝绸之路，打造带动腹地发展的战略支点。加快“一带一路”建设，有利于促进沿线各国经济繁荣与区域经济合作，加强不同文明交流互鉴，促进世界和平发展，是一项造福世界各国人民的伟大事业。

“一带一路”建设是一项系统工程，要坚持共商、共建、共享原则，积极推进沿线国家发展战略的相互对接。为推进实施“一带一路”重大倡议，让古丝绸之路焕发新的生机活力，以新的形式使亚欧非各国联系更加紧密，互利合作迈向新的历史高度，中国政府特制定并发布《推动共建丝绸之路经济带和21世纪海上丝绸之路的愿景与行动》。

一、时代背景

当今世界正发生复杂深刻的变化，国际金融危机深层次影响继续显现，世界经济缓慢复苏、发展分化，国际投资贸易格局和多边投资贸易规则酝酿深刻调整,各国面临的发展问题依然严峻。共建"一带一路"顺应世界多极化、经济全球化、文化多样化、社会信息化的潮流,秉持开放的区域合作精神,致力于维护全球自由贸易体系和开放型世界经济。共建"一带一路"旨在促进经济要素有序自由流动、资源高效配置和市场深度融合,推动沿线各国实现经济政策协调,开展更大范围、更高水平、更深层次的区域合作,共同打造开放、包容、均衡、普惠的区域经济合作架构。共建"一带一路"符合国际社会的根本利益,彰显人类社会共同理想和美好追求,是国际合作以及全球治理新模式的积极探索,将为世界和平发展增添新的正能量。

共建"一带一路"致力于亚欧非大陆及附近海洋的互联互通,建立和加强沿线各国互联互通伙伴关系,构建全方位、多层次、复合型的互联互通网络,实现沿线各国多元、自主、平衡、可持续的发展。"一带一路"的互联互通项目将推动沿线各国发展战略的对接与耦合,发掘区域内市场的潜力,促进投资和消费,创造需求和就业,增进沿线各国人民的人文交流与文明互鉴,让各国人民相逢相知、互信互敬,共享和谐、安宁、富裕的生活。

当前,中国经济和世界经济高度关联。中国将一以贯之地坚持对外开放的基本国策,构建全方位开放新格局,深度融入世界经济体系。推进"一带一路"建设既是中国扩大和深化对外开放的需要,也是加强和亚欧非及世界各国互利合作的需要,中国愿意在力所能及的范围内承担更多责任义务,为人类和平发展作出更大的贡献。

二、共建原则

恪守联合国宪章的宗旨和原则。遵守和平共处五项原则,即尊重各国主权和领土完整、互不侵犯、互不干涉内政、和平共处、平等互利。

坚持开放合作。"一带一路"相关的国家基于但不限于古代丝绸之路的范围，各国和国际、地区组织均可参与，让共建成果惠及更广泛的区域。

坚持和谐包容。倡导文明宽容，尊重各国发展道路和模式的选择，加强不同文明之间的对话，求同存异、兼容并蓄、和平共处、共生共荣。

坚持市场运作。遵循市场规律和国际通行规则，充分发挥市场在资源配置中的决定性作用和各类企业的主体作用，同时发挥好政府的作用。

坚持互利共赢。兼顾各方利益和关切，寻求利益契合点和合作最大公约数，体现各方智慧和创意，各施所长，各尽所能，把各方优势和潜力充分发挥出来。

三、框架思路

“一带一路”是促进共同发展、实现共同繁荣的合作共赢之路，是增进理解信任、加强全方位交流的和平友谊之路。中国政府倡议，秉持和平合作、开放包容、互学互鉴、互利共赢的理念，全方位推进务实合作，打造政治互信、经济融合、文化包容的利益共同体、命运共同体和责任共同体。

“一带一路”贯穿亚欧非大陆，一头是活跃的东亚经济圈，一头是发达的欧洲经济圈，中间广大腹地国家经济发展潜力巨大。丝绸之路经济带重点畅通中国经中亚、俄罗斯至欧洲（波罗的海）；中国经中亚、西亚至波斯湾、地中海；中国至东南亚、南亚、印度洋。21 世纪海上丝绸之路重点方向是从中国沿海港口过南海到印度洋，延伸至欧洲；从中国沿海港口过南海到南太平洋。

根据“一带一路”走向，陆上依托国际大通道，以沿线中心城市为支撑，以重点经贸产业园区为合作平台，共同打造新亚欧大陆桥、中蒙俄、中国－中亚－西亚、中国－中南半岛等国际经济合作走廊；海上以重点港口为节点，共同建设通畅安全高效的运输大通道。中巴、孟中印缅两个经济走廊与推进“一带一路”建设关联紧密，要进一步推动合作，取得更大进展。

“一带一路”建设是沿线各国开放合作的宏大经济愿景，需各国携手努力，朝着互利互惠、共同安全的目标相向而行。努力实现区域基础设施更加完善，安全高效的陆海空通道网络基本形成，互联互通达到新水平；投资贸易便利化水平进一步提升，高标准自由贸易区网络基本形成，经济联系更加紧密，政治互信更加深入；人文交流更加广泛深入，不同文明互鉴共荣，各国人民相知相交、和平友好。

四、合作重点

沿线各国资源禀赋各异，经济互补性较强，彼此合作潜力和空间很大。以政策沟通、设施联通、贸易畅通、资金融通、民心相通为主要内容，重点在以下方面加强合作。

政策沟通。加强政策沟通是“一带一路”建设的重要保障。加强政府间合作，积极构建多层次政府间宏观政策沟通交流机制，深化利益融合，促进政治互信，达成合作新共识。沿线各国可以就经济发展战略和对策进行充分交流对接，共同制定推进区域合作的规划和措施，协商解决合作中的问题，共同为务实合作及大型项目实施提供政策支持。

设施联通。基础设施互联互通是“一带一路”建设的优先领域。在尊重相关国家主权和安全关切的基础上，沿线国家宜加强基础设施建设规划、技术标准体系的对接，共同推进国际骨干通道建设，逐步形成连接亚洲各次区域以及亚欧非之间的基础设施网络。强化基础设施绿色低碳化建设和运营管理，在建设中充分考虑气候变化影响。

抓住交通基础设施的关键通道、关键节点和重点工程，优先打通缺失路段，畅通瓶颈路段，配套完善道路安全防护设施和交通管理设施设备，提升道路通达水平。推进建立统一的全程运输协调机制，促进国际通关、换装、多式联运有机衔接，逐步形成兼容规范的运输规则，实现国际运输便利化。推动口岸基础设施建设，畅通陆水联运通道，推进港口合作建设，增加海上航线和班次，加强海上物流信息化合作。拓展建立民航全面合作的平台和机制，加快提升航空基础设施水平。

加强能源基础设施互联互通合作，共同维护输油、输气管道等运输通道安全，推进跨境电力与输电通道建设，积极开展区域电网升级改造合作。

共同推进跨境光缆等通信干线网络建设，提高国际通信互联互通水平，畅通信息丝绸之路。加快推进双边跨境光缆等建设，规划建设洲际海底光缆项目，完善空中（卫星）信息通道，扩大信息交流与合作。

贸易畅通。投资贸易合作是"一带一路"建设的重点内容。宜着力研究解决投资贸易便利化问题，消除投资和贸易壁垒，构建区域内和各国良好的营商环境，积极同沿线国家和地区共同商建自由贸易区，激发释放合作潜力，做大做好合作"蛋糕"。

沿线国家宜加强信息互换、监管互认、执法互助的海关合作，以及检验检疫、认证认可、标准计量、统计信息等方面的双多边合作，推动世界贸易组织《贸易便利化协定》生效和实施。改善边境口岸通关设施条件，加快边境口岸"单一窗口"建设，降低通关成本，提升通关能力。加强供应链安全与便利化合作，推进跨境监管程序协调，推动检验检疫证书国际互联网核查，开展"经认证的经营者"（AEO）互认。降低非关税壁垒，共同提高技术性贸易措施透明度，提高贸易自由化便利化水平。

拓宽贸易领域，优化贸易结构，挖掘贸易新增长点，促进贸易平衡。创新贸易方式，发展跨境电子商务等新的商业业态。建立健全服务贸易促进体系，巩固和扩大传统贸易，大力发展现代服务贸易。把投资和贸易有机结合起来，以投资带动贸易发展。

加快投资便利化进程，消除投资壁垒。加强双边投资保护协定、避免双重征税协定磋商，保护投资者的合法权益。

拓展相互投资领域，开展农林牧渔业、农机及农产品生产加工等领域深度合作，积极推进海水养殖、远洋渔业、水产品加工、海水淡化、海洋生物制药、海洋工程技术、环保产业和海上旅游等领域合作。加大煤炭、油气、金属矿产等传统能源资源勘探开发合作，积极推动水电、核电、风电、太阳能等清洁、可再生能源合作，推进能源资源就地就近加工转化合作，形成能源资源合作上下游一体化产业链。加强能源资源深加工技术、装备与工程服务合作。

推动新兴产业合作，按照优势互补、互利共赢的原则，促进沿线国家加强在新一代信息技术、生物、新能源、新材料等新兴产业领域的深入合作，推动建立创业投资合作机制。

优化产业链分工布局，推动上下游产业链和关联产业协同发展，鼓励建立研发、生产和营销体系，提升区域产业配套能力和综合竞争力。扩大服务业相互开放，推动区域服务业加快发展。探索投资合作新模式，鼓励合作建设境外经贸合作区、跨境经济合作区等各类产业园区，促进产业集群发展。在投资贸易中突出生态文明理念，加强生态环境、生物多样性和应对气候变化合作，共建绿色丝绸之路。

中国欢迎各国企业来华投资。鼓励本国企业参与沿线国家基础设施建设和产业投资。促进企业按属地化原则经营管理，积极帮助当地发展经济、增加就业、改善民生，主动承担社会责任，严格保护生物多样性和生态环境。

资金融通。资金融通是“一带一路”建设的重要支撑。深化金融合作，推进亚洲货币稳定体系、投融资体系和信用体系建设。扩大沿线国家双边本币互换、结算的范围和规模。推动亚洲债券市场的开放和发展。共同推进亚洲基础设施投资银行、金砖国家开发银行筹建，有关各方就建立上海合作组织融资机构开展磋商。加快丝路基金组建运营。深化中国—东盟银行联合体、上合组织银行联合体务实合作，以银团贷款、银行授信等方式开展多边金融合作。支持沿线国家政府和信用等级较高的企业以及金融机构在中国境内发行人民币债券。符合条件的中国境内金融机构和企业可以在境外发行人民币债券和外币债券,鼓励在沿线国家使用所筹资金。

加强金融监管合作,推动签署双边监管合作谅解备忘录,逐步在区域内建立高效监管协调机制。完善风险应对和危机处置制度安排,构建区域性金融风险预警系统,形成应对跨境风险和危机处置的交流合作机制。加强征信管理部门、征信机构和评级机构之间的跨境交流与合作。充分发挥丝路基金以及各国主权基金作用,引导商业性股权投资基金和社会资金共同参与"一带一路"重点项目建设。

民心相通。民心相通是"一带一路"建设的社会根基。传承和弘扬丝绸之路友好合作精神,广泛开展文化交流、学术往来、人才交流合作、媒体合作、青年和妇女交往、志愿者服务等,为深化双多边合作奠定坚实的民意基础。

扩大相互间留学生规模,开展合作办学,中国每年向沿线国家提供1万个政府奖学金名额。沿线国家间互办文化年、艺术节、电影节、电视周和图书展等活动,合作开展广播影视剧精品创作及翻译,联合申请世界文化遗产,共同开展世界遗产的联合保护工作。深化沿线国家间人才交流合作。

加强旅游合作,扩大旅游规模,互办旅游推广周、宣传月等活动,联合打造具有丝绸之路特色的国际精品旅游线路和旅游产品,提高沿线各国游客签证便利化水平。推动21世纪海上丝绸之路邮轮旅游合作。积极开展体育交流活动,支持沿线国家申办重大国际体育赛事。

强化与周边国家在传染病疫情信息沟通、防治技术交流、专业人才培养等方面的合作,提高合作处理突发公共卫生事件的能力。为有关国家提供医疗援助和应急医疗救助,在妇幼健康、残疾人康复以及艾滋病、结核、疟疾等主要传染病领域开展务实合作,扩大在传统医药领域的合作。

加强科技合作，共建联合实验室（研究中心）、国际技术转移中心、海上合作中心，促进科技人员交流，合作开展重大科技攻关，共同提升科技创新能力。

整合现有资源，积极开拓和推进与沿线国家在青年就业、创业培训、职业技能开发、社会保障管理服务、公共行政管理等共同关心领域的务实合作。

充分发挥政党、议会交往的桥梁作用，加强沿线国家之间立法机构、主要党派和政治组织的友好往来。开展城市交流合作，欢迎沿线国家重要城市之间互结友好城市，以人文交流为重点，突出务实合作，形成更多鲜活的合作范例。欢迎沿线国家智库之间开展联合研究、合作举办论坛等。

加强沿线国家民间组织的交流合作，重点面向基层民众，广泛开展教育医疗、减贫开发、生物多样性和生态环保等各类公益慈善活动，促进沿线贫困地区生产生活条件改善。加强文化传媒的国际交流合作，积极利用网络平台，运用新媒体工具，塑造和谐友好的文化生态和舆论环境。

五、合作机制

当前，世界经济融合加速发展，区域合作方兴未艾。积极利用现有双多边合作机制，推动“一带一路”建设，促进区域合作蓬勃发展。

加强双边合作，开展多层次、多渠道沟通磋商，推动双边关系全面发展。推动签署合作备忘录或合作规划，建设一批双边合作示范。建立完善双边联合工作机制，研究推进“一带一路”建设的实施方案、行动路线图。充分发挥现有联委会、混委会、协委会、指导委员会、管理委员会等双边机制作用，协调推动合作项目实施。

强化多边合作机制作用，发挥上海合作组织（SCO）、中国—东盟“10＋1”、亚太经合组织（APEC）、亚欧会议（ASEM）、亚洲合作对话（ACD）、亚信会议（CICA）、中阿合作论坛、中国一海合会战略对话、大湄公河次区域（GMS）经济合作、中亚区域经济合作（CAREC）等现有多边合作机制作用，相关国家加强沟通，让更多国家和地区参与“一带一路”建设。

继续发挥沿线各国区域、次区域相关国际论坛、展会以及博鳌亚洲论坛、中国一东盟博览会、中国一亚欧博览会、欧亚经济论坛、中国国际投资贸易洽谈会，以及中国一南亚博览会、中国一阿拉伯博览会、中国西部国际博览会、中国一俄罗斯博览会、前海合作论坛等平台的建设性作用。支持沿线国家地方、民间挖掘“一带一路”历史文化遗产，联合举办专项投资、贸易、文化交流活动，办好丝绸之路（敦煌）国际文化博览会、丝绸之路国际电影节和图书展。倡议建立“一带一路”国际高峰论坛。

六、中国各地方开放态势

推进“一带一路”建设，中国将充分发挥国内各地区比较优势，实行更加积极主动的开放战略，加强东中西互动合作，全面提升开放型经济水平。

西北、东北地区。发挥新疆独特的区位优势和向西开放重要窗口作用，深化与中亚、南亚、西亚等国家交流合作，形成丝绸之路经济带上重要的交通枢纽、商贸物流和文化科教中心，打造丝绸之路经济带核心区。发挥陕西、甘肃综合经济文化和宁夏、青海民族人文优势，打造西安内陆型改革开放新高地，加快兰州、西宁开发开放，推进宁夏内陆开放型经济试验区建设，形成面向中亚、南亚、西亚国家的通道、商贸物流枢纽、重要产业和人文交流基地。发挥内蒙古联通俄蒙的区位优势，完善黑龙江对俄铁路通道和区域铁路网，以及黑龙江、吉林、辽宁与俄远东地区陆海联运合作，推进构建北京一莫斯科欧亚高速运输走廊，建设向北开放的重要窗口。

西南地区。发挥广西与东盟国家陆海相邻的独特优势，加快北部湾经济区和珠江—西江经济带开放发展，构建面向东盟区域的国际通道，打造西南、中南地区开放发展新的战略支点，形成21世纪海上丝绸之路与丝绸之路经济带有机衔接的重要门户。发挥云南区位优势，推进与周边国家的国际运输通道建设，打造大湄公河次区域经济合作新高地，建设成为面向南亚、东南亚的辐射中心。推进西藏与尼泊尔等国家边境贸易和旅游文化合作。

沿海和港澳台地区。利用长三角、珠三角、海峡西岸、环渤海等经济区开放程度高、经济实力强、辐射带动作用大的优势，加快推进中国（上海）自由贸易试验区建设，支持福建建设21世纪海上丝绸之路核心区。充分发挥深圳前海、广州南沙、珠海横琴、福建平潭等开放合作区作用，深化与港澳台合作，打造粤港澳大湾区。推进浙江海洋经济发展示范区、福建海峡蓝色经济试验区和舟山群岛新区建设，加大海南国际旅游岛开发开放力度。加强上海、天津、宁波—舟山、广州、深圳、湛江、汕头、青岛、烟台、大连、福州、厦门、泉州、海口、三亚等沿海城市港口建设，强化上海、广州等国际枢纽机场功能。以扩大开放倒逼深层次改革，创新开放型经济体制机制，加大科技创新力度，形成参与和引领国际合作竞争新优势，成为"一带一路"特别是21世纪海上丝绸之路建设的排头兵和主力军。发挥海外侨胞以及香港、澳门特别行政区独特优势作用，积极参与和助力"一带一路"建设。为台湾地区参与"一带一路"建设作出妥善安排。

内陆地区。利用内陆纵深广阔、人力资源丰富、产业基础较好优势，依托长江中游城市群、成渝城市群、中原城市群、呼包鄂榆城市群、哈长城市群等重点区域，推动区域互动合作和产业集聚发展，打造重庆西部开发开放重要支撑和成都、郑州、武汉、长沙、南昌、合肥等内陆开放型经济高地。加快推动长江中上游地区和俄罗斯伏尔加河沿岸联邦区的合作。建立中欧通道铁路运输、口岸通关协调机制，打造"中欧班列"品牌，建设沟通境内外、连接东中西的运输通道。支持郑州、西安等内陆城市建设航空港、国际陆港，加强内陆口岸与沿海、沿边口岸通关合作，开展跨境贸易电子商务服务试点。优化海关特殊监管区域布局，创新加工贸易模式，深化与沿线国家的产业合作。

七、中国积极行动

一年多来，中国政府积极推动“一带一路”建设，加强与沿线国家的沟通磋商，推动与沿线国家的务实合作，实施了一系列政策措施，努力收获早期成果。

高层引领推动。习近平主席、李克强总理等国家领导人先后出访20多个国家，出席加强互联互通伙伴关系对话会、中阿合作论坛第六届部长级会议，就双边关系和地区发展问题，多次与有关国家元首和政府首脑进行会晤，深入阐释“一带一路”的深刻内涵和积极意义，就共建“一带一路”达成广泛共识。

签署合作框架。与部分国家签署了共建“一带一路”合作备忘录，与一些毗邻国家签署了地区合作和边境合作的备忘录以及经贸合作中长期发展规划。研究编制与一些毗邻国家的地区合作规划纲要。

推动项目建设。加强与沿线有关国家的沟通磋商，在基础设施互联互通、产业投资、资源开发、经贸合作、金融合作、人文交流、生态保护、海上合作等领域，推进了一批条件成熟的重点合作项目。

完善政策措施。中国政府统筹国内各种资源，强化政策支持。推动亚洲基础设施投资银行筹建，发起设立丝路基金，强化中国一欧亚经济合作基金投资功能。推动银行卡清算机构开展跨境清算业务和支付机构开展跨境支付业务。积极推进投资贸易便利化，推进区域通关一体化改革。

发挥平台作用。各地成功举办了一系列以“一带一路”为主题的国际峰会、论坛、研讨会、博览会，对增进理解、凝聚共识、深化合作发挥了重要作用。

八、共创美好未来

共建“一带一路”是中国的倡议，也是中国与沿线国家的共同愿望。站在新的起点上，中国愿与沿线国家一道，以共建“一带一路”为契机，平等协商，兼顾各方利益，反映各方诉求，携手推动更大范围、更高水平、更深层次的大开放、大交流、大融合。“一带一路”建设是开放的、包容的，欢迎世界各国和国际、地区组织积极参与。

共建“一带一路”的途径是以目标协调、政策沟通为主，不刻意追求一致性，可高度灵活，富有弹性，是多元开放的合作进程。中国愿与沿线国家一道，不断充实完善“一带一路”的合作内容和方式，共同制定时间表、路线图，积极对接沿线国家发展和区域合作规划。

中国愿与沿线国家一道，在既有双多边和区域次区域合作机制框架下，通过合作研究、论坛展会、人员培训、交流访问等多种形式，促进沿线国家对共建“一带一路”内涵、目标、任务等方面的进一步理解和认同。

中国愿与沿线国家一道，稳步推进示范项目建设，共同确定一批能够照顾双多边利益的项目，对各方认可、条件成熟的项目抓紧启动实施，争取早日开花结果。

“一带一路”是一条互尊互信之路，一条合作共赢之路，一条文明互鉴之路。只要沿线各国和衷共济、相向而行，就一定能够谱写建设丝绸之路经济带和21世纪海上丝绸之路的新篇章，让沿线各国人民共享“一带一路”共建成果。

广西北部湾经济区条例(草案)

第一章　发展背景

进入新世纪以来,我国区域协调发展总体战略逐步形成,与东盟面向和平与繁荣的战略合作伙伴关系逐步确立,北部湾经济区面临新的历史机遇和挑战,加快发展具有重大意义。

第一节　发展基础

北部湾经济区地处华南经济圈、西南经济圈和东盟经济圈的结合部,是我国西部大开发地区唯一的沿海区域,也是我国与东盟国家既有海上通道、又有陆地接壤的区域,区位优势明显,战略地位突出。

北部湾经济区岸线、土地、淡水、海洋、农林、旅游等资源丰富,环境容量较大,生态系统优良,人口承载力较高,开发密度较低,发展潜力较大,是我国沿海地区规划布局新的现代化港口群、产业群和建设高质量宜居城市的重要区域。

改革开放特别是实施西部大开发战略以来,北部湾经济区经济社会发展取得显著成就,进入了历史上最好的发展时期。经济实力明显增强,经济总量占广西全区比重不断提高;基础设施建设取得重大进展,沿海港口吞吐能力超过5000万吨,集疏运条件逐步完善,西南出海大通道作用得到发挥;特色优势产业快速发展,一批国家重大项目已经建成或将开工建设;开放水平不断提高,与国内其他地区的经济合作日益深化,在面向东盟开放合作中的地位日益凸显;人民生活水平明显提高,生态建设和环境保护得到加强。

第二节　发展机遇

随着经济全球化深入发展,科技革命加速推进,全球和区域合作方兴末艾，求和平、谋发展、促合作已经成为不可阻挡的时代潮流；国家贯彻与邻为善、以邻为伴的周边外交方针，我国与东盟等周边国家的睦邻友好和务实合作将得到进一步加强。这些为北部湾经济区营造了和平稳定发展的周边国际环境。

国家深入实施西部大开发战略和推进兴边富民行动，鼓励东部产业和外资向中西部地区转移，重大项目布局将充分考虑支持中西部发展，加大力度扶持民族地区、边疆地区发展，支持西南地区经济协作、泛珠三角区域合作以及国内其他区域合作，为北部湾经济区加快发展注入了新的活力和动力。

中国—东盟自由贸易区建设加快推进，中国—东盟博览会和商务与投资峰会、大湄公河次区域经济合作等一系列合作机制的建立和实施，深化了中国—东盟合作，为北部湾经济区发挥面向东盟合作前沿和桥头堡作用奠定了基础。

国家高度重视广西沿海地区发展，明确将北部湾经济区作为西部大开发和面向东盟开放合作的重点地区，提出新要求，赋予新使命。北部湾经济区加快发展的机遇已经来到，条件已经具备，时机已经成熟。

第三节　制约因素

目前，北部湾经济区总体经济实力还不强，工业化、城镇化水平较低，现代大工业少，高技术产业薄弱，经济要素分散，缺乏大型骨干企业和中心城市带动；港口规模不大，竞争力不强，集疏运交通设施依然滞后，快速通达周边省特别是珠三角大市场以及东盟国家的陆路通道亟待完善，与经济腹地和国际市场联系不够紧密；现代市场体系不健全，民间资本不活跃，创业氛围不浓；近海地区生态保护及修复压力较大；社会事业发展滞后，人才开发、引进和储备不足等。

第四节　战略意义

加快推进北部湾经济区开放开发，既关系到广西自身发展，也关系到国家整体发展，具有重要的战略意义。加快推进北部湾经济区开放开发，有利于推动广西经济社会全面进步，从整体上带动和提升民族地区发展水平，振兴民族经济，巩固民族团结，保障边疆稳定；有利于深入实施西部大开发战略，增强西南出海大通道功能，促进西南地区对外开放和经济发展，形成带动和支撑西部大开发的战略高地；有利于完善我国沿海沿边经济布局，使东中西部发展更加协调，联系更加紧密，为国家经济社会发展战略注入新的强大动力；有利于加快建设中国—东盟自由贸易区，深化中国与东盟面向繁荣与和平的战略伙伴关系。

第二章　总体思路

第一节　指导思想与发展原则

一、指导思想

高举中国特色社会主义伟大旗帜，以邓小平理论和“三个代表”重要思想为指导，深入贯彻落实科学发展观，以开放合作为重点，以改革创新为动力，进一步解放思想，更新观念，抓住机遇，发挥优势，着力优化经济结构，转变发展方式，优化空间布局，加强联合协作，不断提高综合实力和竞争力，努力把北部湾经济区建成我国沿海发展的新一极，在带动广西发展、促进西部大开发、实现东中西互动、加强中国—东盟合作的进程中发挥更大作用。

二、发展原则

——坚持以人为本，促进科学发展。始终把发展作为第一要务，把提高人民生活水平作为一切工作的出发点和落脚点。以工业化、城镇化为主导，大力调整和优化经济结构，增强自主创新能力，提高发展的质量和效益。

——坚持开放合作，促进互利共赢。始终把扩大对内对外开放和积极融入国内外区域合作放在更加重要位置，在推进合作共赢中谋求发展。

——坚持市场导向，促进优势互补。发挥市场配置资源的基础性作用，促进生产要素合理流动，加强统筹协调，发挥比较优势，形成特色鲜明的城镇体系和产业体系。

——坚持科学布局，促进有序开发。强化主体功能，优化空间结构，把握开发节奏，保持开发强度，形成合理有序的开发格局。

——坚持集约开发，促进要素集聚。引导人口集中分布，调控产业集群发展，强化土地集约利用，实现人口城镇化、产业基地化、经济规模化。

——坚持生态保护，促进环境友好。强化生态建设和环境保护，提高节能环保水平，切实保护海域环境，实现经济社会可持续发展。

第二节 功能定位

北部湾经济区功能定位是：立足北部湾、服务“三南”（西南、华南和中南）、沟通东中西、面向东南亚，充分发挥连接多区域的重要通道、交流桥梁和合作平台作用，以开放合作促开发建设，努力建成中国—东盟开放合作的物流基地、商贸基地、加工制造基地和信息交流中心，成为带动、支撑西部大开发的战略高地和开放度高、辐射力强、经济繁荣、社会和谐、生态良好的重要国际区域经济合作区。

围绕实现上述功能定位，北部湾经济区发展的战略重点是：

——优化国土开发，形成开放合作的空间优势。优化空间布局，密切区域合作，强化城市间功能分工，保护生态环境，打造整体协调、生态友好的可持续发展空间结构。

——完善产业布局，形成开放合作的产业优势。充分利用两个市场、两种资源，优化投资环境，以市场为导向，发挥比较优势，大力发展高起点、高水平的沿海工业、高技术产业和现代服务业，承接产业转移，形成特色鲜明、竞争力强的产业结构。

——提升国际大通道能力，构建开放合作的支撑体系。加快建设现代化沿海港口群，打造泛北部湾海上通道和港口物流中心，构筑出海出边出省的高等级公路网、大能力铁路网和大密度航空网，形成高效便捷安全畅通的现代综合交通网络。

——深化国际国内合作，拓展开放合作的新空间。积极参与中国—东盟自由贸易区建设，打造开放合作的新平台，进一步提升中国一东盟博览会的影响力和凝聚力；大力推进泛北部湾经济合作，继续参与大湄公河次区域合作，推动南宁—新加坡通道经济带建设，形成中国—东盟“一轴两翼”区域经济合作新格局；深化国内区域合作，加强与珠江三角洲地区的联系互动，发挥沟通东中西的作用。

——加强社会建设，营造开放合作的和谐环境。大力发展教育卫生、劳动就业、文化体育、广播电视、社会保障等各项社会事业，加强基本公共服务体系建设，维护社会稳定，促进社会和谐。

——着力推进改革，创新开放合作的体制机制。加快建立行政区和经济区在促进经济发展方面有机结合的体制机制，加大企业改革力度，建立生态补偿机制，深化土地管理、投融资、劳动就业等方面的体制改革，加快建立统一开放竞争有序的现代市场体系。

第三节　发展目标

经过10到15年的努力，把北部湾经济区建设成为我国沿海重要经济增长区域，在西部地区率先实现全面建设小康社会目标。

——经济实力显著增强。在优化结构、提高效益、降低消耗、保护环境的基础上，到2010年，实现人均地区生产总值较大幅度提高；到2020年，人均地区生产总值超过全国平均水平，经济总量占广西的比重提高到45%左右。

——经济结构更加优化。合理的产业结构基本形成，三次产业协调发展，自主创新能力和产业竞争力显著增强，现代产业基地、区域新能源发展和能源安全保障基地基本形成，社会主义新农村建设取得重大进展，城乡协调互动发展，城镇化水平稳步提高，中心城市辐射带动作用显著增强。

——开放合作不断深入。国际区域经济合作区基本建成，经济外向度大幅提高，外贸外经外资规模明显扩大，在国际分工中的地位有所提升，服务带动能力显著增强，开放合作的体制机制基本建立。

——生态文明建设进一步加强。海陆生态环境质量保持优良，成为南中国海海洋生态安全重要屏障区；节能减排效果显著，循环经济形成较大规模，资源环境支撑能力不断增强，基本形成节约能源资源和保护生态环境的产业结构、增长方式、消费模式，可持续发展能力显著增强。

——人民生活全面改善。城乡居民收入稳定增长，居民消费率稳步提高，终身教育体系基本形成，社会就业更加充分，社会保障全面覆盖，基本医疗卫生服务人人享有，公共服务水平显著提高，人居环境舒适优美，社会安定和谐进步。

专栏1　北部湾经济区主要发展指标

序号	指标	2005年	2010年	2020年
3	研发投入占GDP比重(%)	0.5	0.8	4
4	万元生产总值能源消耗(吨标煤)	1.0	0.9	0.66
5	万元工业增加值用水量(吨)	300	200	120
6	二氧化硫排放总量(万吨)	22.7	20.5	20.5
7	化学需氧量排放总量(万吨)	31.55	27.7	25
8	森林覆盖率(%)	45.1	50	60

第三章　空间布局

第一节　空间结构

依据区域总体功能定位和资源环境承载能力、开发密度和发展潜力，将北部湾经济区划分为城市、农村和生态三类地区。

城市地区。面积占规划区总面积的9%，作为推进工业化城镇化的国土空间。发展现代工业、建设人口居住区和交通及其他基础设施。各类工业向国家级和自治区级高新技术产业开发区、经济技术开发区、临海工业区、边境经济合作区集聚，人口向城镇集聚。

农村地区。面积占规划区总面积的56%，作为发展农业生产、建设农村居民点和乡村道路及其他基础设施的国土空间。发展特色高效农业，促进农产品生产向优势产区集中，实现专业化、规模化和基地化，建设宜居村庄，保护基本农田。

生态地区。面积占规划区总面积的 35%，包括现有自然保护区、水源保护区和生态恢复区，作为构筑生态安全屏障的国土空间。禁止从事不符合生态功能定位的各类开发建设活动。

在实际建设中，按照节约集约用地的原则和转变土地利用方式的要求，统筹协调各产业和各区域发展，科学安排各项用地。

专栏 2　三类地区用地平衡表

政策引导区	强制管制区	面积(平方公里)		
		2005 年	2010 年	2020 年
城市地区	中心城区	396	798	1350
	经济开发集中区	(0)	(76)	(100)
	临海重化工业集中区	(10)	(50)	(86)
	区域交通	532	800	950
	发展备用	2906	2236	1534
	小计	3834	3834	3834
农村地区	农村居民区	1860	1860	1012
	农业地区	24121	22976	22844
	小计	25981	24836	23856
生态地区	自然保护区	3819	4430	4899
	水源保护区	5690	6092	6390
	生态恢复区	3276	3408	3621
	小计	12785	13930	14910
合 计		42500	42500	42500

第二节　城市地区

城市地区包括中心城区、临海重化工业集中区和经济开发集中区，是集聚经济和人口的重要区域。

(一)中心城区

指城市、建制镇的现有建成区和拓展区。按照统筹城乡、合理布局、节约土地、完善功能、以大带小的原则，以增强综合承载能力为重点，以南宁市为依托，建设具有浓郁亚热带风光和滨海特色、辐射作用大的南(宁)北(海)钦(州)防(城港)城市群，促进各具特色的县城和小城镇集约发展，促进大中小城市和小城镇协调发展，成为全国重要的人口经济密集区和中国—东盟合作的重点区域。到2020年，城镇建设区控制面积为1350平方公里，包括四个等级。

——一级城镇建设区

南宁市作为自治区首府和区域中心城市，加快城市发展和城镇化进程。2020年城市建成区人口发展到280～300万人，城市建成区建设用地控制在300平方公里。城市发展要形成以邕江为轴线，西建东扩、完善江北、提升江南、重点向南的空间布局。加快建设五象新区。

——二级城镇建设区

指北海、钦州、防城港三个城市。

北海市按照特大城市规模规划建设，发挥宜居优势，促进城市发展。2020年城市建成区人口发展到100～120万人，城市建成区建设用地控制在140平方公里以内。城市发展重点向东向北推进，铁山港区作为城市功能区布局建设，统筹北海城区与合浦县城、铁山港区基础设施建设。

钦州市按照大城市规模规划建设，依托港口开发和临港工业发展，促进城市发展。2020年城市建成区人口发展到90～100万人，城市建成区建设用地控制在120平方公里以内。城市发展重点向东、向南拓展，重点建设钦州主城区、钦州港区和三娘湾滨海区。

防城港市按照大城市规模规划建设，依托深水港和企沙重工业基地开发，促进城市发展。2020年城市建成区人口发展到50～60万人，城市建成区建设用地控制在70平方公里以内。城市发展主要向北、向东及企沙方向拓展。

——三级城镇建设区

指东兴市区以及宾阳、横县、武鸣、灵山、浦北、上思、上林、马山、隆安等县城。

东兴市按照中等城市规模规划建设，依托边境贸易、加工和旅游等产业发展，促进城市发展。2020年城市建成区人口发展到18～20万人，城市建成区建设用地控制在20平方公里以内。城市发展主要向东拓展。

宾阳、横县、武鸣、灵山等4个县城按照中等城市规模规划建设，依托特色优势产业，促进城市建设。到2020年，宾阳县城人口发展到40万人，建成区面积控制在50平方公里以内；横县县城人口发展到25万人，建成区面积控制在30平方公里以内；武鸣县城人口发展到20万人，建成区面积控制在22平方公里以内；灵山县县城人口发展到35万人，建成区面积控制在40平方公里以内。浦北、上思、上林、马山、隆安等县城人口发展到5－12万人，建成区面积控制在15平方公里以内。

——四级城镇建设区

指吴圩、六景、黎塘、那桐、南康、山口、犀牛脚、小董、大寺、张黄、陆屋、企沙、江平等13个重点建制镇，重点提升面向农业、农村、农民的公共服务和市场服务能力，促进城镇发展。2020年建制镇人口规模发展到10—20万人。

（二）临海重化工业集中区

指依托沿海城市、深水良港，布局建设以现代工业为主的产业区。近期规划建设面积86平方公里，集中建设钦州港工业区、企沙工业区和铁山港工业区。

钦州港工业区。近期规划建设面积36平方公里，主要发展石化、能源、磷化工、林浆纸及其他配套或关联产业。

企沙工业区。近期规划建设面积30平方公里，主要发展钢铁、重型机械、能源、粮油加工、修造船及其他配套或关联产业。

铁山港工业区。近期规划建设面积20平方公里，主要发展能源、化工、林浆纸、集装箱制造、港口机械、海洋产业及其他配套或关联产业。

(三)经济开发集中区

指已获批准的各类国家级和省级高新技术产业开发区、经济技术开发区和边境经济合作区,其产业发展方向、重点和控制面积见专栏3。

专栏3 重点建设的各类经济开发集中区

位置	开发区名称	批准机关	批准时间	产业发展重点	控制面积(平方公里)
南宁	南宁江南工业园区	自治区政府	2006.02	铝材加工、水泥制品、剑麻纺织	5.12
	广西良庆经济开发区	自治区政府	2006.05	食品、建材、有色金属深加工	2.63
	南宁仙葫经济开发区	自治区政府	2001.01	印刷、食品精细加工	11.3
	南宁六景工业园区	自治区政府	2002.12	制药、农产品加工、钢结构产品	1.68
	南宁高新技术产业开发区	国务院	1992.11	生物及医药、电子信息、先进制造技术设备	8.5
	南宁经济技术开发区	国务院	2001.05	电子、通信电缆、精细化工、制药	10.8
	南宁一东盟经济开发区	自治区政府	1990.12	医药、农副产品加工	3.13
北海	广西北海出口加工区	国务院	2003.03	电子信息、精密机械、生物制药、精细化工、新型建材	1.45
	广西北海高新技术产业园区	自治区政府	2006.05	海产品深加工、感光材料、轻工机械	1.2
	广西北海工业园区	自治区政府	2003.03	机械制造、轻工	20
	广西合浦工业园区	自治区政府	1992.07	制革、饲料、变性淀粉	6.12
钦州	广西钦州港经济开发区	自治区政府	1996.06	石化、磷化工	10
东兴	东兴镇边境经济合作区	国务院	1992.09	边境贸易、产品进出口加工、边境旅游	4.07

第三节 农村地区

农村地区包括农村居民区和农业地区,是保障农村经济社会发展和农村人口居住的重要区域。

（一）农村居民区

加强乡村基础设施建设，优化农村居民点布局，重点建设好交通比较便利、地形比较平坦、水源有保障、受灾可能性较小的乡村，促使交通不便、地形不利、受灾可能性大，以及其他不适 16

宜居住村庄的人口逐步有序迁移。到 2010 年，农村居民区建设用地实现零增长，到 2020 年减少 10%。

加强乡村建设规划。引导农民建设节地节能节材住宅，保护有地域特色的农村建筑风貌。加强农村安全饮水、医疗卫生、道路、沼气、电网、信息网、垃圾废弃物集中处理和社区管理等设施建设，改善农村居民生活条件。统筹城乡基础设施建设和运营管理。

（二）农业地区

农业地区是提供各类农产品的载体，同时发挥调节气候、美化环境的积极作用。根据当地农业资源条件，实现粮食作物和经济作物等主要农产品的良种化、专业化、规模化和基地化。切实保护基本农田，落实国家和自治区下达的耕地保有量指标。

水稻主产区，主要分布在南宁市的邕宁区、武鸣县、上林县、宾阳县、横县，北海市的银海区、合浦县，钦州市的钦北区、灵山县、浦北县，防城港市防城区等。到 2010 年，水稻主产区的种植面积稳定在 35 万公顷，2020 年继续保持种植面积稳定。

畜牧业产区，主要分布在南宁市的邕宁区、武鸣县、横县、宾阳县，钦州市的灵山县、浦北县，北海市的合浦县，防城港市的防城区、上思县。到 2010 年，畜牧业产区生猪出栏 1000 万头，家禽出栏 1.5 亿只，肉牛出栏 50 万头，奶牛存栏 10 万头，2020 年生猪出栏 1500 万头，家禽出栏 2 亿只，肉牛出栏 80 万头，奶牛存栏 15 万头。

甘蔗主产区，主要分布在南宁市的江南区、良庆区、武鸣县、上林县、宾阳县、横县，北海市银海区，钦州市的钦北区、钦南区、浦北县，防城港市的上思县等。到2010年，甘蔗主产区的种植面积稳定在6.3万公顷，2020年继续保持种植面积稳定。

亚热带水果主产区，主要分布在南宁市的邕宁区、武鸣县、上林县、隆安县，北海市合浦县，钦州市的钦南区、钦北区、灵山县、浦北县，防城港市的防城区、东兴市。

桉树种植区，主要布局在南宁市的良庆区、邕宁区、江南区、武鸣县、马山县、横县、宾阳县，北海市的铁山港区、银海区、合浦县，钦州市的钦南区、钦北区、灵山县、浦北县，防城港市的防城区、上思县、东兴市。在保护当地自然植被和生物多样性的基础上，有控制地发展。到2010年，桉树种植面积60万公顷，2020年扩大到90万公顷。

第四节　生态地区

生态地区包括自然保护区、水源保护区和生态恢复区，是保障生态安全的重要区域。

（一）自然保护区

面积4899平方公里，占规划区总面积的11.53%。根据需要，经批准规划期内可适当增加自然保护区面积，但不得减少。严格控制人为因素对保护对象的干扰，严禁任何不符合保护区功能或改变地形地貌、植被、地表构成的开发建设活动。逐步减少自然保护区内的人口。

专栏4　自然保护区的定位和面积

名称	位置	面积(公顷)	主要保护对象	级别
大明山自然保护区	武鸣、马山、上林、宾阳	64900	季风常绿阔叶林、水源涵养林及自然景观	国家级
合浦儒艮自然保护区	合浦县	35000	儒艮、湿地生态系统	国家级
山口红树林自然保护区	合浦县	8000	红树林、湿地生态系统	国家级
十万大山自然保护区	上思、防城、钦州	174500	水源涵养林	国家级

续表

名称	位置	面积(公顷)	主要保护对象	级别
防城金花茶自然保护区	防城区	9195	金花茶	国家级
北仑河口自然保护区	东兴市	3000	红树林	国家级
龙虎山自然保护区	隆安县	2766	广西猕猴、珍贵药作植物及自然景观	自治区级
西大明山自然保护区	扶绥、隆安、大新、崇左	60100	水源涵养林	自治区级
横县六景泥盘纪地质标准剖面	横县	5	泥盘系地质剖面	自治区级
涠洲岛鸟类保护区	北海市	2600	各种候鸟和旅鸟	自治区级
营盘马氏珍珠贝保护区	北海市	49000	马氏珍珠贝资源及海洋生态系统	自治区级
党江红树林自然保护区	北海市	2818	红树林、湿地生态系统	自治区级
涠洲岛火山地貌自然遗址保护区	北海市	500	自然遗迹	自治区级
涠洲岛珊瑚礁自然保护区	北海市	3510.8	珊瑚礁、海洋资源、湿地生态系统	自治区级
王岗山自治区级自然保护区	钦北区	7330	北热带季雨林	自治区级
茅尾海红树林自然保护区	钦南区	2784	红树林、湿地生态系统	自治区级
浦北红椎林保护区	浦北县	1400	红椎林、湿地生态系统	自治区级
六万山水源林保护区	浦北县	3100	水源涵养林	县级
光坡白鹭保护区	港口区	500	白鹭	县级
光坡南亚松保护区	港口区	63	南亚松	县级
防城万鹤山鸟类保护区	防城区	600	鹭鸟	县级
海南虎斑鸠自然保护区	上思	1800	海南虎斑鸠	县级

（二）水源保护区

指为生产生活生态用水提供充足水源的地区，包括主要江河城镇饮用水水源保护区、大中型水库及其一定范围的缓冲区。面积6390平方公里，占规划区总面积的15.04%。对水源保护区实行强制性保护，重点加强大型水库周边的植被保护及污染防治，加大水土保持清洁型、生态型小流域综合治理力度，实施城镇饮用水水源地保护和农村饮水安全工程，完善标识与警告设施，关闭水源保护区内所有排污口，严禁任何不符合水源保护区功能的开发建设活动。

加强生态功能保护区建设，重点保护六万山水源涵养重要区、十万大山水源涵养与生物多样性保护重要区等生态功能保护区。开展植被恢复和水土流失治理，保护现有天然林，进行封山育林，恢复阔叶林，提高森林涵养水源的功能。

（三）生态恢复区

指生态系统比较脆弱、自身稳定性差，生态环境极易退化的区域，包括石漠化地区、沙地、湿地、盐碱地、裸地等。面积3621平方公里，占规划区总面积的8.52%。强制保护生态恢复区，在植被生态恢复后再考虑适度发展旅游，禁止任何城镇和工业建设及破坏生态的农牧业开发。加强造林绿化，实施沿海防护林体系、珠江流域防护林体系等重点林业生态工程建设。对石漠化严重的地区采取水土保持、生态移民等综合措施加快治理。

专栏5　水源保护区的面积和库容

类型		水库名称	保护面积（平方公里）	总库容（亿立方米）	位置
中央直属		西津	1300	30	横县
		百龙滩	150	3.4	都安、马山
南宁	大型	凤亭河	176	5.07	良庆区大塘镇
		屯六	99	2.26	良庆区大塘镇
		大王滩	907.5	6.38	良庆区
		仙湖	342	1.25	武鸣县仙湖镇
		大龙洞	310	1.51	上林县西燕镇
	中型	天雹	50.84	0.17	西乡塘区心圩镇
		龙潭	75.94	0.168	南宁市江南区
北海	大型	洪潮江	400	7.03	合浦县西北
	中型	石康	21	0.123	合浦县石康镇
		清水江	52	0.71	合浦县城东
		闸口	54.3	0.2	合浦县闸口镇
		牛尾岭	24.48	0.26	银海区高德镇

续表

类型		水库名称	保护面积（平方公里）	总库容（亿立方米）	位置
钦州	大型	小江	510	10.25	浦北县
		灵东	145	1.79	灵山县东北面
防城港	大型	那板	490	8.32	左江支流明江河上游
		小峰	55	1.03	防城区防城镇
	中型	三波	9.3	0.13	防城区茅岭乡
		小陶	5.65	0.12	防城区那勤乡

第五节　岸线分区

根据经济社会发展需要和海岸线的自然条件，将北部湾经济区海岸线划分为7种类型。

——港口及工业岸线。规划228公里，主要用于深水港口开发、渔港扩建和临港工业发展。

——城镇建设岸线。规划147公里，用于城镇发展和功能拓展。

——旅游观光岸线。规划53公里，用于大众化旅游服务设施建设。

——休闲游憩岸线。规划133公里，用于高档休闲疗养健身等设施建设。

——养殖岸线。规划213公里，用于各类高效特色水产养殖。

——生态保护岸线。规划390公里，用于海洋生态环境和稀有动植物资源保护。

——其他岸线。（略）

第六节　功能组团

根据空间布局和岸线分区，规划建设5个功能组团。

南宁组团。主要包括南宁市区及周边重点开发区，发挥首府中心城市作用，重点发展高技术产业、加工制造业、商贸业和金融、会展、物流等现代服务业，建设保税物流中心，成为面向中国与东盟合作的区域性国际城市、综合交通枢纽和信息交流中心。

钦(州)防(城港)组团。主要包括钦州、防城港市区和临海工业区及沿海相关地区,发挥深水大港优势,建设保税港区,发展临海重化工业和港口物流,成为利用两个市场、两种资源的加工制造基地和物流基地。

北海组团。主要包括北海市区、合浦县城区及周边重点开发区,发挥亚热带滨海旅游资源优势,开发滨海旅游和跨国旅游业,重点发展电子信息、生物制药、海洋开发等高技术产业和出口加工业,拓展出口加工区保税物流功能,保护良好生态环境,成为人居环境优美舒适的海滨城市。

铁山港(龙潭)组团。主要包括北海市铁山港区、玉林市龙潭镇,充分发挥深水岸线和紧靠广东的区位优势,重点建设铁山港大能力泊位和深水航道,承接产业转移,发展临港型产业,建设海峡两岸(玉林)农业合作试验区。

东兴(凭祥)组团。主要包括防城港东兴市、崇左凭祥市城区和边境经济合作区及周边重点开发区,发挥通向东盟陆海大通道的门户作用,发展边境出口加工、商贸物流和边境旅游,拓展凭祥经济技术合作区功能,建立凭祥边境综合保税区。

第四章　产业发展

抓住工业化、信息化、城镇化、市场化、国际化全面发展的机遇,发挥区位优势,加强引导扶持,承接产业转移,加快发展现代产业体系,推动产业优化升级,大力推进信息化和工业化融合,加快发展现代农业,提高服务业现代化水平,加速科技成果转化,加强知识产权保护,不断提高自主创新能力、节能环保水平、产业整体素质和市场竞争力。

第一节　工业

发挥沿海港口优势,充分利用两个市场、两种资源,大力改善发展环境,加快完善产业布局,在沿海规划建设高起点高水平的现代加工制造业体系,培育跨国公司和国际知名品牌。

石油化工。利用较好的港口条件和南海丰富的油气资源，建设钦州大型炼油基地，发展原油加工等石化产业；力争“十二五”建设石化产业链后续工程，形成沿海石化产业集群。依托南宁化学工业基础，建设南宁精细化工基地。

造纸。利用适宜种植速生林的优势，建设钦州、铁山港大型林浆纸基地，生产高中档造纸系列产品，发展林浆纸一体化产业，形成沿海林浆纸一体化产业群。积极发展木材综合加工。

冶金。按照国家钢铁产业政策要求，充分发挥沿海优势，实施产品结构调整，积极推进钢铁企业联合重组，加快淘汰落后钢铁产能，提高产品附加值。发挥广西铝资源丰富的优势，发展技术含量高、市场竞争力强的铝加工项目，建设南宁铝深加工产业，开发满足交通运输、航空、包装等领域发展需要的精深铝板带箔材等产品。

轻工食品。依托沿海港口，大力发展粮油食品加工等产业。把制糖工业建成综合利用、循环发展的产业。利用丰富的农产品资源，积极发展茧丝绸、果蔬、剑麻、八角、金花茶、竹笋、烟草等深加工。利用区位优势，发展纺织服装工业。

高技术。加快科技成果引进消化吸收再创新，重点培育发展电子信息、生物工程、新材料、现代中药、节能环保等高技术产业，积极发展软件开发、新型电子元器件、生物基材料和稀土等高性能材料、生物质能源、节能环保材料及产品，建设中药材 GAP 基地。提升南宁、北海高新技术产业园区的创新能力和孵化能力。建设南宁生物质产业基地。

海洋。发挥海洋资源优势，大力培育发展海产品深加工、海洋生物制药、海洋化工等海洋产业，加强海洋油气等矿产资源勘查与开发。促进海洋科技成果产业化。

第二节　农业

坚持把发展现代农业，繁荣农村经济作为社会主义新农村建设的首要任务，大力发展高效优质生态安全农业，积极发展农产品精深加工业，不断提升水利化、机械化和信息化水平。

种植业。稳定粮食种植面积，改善农业生产条件，依靠科技提高品质和单产。重点发展热带亚热带果蔬等特色园艺作物。扩大速生丰产林面积，发展优质香料种植。稳定甘蔗种植面积，扶持优势蔗区，提高单产和含糖率。积极推广冬种马铃薯，完善优良种薯繁育体系。适度扩大木薯种植面积，积极推广优良品种，增加产量。建设中药材良种繁育基地和种养基地。发展特色名贵花卉。

畜牧业。积极调整畜牧业结构，转变畜牧业发展方式，改良畜禽品种，开发地方家禽品种资源，大力发展奶水牛产业，积极开展草地改良、人工种草，提高畜牧业综合生产能力，促进畜牧业生产由粗放、耗粮型向集约、节粮型转变，重点发展特色优势畜禽。

海洋渔业。积极推广生态养殖，严格控制近海捕捞强度。合理开发北部湾渔业资源，积极稳妥发展远洋渔业。完善渔政渔港设施建设。

加强农业服务体系建设。完善农产品生产、加工、流通等配套服务，继续实施“万村千乡市场工程”，积极推进农产品批发市场设施建设和升级改造。加大科技支农力度，扩大信息进入农户覆盖面，鼓励发展农机社会化服务。加强地方特色产品原产地保护。建设动植物疫病防控工程，提高农产品质量安全水平。

第三节　服务业

坚持产业化、市场化、社会化方向，拓宽领域、扩大规模、优化结构、增强功能、规范市场，提高服务业现代化水平。

物流业。依托区位优势和深水良港优势，大力发展海洋运输，加快构建沿海和城市保税物流体系。充分利用中国—东盟博览会形成的平台，大力发展国际经济贸易和服务贸易，建设南宁区域性国际现代物流基地。依托边境贸易、边境出口加工、跨国旅游，建设边境商贸物流基地和边境综合保税区。培育现代物流企业集团，加强与国内外物流企业合作，大力发展第三方物流，加快电子口岸建设，形成面向东盟、连接西南、通达珠三角的高效便捷低成本物流服务体系。

金融业。积极引进各类金融机构，大力发展银行、保险、证券、期货、信托等金融业，加快培育金融市场，组建一批新的投融资公司，探索建立产业投资基金，积极发展创业投资企业，利用资本市场直接融资，加快中小银行重组、改革步伐，构建南宁区域性金融中心，形成现代化金融服务体系。稳妥推进调整放宽农村地区银行业金融机构准入政策试点工作，大力培育多层次、广覆盖、可持续的农村金融体系。

信息服务业。增强邮政电信服务能力，大力推进电子商务和电子政务，积极发展地理信息、动漫等数字内容产业。促进信息服务硬件建设与软件建设相融合，加快行业信息化应用，建设包

括商务投资、金融、港口航运、产品质量检验检疫、旅游、劳动力、科技、文化等综合性和专业性信息在内的中国—东盟区域性国际信息交流服务中心。

会展业。把中国—东盟博览会和中国—东盟商务与投资峰会办得更有特色、更有成效，依托平台品牌，培育会展主体，开拓会展市场，做大会展经济。结合“会、节、演、赛”，发展特色会展，促进会展、旅游、商贸互动。建设和完善南宁、北海等城市会展服务设施。

房地产业。适应不同群体的住房需求，加强房地产市场的政策引导和调控。加大商品房供给结构调整力度，增加投入，加快经济适用房特别是廉租房建设，切实解决城市低收入家庭住房困难。南宁、北海等城市要发挥生态宜居特色，集聚人口和产业，促进房地产业健康发展。

旅游业。立足旅游需求，发挥特色优势，依托中国优秀旅游城市，把北部湾经济区培育成为区域性国际旅游目的地和旅游促进中心。完善旅游产品体系，积极发展生态旅游、康体旅游、温泉度假、邮轮游艇、海岛旅

游、自驾车旅游等休闲度假旅游产品。依托国家4A级以上旅游景点，打造旅游精品，构筑泛北部湾旅游圈。加强旅游基础设施和公共服务体系、安全与质量保障体系建设，大力提升旅游业服务水平。

专栏6　工业重点工程

沿海石化工程，沿海钢铁基地，沿海林浆纸基地，南宁铝加工基地，南宁精细化工基地，北海、南宁电子信息、生物制药、新材料、软件研发、计算机、通信等高技术产业基地，沿海海洋产业基地，沿海和南宁轻工食品工业基地，南宁重型机械设备制造。

第五章　基础设施

继续加强基础设施建设，大力提升交通、能源、水利、信息等基础设施的共建共享、互联互通能力和水平，为开放合作提供强有力的支撑。

第一节　交通

加强国内国际合作，加大各类投入，根据《全国沿海港口布局规划》、《国家高速公路网规划》、《中长期铁路网规划》和《全国民用机场布局规划》，建设中国—东盟交通合作项目，较大幅度提高沿海港口吞吐能力、高等级公路和大能力铁路路网密度、机场吞吐能力和服务水平，提升出海出边国际大通道能力。

建设现代化沿海港口群。坚持以市场为导向，以实现规模化、集约化和现代化建设为目标，明确港口功能及其合理分工，推进港口经营一体化发展，建设广西沿海港口群。规划沿海港口新建一批万吨级以上泊位和深水航道，打造港口物流中心，加强能源、铁矿石、集装箱运输系统以及连接腹地的集疏运配套系统建设，提高沿海港口通过能力。

建设完善高等级公路网络。重点建设通往云贵方向的南宁—百色—昆明、南宁—河池—贵阳和通往珠三角方向的南宁—梧州—广州等国家高速公路网项目。加快推进国道、省道干线路网改造，尽快打通省际通道，提高技术等级和路网整体效率。规划建

设连接沿海港口的高等级公路，加大区域内公路路网密度。到2010

年，形成较为完善的西南地区公路出海通道网络。

建设大能力铁路通道。重点建设南宁—广州铁路，构建连接珠三角的高标准、大能力铁路通道；建设湘桂铁路复线和南宁—柳州城际铁路，构建连接中、东部省市并与京广大干线相衔接的高标准、大能力铁路通道；建设南昆铁路复线和黔桂铁路扩能工程，构建连接西南地区的高标准、大能力出海铁路通道；建设南宁—防城港铁路复线扩能工程、合浦—河唇铁路和连接沿海港口的铁路支线，构建便捷、高效的港口集疏运铁路通道。到 2010 年，形成连通西南、中南、华南较为完善的铁路通道网络。

建设广覆盖大密度的航空通道。加快南宁、桂林机场扩能改造，完善配套设施，加密其通向国内主要城市的干线航班，开通并增加连接东盟、日韩、欧美等国家的国际航线航班。开辟覆盖广西主要城市的支线航班，形成支线航空网络。

建设南宁综合交通枢纽。重点建设客运、货运、信息和服务支持四大系统，实现客运“零距离换乘”、货运“无缝衔接”和各种运输方式有效协调配合，成为铁路、公路、航空与沿海港口有机连接的综合交通枢纽。

第二节　能源

坚持节约优先、保护环境、优化结构、多元发展，加强能源基础设施建设。以大型高效环保机组为重点优化发展火电。发挥

深水良港优势，利用国内外煤炭资源，建设煤炭储运配送基地。大力发展生物质能、风能、潮汐能、太阳能、沼气、非粮燃料乙醇等清洁能源和可再生能源。按照国家规划，积极推进核电建设。引导有实力的企业在钦州建设进口原油商业储备基地。加强电网建设，发展输配电网络。

第三节　水利

加强水利基础设施建设，促进水资源节约、保护和优化配置。围绕提高防洪调蓄和减灾能力，建设重要城市防洪排涝工程、沿海标准化海堤工程、病险水库除险加固工程、大型灌区灌溉工程，提高抗御自然灾害能力。

大力推广节水技术，发展节水产业，扩大再生水利用，促进污水资源化。合理规划建设引调水工程，扩大沿海工业园区供水能力。大力发展海水淡化技术，实现海水资源综合利用。加快农村中小型水利设施及其配套工程建设。加强城乡居民饮用水源安全保护和饮水安全工程建设。严格控制沿海地区地下水开采。强化水资源综合管理。

第四节　信息

加快信息基础设施建设。建设和完善宽带通信网、数字电视网和下一代互联网，积极推进“三网融合”。提高网络覆盖率，继续提高农村地区的电话、电视普及率。利用国家公共通信资源，形成统一的电子政务传输骨干网，积极推进电子政务、电子商务、远程教育和医疗等信息综合应用。加快面向企业、行业和区域的第三方电子商务平台建设。加强基础信息库建设，深度开发和利用信息资源。强化信息安全保障。

专栏7　基础设施重点工程

（一）交通

公共码头——在北部湾港口群建设散杂货、件杂货、集装箱和邮轮泊位。

深水航道——在北部湾港口群建设15万吨级、10万吨级和5万吨级深水航道。

高等级公路——都安—水任—六寨高速公路、河池—宜州高速公路、钦州—崇左高速公路、玉林—铁山港高速公路、六景—钦州高速公路等。

铁路——南宁—广州铁路、南宁—柳州城际铁路、南宁—昆明铁路复线、南宁—防城港铁路复线、合浦—河唇铁路、南宁铁路客货运枢纽工程等。

机场——南宁机场改扩建工程、桂林机场改扩建工程、北海机场收尾完善工程。

（二）能源

沿海火电、核电建设工程、非粮燃料乙醇扩能工程、沿海风能和潮汐能建设工程、农村沼气工程、钦州进口原油商业储备基地建设工程、沿海煤炭储运配送基地建设工程、电网建设工程。

（三）水利

南宁市城区防洪排涝工程，北海、钦州、防城港、合浦县标准化海堤建设工程，病险水库除险加固工程，沿海工业园区供水工程，南宁大王滩水库城市居民安全饮水水源保护工程。

（四）信息

广西互联网公共平台改扩建工程、广西“金字”系列电子政务建设工程、中国—东盟博览会电子商务平台建设工程、城市应急联动信息系统建设工程、广西数字电视网络工程等。

第六章　社会建设

在经济发展的基础上，不断扩大公共服务，更加注重保障和改善民生，完善社会管理，促进社会公平正义，推动建设和谐社会。

第一节 教育文化

坚持育人为本、德育为先，实施素质教育，提高教育现代化水平。坚持教育公益性质，加大财政对教育投入。促进教育公平，推进义务教育均衡发展。健全学生资助制度，保障经济困难家庭、进城务工人员子女平等接受义务教育。加强教师队伍建设，重点提高农村教师素质。鼓励和规范社会力量兴办教育。以农村义务教育为重点，继续巩固提高九年义务教育。继续调整农村中小学布局。加快推进义务教育规范化建设，基本实现教育管理信息化。实施职业教育攻坚战，加强以实验实训基地和职教师资培训为重点的职业教育基础能力建设，大规模培养产业工人及其他专门人才，提高农民素质。扩大中等职业教育规模。提高普通高中办学质量，稳步发展高等教育，着力提高高等教育质量。积极发展公益性文化事业，加快公共文化服务体系建设，完善公共文化设施网络，加强文化市场管理，推进文化产业发展，保护民族文化遗产。

第二节 卫生事业

关注人民健康，发展卫生事业。坚持公共医疗卫生的公益性质，坚持预防为主、以农村为重点、中西医并重，强化政府责任和投入，完善国民健康政策，鼓励社会参与，建设覆盖城乡居民的公共卫生服务体系、医疗服务体系、医疗保障体系、药品供应保障体系，为群众提供安全、方便、有效、价廉的卫生医疗服务，提高重大疾病防控和突发公共事件应急处置能力。加强农村三级卫生服务网络和城市社区卫生服务体系。深化医药卫生体制改革。稳定低生育水平，提高出生人口素质。深入开展城乡清洁工程。

第三节 城乡就业

坚持实施积极的就业政策，建立统一规范的城乡人力资源市场。加强政府引导，改进公共就业服务，完善市场就业机制。大力发展劳动密集型产业、服务业、非公有制经济、中小企业，多渠道、多方式增加就业岗位，扩大就业规模，改善就业结构。支持自主创业、自谋职业，以创业带动就业。加强农村富余劳动力转移就业培训，健全面向全体劳动者的职业技能培训制度，完善面向所有困难群众的就业援助制度，及时帮助零就业家庭解决就业困难。积极做好下岗职工再就业和高校毕业生、退役军人就业指导工作。

第四节　社会保障

加快建立覆盖城乡居民，以社会保险、社会救助、社会福利为基础，以基本养老、基本医疗、最低生活保障制度为重点，以慈善事业、商业保险为补充的社会保障体系。完善基本养老、基本医疗、失业、工伤、生育保险和最低生活保障制度。扩大城镇基本养老保险覆盖范围，探索建立个人缴费、集体补助、政府补贴相结合的新型农村养老保险制度。全面推进城镇职工基本医疗保险、城镇居民基本医疗保险、新型农村合作医疗制度建设。提高统筹层次，充实社会保障基金，加强基金监管。加快建立多层次住房保障体系，特别要健全廉租住房制度，多渠道解决城市低收入家庭住房困难。健全社会救助体系。

第七章　生态环境

加强生态建设和环境保护，增强可持续发展能力，把建设资源节约型、环境友好型社会放在工业化、现代化发展战略的突出位置。

第一节　生态建设和保护

加强重要生态公益林、自然保护区、重要地质遗迹、湿地生态系统和野生动植物、生物物种资源等的保护，恢复或增强生态服务功能。严格执行开发建设项目水土保持方案报告和“三同时”制度，加强重大地质灾害区和已开采矿区的生态恢复和治理。建设茅尾海、涠洲岛—斜阳岛珊瑚礁等重要海洋生态保护区，保持近海生态功能。加强珍稀濒危物种及沿海红树林、海草床、河口港湾湿地等重要海洋生态系统的生境保护。实施湿地保护与恢复、岩溶地区生态修复与保护、海岛生态保护、防护林体系、水土保持、城市环境改善、标准海堤等生态工程建设。积极开展创建国家环境模范城市和国家环境友好企业活动。

第二节　污染防治

大力发展循环经济,全面推行清洁生产,促进污染物和废料资源化利用。积极发展无公害农产品、绿色食品、有机产品、无公害生物农药、高效绿肥、生态养殖等。对邕江、钦江、南流江等重点江河污染加大综合治理力度。加强城市(镇)污水和生活垃圾集中处理设施建设,加强农村面源污染控制与治理。截断地下水污染通道,防止地下水水质污染和恶化。临海工业废水排放必须达到国家标准,严禁任何类型的污水未经处理向海洋直接排放。燃煤电厂必须按照环保规定建设并使用脱硫设施达标排放。强化对沿海重化工业的环境风险防范,加强对主要入海河流流域、河口及陆源排污口的监控管理,实施入海污染物总量控制制度。提高大中型港口、停港船舶和海上石油平台、海洋工程的废水、废油、垃圾回收与处理装置的配备率,实现达标排放。建立溢油、赤潮应急反应预案。加强海洋环境监测,实施海洋环境预警预报工程。

专栏8　生态保护和污染防治重点工程

十万大山自然保护区工程,合浦儒艮自然保护区工程,防城金花茶自然保护区工程,合浦山口、北仑河口、党江、茅尾海等红树林保护区工程,六万山水源涵养重要保护区工程,十万大山水源涵养与生物多样性重要保护区工程,涠洲火山地貌自然遗址保护工程。

第三节　生态合作

加强泛北部湾海洋生态环境保护国际合作。把海洋生物多样性保护、海洋渔业资源开发保护、海岸带管理、海洋环境资源调查、海洋灾害预警预报等作为重点领域,建立国际合作机制,联合实施保护项目,共建良好陆海生态环境。

第八章 开放合作

充分发挥区位优势，实施以面向东盟和泛珠三角为重点的对内对外开放合作战略。扩大开放合作领域，提高开放合作质量，构建内外联动、互利共赢、安全高效的开放型经济体系，形成经济全球化、区域经济一体化条件下参与国际国内合作和竞争的新优势。

第一节 对外经济

加快转变外贸增长方式，立足以质取胜，优化贸易结构，扩大高附加值产品出口，大力承接东部加工贸易转移，加快发展服务贸易和边境贸易。充分利用中国—东盟自由贸易区规则，积极参与双边多边经贸合作，把握先机，开拓市场，扩大国内短缺的能源、原材料进口，做大对外贸易总量。优化开放环境，大力吸引外资投向制造业、高技术产业、现代农业、环保产业和基础设施等领域。创新利用外资方式，鼓励外资参与软件开发、跨境外包、物流服务，以及金融服务、保险中介服务、会计、审计、工程设计、城市规划、信息咨询、旅游开发等，发挥利用外资在推动自主创新、产业升级等方面的积极作用。加大引进国内外大公司力度，积极培育大公司大集团和国际品牌，创新对外投资和合作方式，鼓励更多企业到境外特别是东盟国家投资办厂、承接海外工程和劳务输出，支持企业在研发、生产、销售等方面开展国际化经营。积极开展国际能源资源互利合作。加快推进广西·印尼沃诺吉利经贸合作区建设。加强口岸建设，提升口岸等级，加快电子口岸联网，积极推动海关、边检、检验检疫等口岸查验部门实行“一站式”通关检查，推进大通关建设，促进贸易便利化。

第二节 国际合作

全方位多领域扩大与东盟合作。加快推动形成以大湄公河次区域经济合作和泛北部湾经济合作为两翼、以南宁—新加坡经济走廊为中轴的中国—东盟“一轴两翼”区域经济合作新格局。积极推进泛北部湾经济合作，打造次区域合作的新亮点。积极拓展与日韩、欧美及其他国家和地区合作。

深化交通合作。加快“两廊一圈”框架下中越合作开展交通基础设施项目建设的研究，进一步推动泛北部湾区域交通合作，逐步实现南宁至河内、胡志明市的高等级公路连接和中南半岛的铁路干线贯通；加强集装箱联运与国际中转、运输航线、物流与煤炭配送、邮轮客运等合作；增开南宁至东盟国家主要城市的空中航线，构建连接东盟国家的陆海空立体交通运输体系。

加强产业合作。推进农业优良品种和技术研发、实用技术推广、农产品深加工和共建海上渔业走廊等重点领域的农业合作；创新能源合作思路，共同开发太阳能、风能、潮汐能和木薯酒精、棕榈柴油等生物质能源及利用技术；构建泛北部湾旅游大通道和旅游网络，合作开发精品旅游项目和旅游线路，建立区域旅游多边和双边联合营销机制，促进旅游出入境便利化。

积极探索金融合作。加强金融基础设施建设，共同建立区域内信用平台和融资平台，积极探索形成泛北部湾区域银行联合体的形式，条件成熟时尝试联合建立银联体项目库。积极推动各大银行实现海内外分行联动，为区域内客户提供国际结算、贸易融资、现金管理、项目融资、投资银行等金融服务。吸引和鼓励国际金融组织参与泛北部湾开发。

专栏 9　重点国际区域合作

——大湄公河次区域经济合作。1992 年由亚洲开发银行发起，涉及澜沧江—湄公河流域内的中国、越南、缅甸、老挝、柬埔寨、泰国 6 个国家，旨在通过加强各成员国之间的经济联系，消除贫困，促进次区域经济社会发展。

——中越“两廊一圈”合作。“两廊”是指昆明—老街—河内—海防和南宁—谅山—河内—海防两条经济走廊；“一圈”是指环北部湾经济圈。

——泛北部湾经济合作。泛北部湾经济合作涉及中国和东盟国家中的文莱、印尼、马来西亚、菲律宾、新加坡、越南等国家，旨在发挥北部湾的区位优势，促进环北部湾和南海沿岸国家和地区间的合作。

——南宁—新加坡经济走廊。以南宁－河内－金边－曼谷－吉隆坡－新加坡铁路和高等级公路为依托形成的通道经济走廊。

第三节 国内合作

全面加强国内区域合作，积极参与泛珠三角区域经济合作，主动承接粤港澳产业、资金、技术转移和辐射，成为加工贸易产业转移的主要承接地，加强与粤湘黔滇周边省交通、物流、旅游、能源资源开发、环境保护合作。依托西南出海大通道，进一步扩大与西南地区的经济协作，推动形成联系紧密、带动力强的南(宁)贵(阳)昆(明)城市带。加强与长三角、环渤海地区经济合作，吸引资金、技术、管理和人才。深化桂台经贸合作，建设海峡两岸(玉林)农业合作试验区。

第九章 保障措施

要加强政府的指导和调控，充分发挥市场配置资源的基础性作用，建立和完善促进开放合作的体制机制，通过自身努力与国家支持相结合，确保实现本规划确定的各项战略目标。

第一节 体制机制创新

推进行政管理体制、市场体系、土地管理制度等综合配套改革，大胆试验，开拓创新，为北部湾经济区发展提供强大动力和体制保障。加快转变政府职能，理顺关系，优化结构，提高效能，形成权责一致、分工合理、决策科学、执行顺畅、监督有力的行政管理体制，建设服务型政府。完善行政区划设置，创新经济区管理模式。深化投融资体制改革，积极探索组建新的投融资平台。建立统筹城乡基础设施规划、建设、运营和管理机制。加快农村金融改革发展，加大政府对农村金融的扶持力度，着力推进农村金融服务体系建设，努力提高农村金融创新能力和服务水平。加强人口综合管理制度改革。把改革户籍管理制度与完善城乡土地管理制度相配套，在国家批准的范围内实行城市建设用地规模扩大与农村建设用地减少相挂钩的改革试点，并与农村人口转化为城市人口的规模相适应。加大港口资源整合力度，促进港口建设、经营和管理一体化。

第二节 开放合作机制

继续办好每年一届的中国—东盟博览会和中国—东盟商务与投资峰会，深化共办共赢机制，逐步成为中国与东盟互利共赢、合作发展的平台。充分发挥泛北部湾经济合作论坛作用，搭建政府、学术机构和企业开放式研究、交流和沟通的桥梁。建立泛北部湾经济合作跨国专家小组，联合研究和制定合作发展规划，探索建立泛北部湾经济合作新机制。积极探索国内区域合作务实的新机制。

第三节 人力资源开发

优化人才开发体制环境，建立健全吸引、留住、用好人才的机制。培育建立统一开放的人力资源市场。加强高层次人才开发，重点培养德才兼备、具有战略眼光的中高级党政领导干部，擅长经营、具有市场开拓能力的优秀企业家，勇于创新的高级科技人才。依托高等院校、科研院所和大中型企业，以重大科研项目为载体，加快建立创新型人才培养基地。加大对农业高技能人才和农村实用人才的培养力度。创新人才引进机制。实行引进资金、项目与引进技术、人才相结合，充分利用外部人才资源。对引进的各类急需人才，给予必要政策支持。鼓励海外留学人员自主创业。鼓励和支持设立不同层次、形式多样的人才开发资金渠道。对有突出贡献的人才进行表彰奖励。完善中央国家机关、东中部地区与北部湾经济区干部交流培训机制。

第四节 国家支持政策

国家在有关规划、重大项目布局及项目审批、核准、备案等方面，给予北部湾经济区必要的支持，鼓励东部地区带动和帮助北部湾经济区发展；支持北部湾经济区在符合条件的地区设立保税港区、综合保税区和保税物流中心，拓展出口加工区保税物流功能；支持在北部湾地区设立地方性银行，探索设立产业投资基金和创业投资企业，扩大企业债券发行规模，支持符合条件的企业发行企业债券;支持北部湾经济区发挥开放合作示范作用,推动泛北部湾经济合作成为中国—东盟合作框架下新的次区域合作,加强交通运输、海洋产业、农林渔业、能源开发、跨国旅游、生态环保等重点合作领域规划编制,加快实施合作项目。

第五节 组织实施

国务院有关部门要加强对北部湾经济区发展的指导和协调。广西壮族自治区人民政府要切实加强组织领导,完善规划实施措施,要依据本规划调整相关城市规划、土地利用规划、环境保护规划、海洋功能区划和能源、交通等专项规划,并严格按照规划确定的功能定位、空间布局和发展重点,选择和安排建设项目。

建立健全规划实施监督和评估机制,监督和评估规划的实施和落实情况,协调推进并保障本规划的贯彻落实。在规划实施过程中,适时组织开展对规划实施情况的评估,并根据评估结果决定是否对规划进行修编。

完善社会参与和监督机制。拓宽公众参与渠道,通过法定的程序使公众能够参与和监督规划的实施。同时,推动企业、民间开展全方位、多层次的联合协作,引导社会力量参与规划实施和区域经济合作。

关于《广西北部湾经济区条例(草案)》的说明

一、立法必要性

国家批准实施《广西北部湾经济区发展规划》(以下简称《规划》),标志着广西北部湾经济区(以下简称北部湾经济区)开放开发上升为国家战略。抓住机遇,发挥优势,加快北部湾经济区开放开发,对把广西建设成为国际区域经济合作新高地、我国沿海经济发展新一极具有十分重要的意义。自治区党委九届六次全会通过的《中共广西壮族自治区委员会关于实施科学发展三年计划的决定》提出,以北部湾经济区开放开发为龙头,优先发展北部湾经济区,把北部湾经济区建设成为我区科学发展的排头兵、率先发展的先行区、改革开放的试验区。在自治区党委、自治区人民政府的正确领导下,北部湾经济区开放开发风生水起,如火如荼,不断取得新进展,发展态势越来越好。

但是,北部湾经济区发展也存在着一些突出问题,比如,管理体制尚需理顺,总体经济实力不强,工业化、城镇化水平较低,经济要素分散,建设用地矛盾突出,建设资金缺口较大,投资软环境不乐观,港口规模不大,现代市场体系不健全,近海地区生态保护压力较大,社会事业发展滞后,人才开发、引进准备不足,缺乏中心城市带动等。造成这些问题的原因是多方面的,其中,制度建设不完善是影响发展的一个重要因素。制定《广西北部湾经济区条例》(以下简称《条例》),明确北部湾经济区的范围、性质、发展目标、发展原则、发展重点,解决北部湾经济区发展的突出问题,创新北部湾经济区体制机制,营造良好的发展环境,保障和促进北部湾经济区开放开发非常必要。

二、制定《条例》的依据和参考资料

制定《条例》没有直接的上位法依据。立法起草主要参考了《广西北部湾经济区发展规划》、《天津滨海新区条例》、《深圳经济特区改革创新促进条例》以及其他经济区有关资料。

三、《条例(草案)》起草经过

自治区党委、自治区人民政府《关于印发实施〈广西北部湾经济区发展规划〉工作方案的通知》(桂办发〔2008〕29 号)明确将《条例》列入 2008 年地方性法规立法项目。桂办发〔2008〕29 号文下发后，按照要求，自治区法制办牵头，自治区发改委、北部湾办配合，成立了《条例》立法起草小组，制定了《〈广西北部湾经济区条例〉立法工作方案》。立法起草工作严格按照工作方案要求逐步实施。2008 年 5—10 月，起草小组在认真研究国家有关法律、法规、规章和政策文件，收集并学习上海浦东新区、天津滨海新区等地制度建设和经济区发展相关资料的基础上，召开了立法研讨会、专家论证会、立法座谈会、立法咨询会，并将《条例(征求意见稿)》发到全区 14 个设区的市人民政府和 42 个区直部门征求意见，同时在《法治快报》和《广西政府法制网》全文公布，征求社会公众意见。认真研究各方面意见后，经过反复协商修改，形成了《条例(草案送审稿)》送自治区人民政府审议。《条例(草案送审稿)》已经 2009 年 4 月 27 日自治区十一届人民政府第 32 次常务会议审议通过，形成本《条例(草案)》。

四、《条例(草案)》主要问题的说明

(一)《条例(草案)》的主要内容

《条例》作为北部湾经济区的基本法,重在规范北部湾经济区开放开发涉及的宏观、原则问题,包括北部湾经济区是什么、干什么、怎么干、怎么管等问题。《条例(草案)》共29条,分别规定了立法目的、北部湾经济区范围、发展目标、发展原则、管理体制、管理机构及职责、产业重点、土地资金人才保障、城乡统筹发展、改革试验、授权规范和免责规定等北部湾经济区发展涉及的基本问题。

(二)关于北部湾经济区的范围

国家批准的《规划》明确北部湾经济区的范围主要包括南宁、北海、钦州和防城港四个市所辖行政区域,并在功能组团中涉及玉林博白县龙潭镇和崇左凭祥市。为了使《条例》与《规划》相衔接,《条例(草案)》规定北部湾经济区范围包括南宁市、北海市、钦州市、防城港市所辖行政区域,玉林市、崇左市参与北部湾经济区规划的功能组团建设。此外,根据自治区党委、自治区人民政府关于玉林、崇左两市交通、物流纳入北部湾经济区发展的要求,《条例(草案)》规定玉林、崇左市的交通物流列入北部湾经济区统筹发展。

(三)关于管理体制和管理机构

北部湾经济区包括南宁、北海、钦州和防城港四个市所辖行政区域,经济区与行政区的关系有待理顺,现行管理体制存在统筹不力、运行不畅等问题,建立科学的管理体制对保障和促进北部湾经济区的发展十分重

要。北部湾经济区的管理体制设计应当既要有利于发挥行政区政府的积极性，又要有效解决北部湾经济区统筹管理问题，《条例(草案)》规定“北部湾经济区实行统一规划、统一协调、分级管理与分工负责相结合的管理体制”。国内经济区管理体制模式主要有天津滨海新区、上海浦东新区、新疆乌昌、河南郑汴等管理体制。其中，天津滨海新区管理体制是成立管委会，统筹新区经济发展的各方面事项(现已改为一级政府)；上海浦东新区是一级政府；新疆乌昌一体化管理体制在不涉及乌鲁木齐市和昌吉自治州行政区划调整的前提下，成立乌昌党委，实行财政统一、市场统一、规划统一，合并乌鲁木齐市和昌吉州财政、规划、发展改革、社会保障、旅游等部门；河南郑汴一体化管理体制是成立一体化领导小组，并通过两市签订行政协议、建立联席会议制度来推进一体化建设。经研究认为，北部湾经济区由四个设区的市构成，具有特殊性，不能照搬照抄其他地区的管理模式，但可以借鉴他们的先进经验。为此，《条例(草案)》规定，设立北部湾经济区管理委员会，代表自治区人民政府统筹管理北部湾经济区开发建设，其具体职责由自治区人民政府另行规定。

(四)关于《规划》

《规划》是指导北部湾经济区发展的纲领性文件，将《规划》的主要内容法定化，提升《规划》的法律地位，强化《规划》的效力，对保障《规划》的实施，促进北部湾经济区的有序开发非常重要。为此，《条例(草案)》作了以下规定：一是将《规划》关于北部湾经济区的范围、功能定位、发展目标、产业重点等主要内容法定化，以法规的形式将北部湾经济区发展的主要问题确定下来；二是北部湾经济区县级以上人民政府和自治区有关部门应当依据《规划》，调整综合规划和相关专项规划，严格按照规划确定的功能定位、空间布局和发展重点，选择和安排建设项目，强化《规划》的效力；三是对违反《规划》或者实施《规划》不力等妨碍开放开发的问题，有关国家机关接到举报或者投诉后，应当按有关规定及时调查处理，并将处理结果告知举报人或者投诉人。

（五）关于保障促进政策

北部湾经济区开放开发离不开保障促进政策措施的支持。由于政策具有变动性和时效性，《条例》作为地方性法规，相对稳定，不宜在《条例》中规定具体的保障促进政策，具体政策可以由《条例》授权政府制定。为此，《条例（草案）》对保障促进政策作了以下规定：一是自治区优先发展北部湾经济区，在政策、规划、项目、资金、技术、人才等方面予以优先保障；二是自治区人民政府在不违背宪法和法律的原则下，可以制定特殊政策和灵活措施，加快北部湾经济区的开发建设，为政府制定政策提供法律依据；三是对制约发展的土地、资金等关键问题的政策作出了原则规定，强调自治区优先安排北部湾经济区建设项目用地，重大建设项目用地由自治区统筹安排。明确自治区设立北部湾经济区开放开发专项资金，支持基础设施建设和重点产业园区、重大产业项目建设。自治区有关部门分配财政预算安排的专项资金应当重点支持北部湾经济区。

（六）关于改革创新

北部湾经济区开放开发时间紧、任务重，既面临难得的机遇，也存在巨大的挑战。要实现科学发展、跨越发展的目标，必须进一步解放思想，鼓励改革创新，允许先行先试。为此，《条例（草案）》规定，北部湾经济区开放开发应当坚持改革创新，优化体制机制，凡是有利于加快北部湾经济区开放开发的体制、机制、政策、措施，均可以先行先试。积极推进经济区行政管理体制、市场体系、土地管理制度等综合配套改革，对经济区管理模式、城乡基础设施统筹发展、农村金融服务、人口综合管理、城乡土地管理、港口资源整合等进行改革试验。为了给改革创新、先行先试创造宽松的环境,《条例(草案)》设定了免责条款,对在北部湾经济区开放开发中改革创新、先行先试未达到预期效果,但决策和实施程序符合规定,个人和所在单位没有牟取私利的,可以免除或者减轻有关单位和个人的责任。

(七)关于生态环保和城乡统筹

为确保北部湾经济区的科学发展,做到全面协调可持续,应当把贯彻落实科学发展观贯穿于北部湾经济区开发建设的始终,为此,《条例(草案)》强调了生态建设、环境保护和城乡统筹发展:一是规定北部湾经济区应当加强生态建设和环境保护,合理开发和节约资源,打造经济繁荣、人民富裕、生态优美、舒适宜居的绿色经济区。新建、扩建、改建的项目应当遵守环境保护的法律法规和符合环境保护标准;二是规定北部湾经济区应当统筹城乡规划、产业发展、基础设施建设、公共服务、劳动就业、社会管理,推行统筹城乡综合配套改革,促进城乡经济社会协调发展。

广西北部湾经济区发展规划

前　言

广西北部湾经济区（以下简称“北部湾经济区”）地处我国沿海西南端，由南宁、北海、钦州、防城港四市所辖行政区域组成，陆地国土面积4.25万平方公里，2006年末总人口1255万人。广西北部湾经济区发展规划（以下简称“北部湾规划”）依据党的十七大精神和《中华人民共和国国民经济和社会发展第十一个五年规划纲要》、国家《西部大开发“十一五”规划》编制。规划期为2006—2020年。

第一章　发展背景

进入新世纪以来，我国区域协调发展总体战略逐步形成，与东盟面向和平与繁荣的战略合作伙伴关系逐步确立，北部湾经济区面临新的历史机遇和挑战，加快发展具有重大意义。

第一节　发展基础

北部湾经济区地处华南经济圈、西南经济圈和东盟经济圈的结合部，是我国西部大开发地区唯一的沿海区域，也是我国与东盟国家既有海上通道、又有陆地接壤的区域，区位优势明显，战略地位突出。

北部湾经济区岸线、土地、淡水、海洋、农林、旅游等资源丰富，环境容量较大，生态系统优良，人口承载力较高，开发密度较低，发展潜力较大，是我国沿海地区规划布局新的现代化港口群、产业群和建设高质量宜居城市的重要区域。

改革开放特别是实施西部大开发战略以来，北部湾经济区经济社会发展取得显著成就，进入了历史上最好的发展时期。经济实力明显增强，经济总量占广西全区比重不断提高;基础设施建设取得重大进展,沿海港口吞吐能力超过5000万吨,集疏运条件逐步完善,西南出海大通道作用得到发挥;特色优势产业快速发展,一批国家重大项目已经建成或将开工建设;开放水平不断提高,与国内其他地区的经济合作日益深化,在面向东盟开放合作中的地位日益凸显;人民生活水平明显提高,生态建设和环境保护得到加强。

第二节 发展机遇

随着经济全球化深入发展,科技革命加速推进,全球和区域合作方兴未艾,求和平、谋发展、促合作已经成为不可阻挡的时代潮流;国家贯彻与邻为善、以邻为伴的周边外交方针,我国与东盟等周边国家的睦邻友好和务实合作将得到进一步加强。这些为北部湾经济区营造了和平稳定发展的周边国际环境。

国家深入实施西部大开发战略和推进兴边富民行动,鼓励东部产业和外资向中西部地区转移,重大项目布局将充分考虑支持中西部发展,加大力度扶持民族地区、边疆地区发展,支持西南地区经济协作、泛珠三角区域合作以及国内其他区域合作,为北部湾经济区加快发展注入了新的活力和动力。

中国—东盟自由贸易区建设加快推进,中国—东盟博览会和商务与投资峰会、大湄公河次区域经济合作等一系列合作机制的建立和实施,深化了中国—东盟合作,为北部湾经济区发挥面向东盟合作前沿和桥头堡作用奠定了基础。

国家高度重视广西沿海地区发展,明确将北部湾经济区作为西部大开发和面向东盟开放合作的重点地区,提出新要求,赋予新使命。北部湾经济区加快发展的机遇已经来到,条件已经具备,时机已经成熟。

第三节 制约因素

目前,北部湾经济区总体经济实力还不强,工业化、城镇化水平较低,现代大工业少，高技术产业薄弱，经济要素分散，缺乏大型骨干企业和中心城市带动；港口规模不大，竞争力不强，集疏运交通设施依然滞后，快速通达周边省特别是珠三角大市场以及东盟国家的陆路通道亟待完善，与经济腹地和国际市场联系不够紧密；现代市场体系不健全，民间资本不活跃，创业氛围不浓；近海地区生态保护及修复压力较大；社会事业发展滞后，人才开发、引进和储备不足等。

第四节　战略意义

加快推进北部湾经济区开放开发，既关系到广西自身发展，也关系到国家整体发展，具有重要的战略意义。加快推进北部湾经济区开放开发，有利于推动广西经济社会全面进步，从整体上带动和提升民族地区发展水平，振兴民族经济，巩固民族团结，保障边疆稳定；有利于深入实施西部大开发战略，增强西南出海大通道功能，促进西南地区对外开放和经济发展，形成带动和支撑西部大开发的战略高地；有利于完善我国沿海沿边经济布局，使东中西部发展更加协调，联系更加紧密，为国家经济社会发展战略注入新的强大动力；有利于加快建设中国—东盟自由贸易区，深化中国与东盟面向繁荣与和平的战略伙伴关系。

第二章　总体思路

第一节　指导思想与发展原则

一、指导思想

高举中国特色社会主义伟大旗帜，以邓小平理论和“三个代表”重要思想为指导，深入贯彻落实科学发展观，以开放合作为重点，以改革创新为动力，进一步解放思想，更新观念，抓住机遇，发挥优势，着力优化经济结构，转变发展方式，优化空间布局，加强联合协作，不断提高综合实力和竞争力，努力把北部湾经济区建成我国沿海发展的新一极，在带动广西发展、促进西部大开发、实现东中西互动、加强中国—东盟合作的进程中发挥更大作用。

二、发展原则

——坚持以人为本,促进科学发展。始终把发展作为第一要务,把提高人民生活水平作为一切工作的出发点和落脚点。以工业化、城镇化为主导,大力调整和优化经济结构,增强自主创新能力,提高发展的质量和效益。

——坚持开放合作,促进互利共赢。始终把扩大对内对外开放和积极融入国内外区域合作放在更加重要位置,在推进合作共赢中谋求发展。

——坚持市场导向,促进优势互补。发挥市场配置资源的基础性作用,促进生产要素合理流动,加强统筹协调,发挥比较优势,形成特色鲜明的城镇体系和产业体系。

——坚持科学布局,促进有序开发。强化主体功能,优化空间结构,把握开发节奏,保持开发强度,形成合理有序的开发格局。

——坚持集约开发,促进要素集聚。引导人口集中分布,调控产业集群发展,强化土地集约利用,实现人口城镇化、产业基地化、经济规模化。

——坚持生态保护,促进环境友好。强化生态建设和环境保护,提高节能环保水平,切实保护海域环境,实现经济社会可持续发展。

第二节　功能定位

北部湾经济区功能定位是:立足北部湾、服务"三南"(西南、华南和中南)、沟通东中西、面向东南亚,充分发挥连接多区域的重要通道、交流桥梁和合作平台作用,以开放合作促开发建设,努力建成中国—东盟开放合作的物流基地、商贸基地、加工制造基地和信息交流中心,成为带动、支撑西部大开发的战略高地和开放度高、辐射力强、经济繁荣、社会和谐、生态良好的重要国际区域经济合作区。

围绕实现上述功能定位,北部湾经济区发展的战略重点是:

——优化国土开发,形成开放合作的空间优势。优化空间布局,密切区域合作,强化城市间功能分工,保护生态环境,打造整体协调、生态友好的可持续发展空间结构。

——完善产业布局，形成开放合作的产业优势。充分利用两个市场、两种资源，优化投资环境，以市场为导向，发挥比较优势，大力发展高起点、高水平的沿海工业、高技术产业和现代服务业，承接产业转移，形成特色鲜明、竞争力强的产业结构。

——提升国际大通道能力，构建开放合作的支撑体系。加快建设现代化沿海港口群，打造泛北部湾海上通道和港口物流中心，构筑出海出边出省的高等级公路网、大能力铁路网和大密度航空网，形成高效便捷安全畅通的现代综合交通网络。

——深化国际国内合作，拓展开放合作的新空间。积极参与中国—东盟自由贸易区建设，打造开放合作的新平台，进一步提升中国—东盟博览会的影响力和凝聚力；大力推进泛北部湾经济合作，继续参与大湄公河次区域合作，推动南宁—新加坡通道经济带建设，形成中国—东盟"一轴两翼"区域经济合作新格局；深化国内区域合作，加强与珠江三角洲地区的联系互动，发挥沟通东中西的作用。

——加强社会建设，营造开放合作的和谐环境。大力发展教育卫生、劳动就业、文化体育、广播电视、社会保障等各项社会事业，加强基本公共服务体系建设，维护社会稳定，促进社会和谐。

——着力推进改革，创新开放合作的体制机制。加快建立行政区和经济区在促进经济发展方面有机结合的体制机制，加大企业改革力度，建立生态补偿机制，深化土地管理、投融资、劳动就业等方面的体制改革，加快建立统一开放竞争有序的现代市场体系。

第三节　发展目标

经过10到15年的努力，把北部湾经济区建设成为我国沿海重要经济增长区域，在西部地区率先实现全面建设小康社会目标。

——经济实力显著增强。在优化结构、提高效益、降低消耗、保护环境的基础上，到2010年，实现人均地区生产总值较大幅度提高；到2020年，人均地区生产总值超过全国平均水平，经济总量占广西的比重提高到45%左右。

——经济结构更加优化。合理的产业结构基本形成，三次产业协调发展，自主创新能力和产业竞争力显著增强，现代产业基地、区域新能源发展和能源安全保障基地基本形成，社会主义新农村建设取得重大进展，城乡协调互动发展，城镇化水平稳步提高，中心城市辐射带动作用显著增强。

——开放合作不断深入。国际区域经济合作区基本建成，经济外向度大幅提高，外贸外经外资规模明显扩大，在国际分工中的地位有所提升，服务带动能力显著增强，开放合作的体制机制基本建立。

——生态文明建设进一步加强。海陆生态环境质量保持优良，成为南中国海海洋生态安全重要屏障区；节能减排效果显著，循环经济形成较大规模，资源环境支撑能力不断增强，基本形成节约能源资源和保护生态环境的产业结构、增长方式、消费模式，可持续发展能力显著增强。

——人民生活全面改善。城乡居民收入稳定增长，居民消费率稳步提高，终身教育体系基本形成，社会就业更加充分，社会保障全面覆盖，基本医疗卫生服务人人享有，公共服务水平显著提高，人居环境舒适优美，社会安定和谐进步。

专栏1 北部湾经济区主要发展指标

指 标	2005年	2010年	2020年
总人口(万人)	1230	1400	1900
城镇化率(%)	39.23	45	60
研发投入占GDP比重(%)	0.5	0.8	4
万元生产总值能源消耗(吨标煤)	1.0	0.9	0.66
万元工业增加值用水量(吨)	300	200	120
二氧化硫排放总量(万吨)	22.7	20.5	20.5
化学需氧量排放总量(万吨)	31.55	27.7	25
森林覆盖率(%)	45.1	50	60

第三章　空间布局

第一节　空间结构

依据区域总体功能定位和资源环境承载能力、开发密度和发展潜力，将北部湾经济区划分为城市、农村和生态三类地区。

城市地区。面积占规划区总面积的9%，作为推进工业化城镇化的国土空间。发展现代工业、建设人口居住区和交通及其他基础设施。各类工业向国家级和自治区级高新技术产业开发区、经济技术开发区、临海工业区、边境经济合作区集聚，人口向城镇集聚。

农村地区。面积占规划区总面积的56%，作为发展农业生产、建设农村居民点和乡村道路及其他基础设施的国土空间。发展特色高效农业，促进农产品生产向优势产区集中，实现专业化、规模化和基地化，建设宜居村庄，保护基本农田。

生态地区。面积占规划区总面积的35%，包括现有自然保护区、水源保护区和生态恢复区，作为构筑生态安全屏障的国土空间。禁止从事不符合生态功能定位的各类开发建设活动。

在实际建设中，按照节约集约用地的原则和转变土地利用方式的要求，统筹协调各产业和各区域发展，科学安排各项用地。

专栏2　三类地区用地平衡表

强制管制区	面积(平方公里)		
	2005年	2010年	2020年
中心城区	396	798	1350
经济开发集中区	(0)	(76)	(100)
临海重化工业集中区	(10)	(50)	(86)
区域交通	532	800	950
发展备用	2906	2236	1534
小计	3834	3834	3834
农村居民区	1860	1860	1012

续表

强制管制区	面积(平方公里)		
	2005年	2010年	2020年
农业地区	24121	22976	22844
小计	25981	24836	23856
自然保护区	3819	4430	4899
水源保护区	5690	6092	6390
生态恢复区	3276	3408	3621
小计	12785	13930	14910
合　计	42500	42500	42500

第二节　城市地区

城市地区包括中心城区、临海重化工业集中区和经济开发集中区，是集聚经济和人口的重要区域。

（一）中心城区

指城市、建制镇的现有建成区和拓展区。按照统筹城乡、合理布局、节约土地、完善功能、以大带小的原则，以增强综合承载能力为重点，以南宁市为依托，建设具有浓郁亚热带风光和滨海特色、辐射作用大的南（宁）北（海）钦（州）防（城港）城市群，促进各具特色的县城和小城镇集约发展，促进大中小城市和小城镇协调发展，成为全国重要的人口经济密集区和中国—东盟合作的重点区域。到2020年，城镇建设区控制面积为1350平方公里，包括四个等级。

——一级城镇建设区

南宁市作为自治区首府和区域中心城市，加快城市发展和城镇化进程。2020年城市建成区人口发展到280～300万人，城市建成区建设用地控制在300平方公里。城市发展要形成以邕江为轴线，西建东扩、完善江北、提升江南、重点向南的空间布局。加快建设五象新区。

——二级城镇建设区

指北海、钦州、防城港三个城市。

北海市按照特大城市规模规划建设，发挥宜居优势，促进城市发展。2020年城市建成区人口发展到100～120万人，城市建成区建设用地控制在140平方公里以内。城市发展重点向东向北推进，铁山港区作为城市功能区布局建设，统筹北海城区与合浦县城、铁山港区基础设施建设。

钦州市按照大城市规模规划建设，依托港口开发和临港工业发展，促进城市发展。

2020年城市建成区人口发展到90～100万人，城市建成区建设用地控制在120平方公里以内。城市发展重点向东、向南拓展，重点建设钦州主城区、钦州港区和三娘湾滨海区。

防城港市按照大城市规模规划建设，依托深水港和企沙重工业基地开发，促进城市发展。2020年城市建成区人口发展到50～60万人，城市建成区建设用地控制在70平方公里以内。城市发展主要向北、向东及企沙方向拓展。

——三级城镇建设区

指东兴市区以及宾阳、横县、武鸣、灵山、浦北、上思、上林、马山、隆安等县城。

东兴市按照中等城市规模规划建设，依托边境贸易、加工和旅游等产业发展，促进城市发展。2020年城市建成区人口发展到18～20万人，城市建成区建设用地控制在20平方公里以内。城市发展主要向东拓展。

宾阳、横县、武鸣、灵山等4个县城按照中等城市规模规划建设，依托特色优势产业，促进城市建设。到2020年，宾阳县城人口发展到40万人，建成区面积控制在50平方公里以内；横县县城人口发展到25万人，建成区面积控制在30平方公里以内；武鸣县城人口发展到20万人，建成区面积控制在22平方公里以内；灵山县县城人口发展到35万人，建成区面积控制在40平方公里以内。浦北、上思、上林、马山、隆安等县城人口发展到5—12万人，建成区面积控制在15平方公里以内。

——四级城镇建设区

指吴圩、六景、黎塘、那桐、南康、山口、犀牛脚、小董、大寺、张黄、陆屋、企沙、江平等13个重点建制镇，重点提升面向农业、农村、农民的公共服务和市场服务能力，促进城镇发展。2020年建制镇人口规模发展到10—20万人。

（二）临海重化工业集中区

指依托沿海城市、深水良港，布局建设以现代工业为主的产业区。近期规划建设面积86平方公里，集中建设钦州港工业区、企沙工业区和铁山港工业区。

钦州港工业区。近期规划建设面积36平方公里，主要发展石化、能源、磷化工、林浆纸及其他配套或关联产业。

企沙工业区。近期规划建设面积30平方公里，主要发展钢铁、重型机械、能源、粮油加工、修造船及其他配套或关联产业。

铁山港工业区。近期规划建设面积20平方公里，主要发展能源、化工、林浆纸、集装箱制造、港口机械、海洋产业及其他配套或关联产业。

（三）经济开发集中区

指已获批准的各类国家级和省级高新技术产业开发区、经济技术开发区和边境经济合作区，其产业发展方向、重点和控制面积见专栏3。

专栏3　重点建设的各类经济开发集中区

开发区名称	批准机关	批准时间	产业发展重点	控制面积（平方公里）
南宁高新技术产业开发区	国务院	1992.11	生物及医药、电子信息、先进制造技术设备	8.5
南宁经济技术开发区	国务院	2001.05	电子、通信电缆、精细化工、制药	10.8
南宁—东盟经济开发区	自治区政府	1990.12	医药、农副产品加工	3.13
南宁江南工业园区	自治区政府	2006.02	铝材加工、水泥制品、剑麻纺织	5.12

续表

开发区名称	批准机关	批准时间	产业发展重点	控制面积（平方公里）
广西良庆经济开发区	自治区政府	2006.05	食品、建材、有色金属深加工	2.63
南宁仙葫经济开发区	自治区政府	2001.01	印刷、食品精细加工	11.3
南宁六景工业园区	自治区政府	2002.12	制药、农产品加工、钢结构产品	1.68
广西北海出口加工区	国务院	2003.03	电子信息、精密机械、生物制药、精细化工、新型建材	1.45
广西北海高新技术产业园区	自治区政府	2006.05	海产品深加工、感光材料、轻工机械	1.2
广西北海工业园区	自治区政府	2003.03	机械制造、轻工	20
广西合浦工业园区	自治区政府	1992.07	制革、饲料、变性淀粉	6.12
广西钦州港经济开发区	自治区政府	1996.06	石化、磷化工	10
东兴镇边境经济合作区	国务院	1992.09	边境贸易、产品进出口加工、边境旅游	4.07

第三节　农村地区

农村地区包括农村居民区和农业地区，是保障农村经济社会发展和农村人口居住的重要区域。

（一）农村居民区

加强乡村基础设施建设，优化农村居民点布局，重点建设好交通比较便利、地形比较平坦、水源有保障、受灾可能性较小的乡村，促使交通不便、地形不利、受灾可能性大，以及其他不适宜居住村庄的人口逐步有序迁移。到 2010 年，农村居民区建设用地实现零增长，到 2020 年减少 10%。

加强乡村建设规划。引导农民建设节地节能节材住宅，保护有地域特色的农村建筑风貌。加强农村安全饮水、医疗卫生、道路、沼气、电网、信息网、垃圾废弃物集中处理和社区管理等设施建设，改善农村居民生活条件。统筹城乡基础设施建设和运营管理。

(二)农业地区

农业地区是提供各类农产品的载体,同时发挥调节气候、美化环境的积极作用。根据当地农业资源条件,实现粮食作物和经济作物等主要农产品的良种化、专业化、规模化和基地化。切实保护基本农田,落实国家和自治区下达的耕地保有量指标。

水稻主产区,主要分布在南宁市的邕宁区、武鸣县、上林县、宾阳县、横县,北海市的银海区、合浦县,钦州市的钦北区、灵山县、浦北县,防城港市防城区等。到2010年,水稻主产区的种植面积稳定在35万公顷,2020年继续保持种植面积稳定。

畜牧业产区,主要分布在南宁市的邕宁区、武鸣县、横县、宾阳县,钦州市的灵山县、浦北县,北海市的合浦县,防城港市的防城区、上思县。到2010年,畜牧业产区生猪出栏1000万头,家禽出栏1.5亿只,肉牛出栏50万头,奶牛存栏10万头,2020年生猪出栏1500万头,家禽出栏2亿只,肉牛出栏80万头,奶牛存栏15万头。

甘蔗主产区,主要分布在南宁市的江南区、良庆区、武鸣县、上林县、宾阳县、横县,北海市银海区,钦州市的钦北区、钦南区、浦北县,防城港市的上思县等。到2010年,甘蔗主产区的种植面积稳定在6.3万公顷,2020年继续保持种植面积稳定。

亚热带水果主产区,主要分布在南宁市的邕宁区、武鸣县、上林县、隆安县,北海市合浦县,钦州市的钦南区、钦北区、灵山县、浦北县,防城港市的防城区、东兴市。

桉树种植区,主要布局在南宁市的良庆区、邕宁区、江南区、武鸣县、马山县、横县、宾阳县,北海市的铁山港区、银海区、合浦县,钦州市的钦南区、钦北区、灵山县、浦北县,防城港市的防城区、上思县、东兴市。在保护当地自然植被和生物多样性的基础上,有控制地发展。到2010年,桉树种植面积60万公顷,2020年扩大到90万公顷。

第四节 生态地区

生态地区包括自然保护区、水源保护区和生态恢复区，是保障生态安全的重要区域。

（一）自然保护区

面积4899平方公里，占规划区总面积的11.53%。根据需要，经批准规划期内可适当增加自然保护区面积，但不得减少。严格控制人为因素对保护对象的干扰，严禁任何不符合保护区功能或改变地形地貌、植被、地表构成的开发建设活动。逐步减少自然保护区内的人口。

专栏4 自然保护区的定位和面积

名 称	位置	面积（公顷）	主要保护对象	级别
大明山自然保护区	武鸣、马山、上林、宾阳	64900	季风常绿阔叶林、水源涵养林及自然景观	国家级
合浦儒艮自然保护区	合浦县	35000	儒艮、湿地生态系统	国家级
山口红树林自然保护区	合浦县	8000	红树林、湿地生态系统	国家级
十万大山自然保护区	上思、防城、钦州	174500	水源涵养林	国家级
防城金花茶自然保护区	防城区	9195	金花茶	国家级
北仑河口自然保护区	东兴市	3000	红树林	国家级
龙虎山自然保护区	隆安县	2766	广西猕猴、珍贵药作植物及自然景观	自治区级
西大明山自然保护区	扶绥、隆安、大新、崇左	60100	水源涵养林	自治区级
横县六景泥盘纪地质标准剖面	横县	5	泥盘系地质剖面	自治区级
涠洲岛鸟类保护区	北海市	2600	各种候鸟和旅鸟	自治区级
营盘马氏珍珠贝保护区	北海市	49000	马氏珍珠贝资源及海洋生态系统	自治区级
党江红树林自然保护区	北海市	2818	红树林、湿地生态系统	自治区级

续表

名　称	位置	面积（公顷）	主要保护对象	级别
涠洲岛火山地貌自然遗址保护区	北海市	500	自然遗迹	自治区级
涠洲岛珊瑚礁自然保护区	北海市	3510.8	珊瑚礁、海洋资源、湿地生态系统	自治区级
王岗山自治区级自然保护区	钦北区	7330	北热带季雨林	自治区级
茅尾海红树林自然保护区	钦南区	2784	红树林、湿地生态系统	自治区级
浦北红椎林保护区	浦北县	1400	红椎林、湿地生态系统	自治区级
六万山水源林保护区	浦北县	3100	水源涵养林	县级
光坡白鹭保护区	港口区	500	白鹭	县级
光坡南亚松保护区	港口区	63	南亚松	县级
防城万鹤山鸟类保护区	防城区	600	鹭鸟	县级
海南虎斑鸠自然保护区	上思	1800	海南虎斑鸠	县级

（二）水源保护区

指为生产生活生态用水提供充足水源的地区，包括主要江河城镇饮用水水源保护区、大中型水库及其一定范围的缓冲区。面积6390平方公里，占规划区总面积的15.04%。对水源保护区实行强制性保护，重点加强大型水库周边的植被保护及污染防治，加大水土保持清洁型、生态型小流域综合治理力度，实施城镇饮用水水源地保护和农村饮水安全工程，完善标识与警告设施，关闭水源保护区内所有排污口，严禁任何不符合水源保护区功能的开发建设活动。

加强生态功能保护区建设，重点保护六万山水源涵养重要区、十万大山水源涵养与生物多样性保护重要区等生态功能保护区。开展植被恢复和水土流失治理，保护现有天然林，进行封山育林，恢复阔叶林，提高森林涵养水源的功能。

（三）生态恢复区

指生态系统比较脆弱、自身稳定性差，生态环境极易退化的区域，包括石漠化地区、沙地、湿地、盐碱地、裸地等。面积 3621 平方公里，占规划区总面积的 8.52%。强制保护生态恢复区，在植被生态恢复后再考虑适度发展旅游，禁止任何城镇和工业建设及破坏生态的农牧业开发。加强造林绿化，实施沿海防护林体系、珠江流域防护林体系等重点林业生态工程建设。对石漠化严重的地区采取水土保持、生态移民等综合措施加快治理。

专栏 5　水源保护区的面积和库容

类　型		水库名称	保护面积（平方公里）	总库容（亿立方米）	位　置
中央直属		西津	1300	30	横县
		百龙滩	150	3.4	都安、马山
南宁	大型	凤亭河	176	5.07	良庆区大塘镇
		屯六	99	2.26	良庆区大塘镇
		大王滩	907.5	6.38	良庆区
		仙湖	342	1.25	武鸣县仙湖镇
		大龙洞	310	1.51	上林县西燕镇
	中型	天雹	50.84	0.17	西乡塘区心圩镇
		龙潭	75.94	0.168	南宁市江南区
北海	大型	洪潮江	400	7.03	合浦县西北
	中型	石康	21	0.123	合浦县石康镇
		清水江	52	0.71	合浦县城东
		闸口	54.3	0.2	合浦县闸口镇
		牛尾岭	24.48	0.26	银海区高德镇
钦州	大型	小江	510	10.25	浦北县
		灵东	145	1.79	灵山县东北面
防城港	大型	那板	490	8.32	左江支流明江河上游
		小峰	55	1.03	防城区那勤乡
	中型	三波	9.3	0.13	防城区防城镇
		小陶	5.65	0.12	防城区茅岭乡

第五节　岸线分区

根据经济社会发展需要和海岸线的自然条件，将北部湾经济区海岸线划分为7种类型。

——港口及工业岸线。规划228公里，主要用于深水港口开发、渔港扩建和临港工业发展。

——城镇建设岸线。规划147公里，用于城镇发展和功能拓展。

——旅游观光岸线。规划53公里，用于大众化旅游服务设施建设。

——休闲游憩岸线。规划133公里，用于高档休闲疗养健身等设施建设。

——养殖岸线。规划213公里，用于各类高效特色水产养殖。

——生态保护岸线。规划390公里，用于海洋生态环境和稀有动植物资源保护。

——其他岸线。（略）

第六节　功能组团

根据空间布局和岸线分区，规划建设5个功能组团。

南宁组团。主要包括南宁市区及周边重点开发区，发挥首府中心城市作用，重点发展高技术产业、加工制造业、商贸业和金融、会展、物流等现代服务业，建设保税物流中心，成为面向中国与东盟合作的区域性国际城市、综合交通枢纽和信息交流中心。

钦（州）防（城港）组团。主要包括钦州、防城港市区和临海工业区及沿海相关地区，发挥深水大港优势，建设保税港区，发展临海重化工业和港口物流，成为利用两个市场、两种资源的加工制造基地和物流基地。

北海组团。主要包括北海市区、合浦县城区及周边重点开发区，发挥亚热带滨海旅游资源优势，开发滨海旅游和跨国旅游业，重点发展电子信息、生物制药、海洋开发等高技术产业和出口加工业，拓展出口加工区保税物流功能，保护良好生态环境，成为人居环境优美舒适的海滨城市。

铁山港（龙潭）组团。主要包括北海市铁山港区、玉林市龙潭镇，充分发挥深水岸线和紧靠广东的区位优势，重点建设铁山港大能力泊位和深水航道，承接产业转移，发展临港型产业，建设海峡两岸（玉林）农业合作试验区。

东兴（凭祥）组团。主要包括防城港东兴市、崇左凭祥市城区和边境经济合作区及周边重点开发区，发挥通向东盟陆海大通道的门户作用，发展边境出口加工、商贸物流和边境旅游，拓展凭祥经济技术合作区功能，建立凭祥边境综合保税区。

第四章　产业发展

抓住工业化、信息化、城镇化、市场化、国际化全面发展的机遇，发挥区位优势，加强引导扶持，承接产业转移，加快发展现代产业体系，推动产业优化升级，大力推进信息化和工业化融合，加快发展现代农业，提高服务业现代化水平，加速科技成果转化，加强知识产权保护，不断提高自主创新能力、节能环保水平、产业整体素质和市场竞争力。

第一节　工业

发挥沿海港口优势，充分利用两个市场、两种资源，大力改善发展环境，加快完善产业布局，在沿海规划建设高起点高水平的现代加工制造业体系，培育跨国公司和国际知名品牌。

石油化工。利用较好的港口条件和南海丰富的油气资源，建设钦州大型炼油基地，发展原油加工等石化产业；力争“十二五”建设石化产业链后续工程，形成沿海石化产业集群。依托南宁化学工业基础，建设南宁精细化工基地。

造纸。利用适宜种植速生林的优势，建设钦州、铁山港大型林浆纸基地，生产高中档造纸系列产品，发展林浆纸一体化产业，形成沿海林浆纸一体化产业群。积极发展木材综合加工。

冶金。按照国家钢铁产业政策要求，充分发挥沿海优势，实施产品结构调整，积极推进钢铁企业联合重组，加快淘汰落后钢铁产能，提高产品附加值。发挥广西铝资源丰富的优势,发展技术含量高、市场竞争力强的铝加工项目,建设南宁铝深加工产业,开发满足交通运输、航空、包装等领域发展需要的精深铝板带箔材等产品。

轻工食品。依托沿海港口,大力发展粮油食品加工等产业。把制糖工业建成综合利用、循环发展的产业。利用丰富的农产品资源,积极发展茧丝绸、果蔬、剑麻、八角、金花茶、竹笋、烟草等深加工。利用区位优势,发展纺织服装工业。

高技术。加快科技成果引进消化吸收再创新,重点培育发展电子信息、生物工程、新材料、现代中药、节能环保等高技术产业,积极发展软件开发、新型电子元器件、生物基材料和稀土等高性能材料、生物质能源、节能环保材料及产品,建设中药材 GAP 基地。提升南宁、北海高新技术产业园区的创新能力和孵化能力。建设南宁生物质产业基地。

海洋。发挥海洋资源优势,大力培育发展海产品深加工、海洋生物制药、海洋化工等海洋产业,加强海洋油气等矿产资源勘查与开发。促进海洋科技成果产业化。

第二节　农业

坚持把发展现代农业,繁荣农村经济作为社会主义新农村建设的首要任务,大力发展高效优质生态安全农业,积极发展农产品精深加工业,不断提升水利化、机械化和信息化水平。

种植业。稳定粮食种植面积,改善农业生产条件,依靠科技提高品质和单产。重点发展热带亚热带果蔬等特色园艺作物。扩大速生丰产林面积,发展优质香料种植。稳定甘蔗种植面积,扶持优势蔗区,提高单产和含糖率。积极推广冬种马铃薯,完善优良种薯繁育体系。适度扩大木薯种植面积,积极推广优良品种,增加产量。建设中药材良种繁育基地和种养基地。发展特色名贵花卉。

畜牧业。积极调整畜牧业结构,转变畜牧业发展方式,改良畜禽品种，开发地方家禽品种资源，大力发展奶水牛产业，积极开展草地改良、人工种草，提高畜牧业综合生产能力，促进畜牧业生产由粗放、耗粮型向集约、节粮型转变，重点发展特色优势畜禽。

海洋渔业。积极推广生态养殖，严格控制近海捕捞强度。合理开发北部湾渔业资源，积极稳妥发展远洋渔业。完善渔政渔港设施建设。

加强农业服务体系建设。完善农产品生产、加工、流通等配套服务，继续实施“万村千乡市场工程”，积极推进农产品批发市场设施建设和升级改造。加大科技支农力度，扩大信息进入农户覆盖面，鼓励发展农机社会化服务。加强地方特色产品原产地保护。建设动植物疫病防控工程，提高农产品质量安全水平。

第三节　服务业

坚持产业化、市场化、社会化方向，拓宽领域、扩大规模、优化结构、增强功能、规范市场，提高服务业现代化水平。

物流业。依托区位优势和深水良港优势，大力发展海洋运输，加快构建沿海和城市保税物流体系。充分利用中国—东盟博览会形成的平台，大力发展国际经济贸易和服务贸易，建设南宁区域性国际现代物流基地。依托边境贸易、边境出口加工、跨国旅游，建设边境商贸物流基地和边境综合保税区。培育现代物流企业集团，加强与国内外物流企业合作，大力发展第三方物流，加快电子口岸建设，形成面向东盟、连接西南、通达珠三角的高效便捷低成本物流服务体系。

金融业。积极引进各类金融机构，大力发展银行、保险、证券、期货、信托等金融业，加快培育金融市场，组建一批新的投融资公司，探索建立产业投资基金，积极发展创业投资企业，利用资本市场直接融资，加快中小银行重组、改革步伐，构建南宁区域性金融中心，形成现代化金融服务体系。稳妥推进调整放宽农村地区银行业金融机构准入政策试点工作，大力培育多层次、广覆盖、可持续的农村金融体系。

信息服务业。增强邮政电信服务能力，大力推进电子商务和电子政务，积极发展地理信息、动漫等数字内容产业。促进信息服务硬件建设与软件建设相融合，加快行业信息化应用，建设包括商务投资、金融、港口航运、产品质量检验检疫、旅游、劳动力、科技、文化等综合性和专业性信息在内的中国—东盟区域性国际信息交流服务中心。

会展业。把中国—东盟博览会和中国—东盟商务与投资峰会办得更有特色、更有成效，依托平台品牌，培育会展主体，开拓会展市场，做大会展经济。结合"会、节、演、赛"，发展特色会展，促进会展、旅游、商贸互动。建设和完善南宁、北海等城市会展服务设施。

房地产业。适应不同群体的住房需求，加强房地产市场的政策引导和调控。加大商品房供给结构调整力度，增加投入，加快经济适用房特别是廉租房建设，切实解决城市低收入家庭住房困难。南宁、北海等城市要发挥生态宜居特色，集聚人口和产业，促进房地产业健康发展。

旅游业。立足旅游需求，发挥特色优势，依托中国优秀旅游城市，把北部湾经济区培育成为区域性国际旅游目的地和旅游促进中心。完善旅游产品体系，积极发展生态旅游、康体旅游、温泉度假、邮轮游艇、海岛旅游、自驾车旅游等休闲度假旅游产品。依托国家4A级以上旅游景点，打造旅游精品，构筑泛北部湾旅游圈。加强旅游基础设施和公共服务体系、安全与质量保障体系建设，大力提升旅游业服务水平。

专栏6　工业重点工程

沿海石化工程，沿海钢铁基地，沿海林浆纸基地，南宁铝加工基地，南宁精细化工基地，北海、南宁电子信息、生物制药、新材料、软件研发、计算机、通信等高技术产业基地，沿海海洋产业基地，沿海和南宁轻工食品工业基地，南宁重型机械设备制造。

第五章　基础设施

继续加强基础设施建设，大力提升交通、能源、水利、信息等基础设施的共建共享、互联互通能力和水平，为开放合作提供强有力的支撑。

第一节　交通

加强国内国际合作，加大各类投入，根据《全国沿海港口布局规划》、《国家高速公路网规划》、《中长期铁路网规划》和《全国民用机场布局规划》，建设中国—东盟交通合作项目，较大幅度提高沿海港口吞吐能力、高等级公路和大能力铁路路网密度、机场吞吐能力和服务水平，提升出海出边国际大通道能力。

建设现代化沿海港口群。坚持以市场为导向，以实现规模化、集约化和现代化建设为目标，明确港口功能及其合理分工，推进港口经营一体化发展，建设广西沿海港口群。规划沿海港口新建一批万吨级以上泊位和深水航道，打造港口物流中心，加强能源、铁矿石、集装箱运输系统以及连接腹地的集疏运配套系统建设，提高沿海港口通过能力。

建设完善高等级公路网络。重点建设通往云贵方向的南宁—百色—昆明、南宁—河池—贵阳和通往珠三角方向的南宁—梧州—广州等国家高速公路网项目。加快推进国道、省道干线路网改造，尽快打通省际通道，提高技术等级和路网整体效率。规划建设连接沿海港口的高等级公路，加大区域内公路路网密度。到2010年，形成较为完善的西南地区公路出海通道网络。

建设大能力铁路通道。重点建设南宁—广州铁路，构建连接珠三角的高标准、大能力铁路通道；建设湘桂铁路复线和南宁—柳州城际铁路，构建连接中、东部省市并与京广大干线相衔接的高标准、大能力铁路通道；建设南昆铁路复线和黔桂铁路扩能工程，构建连接西南地区的高标准、大能力出海铁路通道；建设南宁—防城港铁路复线扩能工程、合浦—河唇铁路和连接沿海港口的铁路支线，构建便捷、高效的港口集疏运铁路通道。到2010年，形成连通西南、中南、华南较为完善的铁路通道网络。

建设广覆盖大密度的航空通道。加快南宁、桂林机场扩能改造，完善配套设施，加密其通向国内主要城市的干线航班，开通并增加连接东盟、日韩、欧美等国家的国际航线航班。开辟覆盖广西主要城市的支线航班，形成支线航空网络。

建设南宁综合交通枢纽。重点建设客运、货运、信息和服务支持四大系统，实现客运“零距离换乘”、货运“无缝衔接”和各种运输方式有效协调配合，成为铁路、公路、航空与沿海港口有机连接的综合交通枢纽。

第二节　能源

坚持节约优先、保护环境、优化结构、多元发展，加强能源基础设施建设。以大型高效环保机组为重点优化发展火电。发挥深水良港优势，利用国内外煤炭资源，建设煤炭储运配送基地。大力发展生物质能、风能、潮汐能、太阳能、沼气、非粮燃料乙醇等清洁能源和可再生能源。按照国家规划，积极推进核电建设。引导有实力的企业在钦州建设进口原油商业储备基地。加强电网建设，发展输配电网络。

第三节　水利

加强水利基础设施建设，促进水资源节约、保护和优化配置。围绕提高防洪调蓄和减灾能力，建设重要城市防洪排涝工程、沿海标准化海堤工程、病险水库除险加固工程、大型灌区灌溉工程，提高抗御自然灾害能力。大力推广节水技术，发展节水产业，扩大再生水利用，促进污水资源化。合理规划建设引调水工程，扩大沿海工业园区供水能力。大力发展海水淡化技术，实现海水资源综合利用。加快农村中小型水利设施及其配套工程建设。加强城乡居民饮用水源安全保护和饮水安全工程建设。严格控制沿海地区地下水开采。强化水资源综合管理。

第四节　信息

加快信息基础设施建设。建设和完善宽带通信网、数字电视网和下一代互联网，积极推进“三网融合”。提高网络覆盖率，继续提高农村地区的电话、电视普及率。利用国家公共通信资源，形成统一的电子政务传输骨干网，积极推进电子政务、电子商务、远程教育和医疗等信息综合应用。加快面向企业、行业和区域的第三方电子商务平台建设。加强基础信息库建设，深度开发和利用信息资源。强化信息安全保障。

专栏 7 基础设施重点工程

（一）交通

公共码头——在北部湾港口群建设散杂货、件杂货、集装箱和邮轮泊位。

深水航道——在北部湾港口群建设 15 万吨级、10 万吨级和 5 万吨级深水航道。

高等级公路——都安—水任—六寨高速公路、河池—宜州高速公路、钦州—崇左高速公路、玉林—铁山港高速公路、六景—钦州高速公路等。

铁路——南宁—广州铁路、南宁—柳州城际铁路、南宁—昆明铁路复线、南宁—防城港铁路复线、合浦—河唇铁路、南宁铁路客货运枢纽工程等。

机场——南宁机场改扩建工程、桂林机场改扩建工程、北海机场收尾完善工程。

（二）能源

沿海火电、核电建设工程、非粮燃料乙醇扩能工程、沿海风能和潮汐能建设工程、农村沼气工程、钦州进口原油商业储备基地建设工程、沿海煤炭储运配送基地建设工程、电网建设工程。

（三）水利

南宁市城区防洪排涝工程，北海、钦州、防城港、合浦县标准化海堤建设工程，病险水库除险加固工程，沿海工业园区供水工程，南宁大王滩水库城市居民安全饮水水源保护工程。

（四）信息

广西互联网公共平台改扩建工程、广西“金字”系列电子政务建设工程、中国—东盟博览会电子商务平台建设工程、城市应急联动信息系统建设工程、广西数字电视网络工程等。

第六章 社会建设

在经济发展的基础上，不断扩大公共服务，更加注重保障和改善民生，完善社会管理，促进社会公平正义，推动建设和谐社会。

第一节 教育文化

坚持育人为本、德育为先，实施素质教育，提高教育现代化水平。坚持教育公益性质，加大财政对教育投入。促进教育公平，推进义务教育均衡发展。健全学生资助制度，保障经济困难家庭、进城务工人员子女平等接受义务教育。加强教师队伍建设，重点提高农村教师素质。鼓励和规范社会力量兴办教育。以农村义务教育为重点，继续巩固提高九年义务教育。继续调整农村中小学布局。加快推进义务教育规范化建设，基本实现教育管理信息化。实施职业教育攻坚战，加强以实验实训基地和职教师资培训为重点的职业教育基础能力建设，大规模培养产业工人及其他专门人才，提高农民素质。扩大中等职业教育规模。提高普通高中办学质量，稳步发展高等教育，着力提高高等教育质量。积极发展公益性文化事业，加快公共文化服务体系建设，完善公共文化设施网络，加强文化市场管理，推进文化产业发展，保护民族文化遗产。

第二节　卫生事业

关注人民健康，发展卫生事业。坚持公共医疗卫生的公益性质，坚持预防为主、以农村为重点、中西医并重，强化政府责任和投入，完善国民健康政策，鼓励社会参与，建设覆盖城乡居民的公共卫生服务体系、医疗服务体系、医疗保障体系、药品供应保障体系，为群众提供安全、方便、有效、价廉的卫生医疗服务，提高重大疾病防控和突发公共事件应急处置能力。加强农村三级卫生服务网络和城市社区卫生服务体系。深化医药卫生体制改革。稳定低生育水平，提高出生人口素质。深入开展城乡清洁工程。

第三节　城乡就业

坚持实施积极的就业政策，建立统一规范的城乡人力资源市场。加强政府引导，改进公共就业服务，完善市场就业机制。大力发展劳动密集型产业、服务业、非公有制经济、中小企业，多渠道、多方式增加就业岗位，扩大就业规模，改善就业结构。支持自主创业、自谋职业，以创业带动就业。加强农村富余劳动力转移就业培训，健全面向全体劳动者的职业技能培训制度，完善面向所有困难群众的就业援助制度，及时帮助零就业家庭解决就业困难。积极做好下岗职工再就业和高校毕业生、退役军人就业指导工作。

第四节　社会保障

加快建立覆盖城乡居民，以社会保险、社会救助、社会福利为基础，以基本养老、基本医疗、最低生活保障制度为重点，以慈善事业、商业保险为补充的社会保障体系。完善基本养老、基本医疗、失业、工伤、生育保险和最低生活保障制度。扩大城镇基本养老保险覆盖范围，探索建立个人缴费、集体补助、政府补贴相结合的新型农村养老保险制度。全面推进城镇职工基本医疗保险、城镇居民基本医疗保险、新型农村合作医疗制度建设。提高统筹层次，充实社会保障基金，加强基金监管。加快建立多层次住房保障体系，特别要健全廉租住房制度，多渠道解决城市低收入家庭住房困难。健全社会救助体系。

第七章　生态环境

加强生态建设和环境保护，增强可持续发展能力，把建设资源节约型、环境友好型社会放在工业化、现代化发展战略的突出位置。

第一节　生态建设和保护

加强重要生态公益林、自然保护区、重要地质遗迹、湿地生态系统和野生动植物、生物物种资源等的保护，恢复或增强生态服务功能。严格执行开发建设项目水土保持方案报告和“三同时”制度，加强重大地质灾害区和已开采矿区的生态恢复和治理。建设茅尾海、涠洲岛—斜阳岛珊瑚礁等重要海洋生态保护区，保持近海生态功能。加强珍稀濒危物种及沿海红树林、海草床、河口港湾湿地等重要海洋生态系统的生境保护。实施湿地保护与恢复、岩溶地区生态修复与保护、海岛生态保护、防护林体系、水土保持、城市环境改善、标准海堤等生态工程建设。积极开展创建国家环境模范城市和国家环境友好企业活动。

第二节　污染防治

大力发展循环经济，全面推行清洁生产，促进污染物和废料资源化利用。积极发展无公害农产品、绿色食品、有机产品、无公害生物农药、高效绿肥、生态养殖等。对邕江、钦江、南流江等重点江河污染加大综合治理力度。加强城市（镇）污水和生活垃圾集中处理设施建设，加强农村面源污染控制与治理。截断地下水污染通道，防止地下水水质污染和恶化。临海工业废水排放必须达到国家标准，严禁任何类型的污水未经处理向海洋直接排放。燃煤电厂必须按照环保规定建设并使用脱硫设施达标排放。强化对沿海重化工业的环境风险防范，加强对主要入海河流流域、河口及陆源排污口的监控管理，实施入海污染物总量控制制度。提高大中型港口、停港船舶和海上石油平台、海洋工程的废水、废油、垃圾回收与处理装置的配备率，实现达标排放。建立溢油、赤潮应急反应预案。加强海洋环境监测，实施海洋环境预警预报工程。

专栏8　生态保护和污染防治重点工程

十万大山自然保护区工程，合浦儒艮自然保护区工程，防城金花茶自然保护区工程，合浦山口、北仑河口、党江、茅尾海等红树林保护区工程，六万山水源涵养重要保护区工程，十万大山水源涵养与生物多样性重要保护区工程，涠洲火山地貌自然遗址保护工程。

第三节　生态合作

加强泛北部湾海洋生态环境保护国际合作。把海洋生物多样性保护、海洋渔业资源开发保护、海岸带管理、海洋环境资源调查、海洋灾害预警预报等作为重点领域，建立国际合作机制，联合实施保护项目，共建良好陆海生态环境。

第八章　开放合作

充分发挥区位优势，实施以面向东盟和泛珠三角为重点的对内对外开放合作战略。扩大开放合作领域，提高开放合作质量，构建内外联动、互利共赢、安全高效的开放型经济体系，形成经济全球化、区域经济一体化条件下参与国际国内合作和竞争的新优势。

第一节　对外经济

加快转变外贸增长方式，立足以质取胜，优化贸易结构，扩大高附加值产品出口，大力承接东部加工贸易转移，加快发展服务贸易和边境贸易。充分利用中国—东盟自由贸易区规则，积极参与双边多边经贸合作，把握先机，开拓市场，扩大国内短缺的能源、原材料进口，做大对外贸易总量。优化开放环境，大力吸引外资投向制造业、高技术产业、现代农业、环保产业和基础设施等领域。创新利用外资方式，鼓励外资参与软件开发、跨境外包、物流服务，以及金融服务、保险中介服务、会计、审计、工程设计、城市规划、信息咨询、旅游开发等，发挥利用外资在推动自主创新、产业升级等方面的积极作用。加大引进国内外大公司力度，积极培育大公司大集团和国际品牌，创新对外投资和合作方式，鼓励更多企业到境外特别是东盟国家投资办厂、承接海外工程和劳务输出，支持企业在研发、生产、销售等方面开展国际化经营。积极开展国际能源资源互利合作。加快推进广西？印尼沃诺吉利经贸合作区建设。加强口岸建设，提升口岸等级，加快电子口岸联网，积极推动海关、边检、检验检疫等口岸查验部门实行“一站式”通关检查，推进大通关建设，促进贸易便利化。

第二节 国际合作

全方位多领域扩大与东盟合作。加快推动形成以大湄公河次区域经济合作和泛北部湾经济合作为两翼、以南宁—新加坡经济走廊为中轴的中国—东盟“一轴两翼”区域经济合作新格局。积极推进泛北部湾经济合作，打造次区域合作的新亮点。积极拓展与日韩、欧美及其他国家和地区合作。

深化交通合作。加快“两廊一圈”框架下中越合作开展交通基础设施项目建设的研究，进一步推动泛北部湾区域交通合作，逐步实现南宁至河内、胡志明市的高等级公路连接和中南半岛的铁路干线贯通；加强集装箱联运与国际中转、运输航线、物流与煤炭配送、邮轮客运等合作；增开南宁至东盟国家主要城市的空中航线，构建连接东盟国家的陆海空立体交通运输体系。

加强产业合作。推进农业优良品种和技术研发、实用技术推广、农产品深加工和共建海上渔业走廊等重点领域的农业合作；创新能源合作思路，共同开发太阳能、风能、潮汐能和木薯酒精、棕榈柴油等生物质能源及利用技术；构建泛北部湾旅游大通道和旅游网络，合作开发精品旅游项目和旅游线路，建立区域旅游多边和双边联合营销机制，促进旅游出入境便利化。

积极探索金融合作。加强金融基础设施建设，共同建立区域内信用平台和融资平台，积极探索形成泛北部湾区域银行联合体的形式，条件成熟时尝试联合建立银联体项目库。积极推动各大银行实现海内外分行联动，为区域内客户提供国际结算、贸易融资、现金管理、项目融资、投资银行等金融服务。吸引和鼓励国际金融组织参与泛北部湾开发。

专栏9　重点国际区域合作

——大湄公河次区域经济合作。1992年由亚洲开发银行发起，涉及澜沧江—湄公河流域内的中国、越南、缅甸、老挝、柬埔寨、泰国6个国家，旨在通过加强各成员国之间的经济联系，消除贫困，促进次区域经济社会发展。

——中越“两廊一圈”合作。“两廊”是指昆明—老街—河内—海防和南宁—谅山—河内—海防两条经济走廊；“一圈”是指环北部湾经济圈。

——泛北部湾经济合作。泛北部湾经济合作涉及中国和东盟国家中的文莱、印尼、马来西亚、菲律宾、新加坡、越南等国家，旨在发挥北部湾的区位优势，促进环北部湾和南海沿岸国家和地区间的合作。

——南宁—新加坡经济走廊。以南宁－河内－金边－曼谷－吉隆坡－新加坡铁路和高等级公路为依托形成的通道经济走廊。

第三节　国内合作

全面加强国内区域合作，积极参与泛珠三角区域经济合作，主动承接粤港澳产业、资金、技术转移和辐射，成为加工贸易产业转移的主要承接地，加强与粤湘黔滇周边省交通、物流、旅游、能源资源开发、环境保护合作。依托西南出海大通道，进一步扩大与西南地区的经济协作，推动形成联系紧密、带动力强的南(宁)贵(阳)昆(明)城市带。加强与长三角、环渤海地区经济合作，吸引资金、技术、管理和人才。深化桂台经贸合作，建设海峡两岸(玉林)农业合作试验区。

第九章　保障措施

要加强政府的指导和调控，充分发挥市场配置资源的基础性作用，建立和完善促进开放合作的体制机制，通过自身努力与国家支持相结合，确保实现本规划确定的各项战略目标。

第一节　体制机制创新

推进行政管理体制、市场体系、土地管理制度等综合配套改革，大胆试验，开拓创新，为北部湾经济区发展提供强大动力和体制保障。加快转变政府职能，理顺关系，优化结构，提高效能，形成权责一致、分工合理、决策科学、执行顺畅、监督有力的行政管理体制，建设服务型政府。完善行政区划设置，创新经济区管理模式。深化投融资体制改革，积极探索组建新的投融资平台。建立统筹城乡基础设施规划、建设、运营和管理机制。加快农村金融改革发展，加大政府对农村金融的扶持力度，着力推进农村金融服务体系建设，努力提高农村金融创新能力和服务水平。加强人口综合管理制度改革。把改革户籍管理制度与完善城乡土地管理制度相配套，在国家批准的范围内实行城市建设用地规模扩大与农村建设用地减少相挂钩的改革试点，并与农村人口转化为城市人口的规模相适应。加大港口资源整合力度，促进港口建设、经营和管理一体化。

第二节　开放合作机制

继续办好每年一届的中国—东盟博览会和中国—东盟商务与投资峰会，深化共办共赢机制，逐步成为中国与东盟互利共赢、合作发展的平台。充分发挥泛北部湾经济合作论坛作用，搭建政府、学术机构和企业开放式研究、交流和沟通的桥梁。建立泛北部湾经济合作跨国专家小组，联合研究和制定合作发展规划，探索建立泛北部湾经济合作新机制。积极探索国内区域合作务实的新机制。

第三节　人力资源开发

优化人才开发体制环境，建立健全吸引、留住、用好人才的机制。培育建立统一开放的人力资源市场。加强高层次人才开发，重点培养德才兼备、具有战略眼光的中高级党政领导干部，擅长经营、具有市场开拓能力的优秀企业家，勇于创新的高级科技人才。依托高等院校、科研院所和大中型企业，以重大科研项目为载体，加快建立创新型人才培养基地。加大对农业高技能人才和农村实用人才的培养力度。创新人才引进机制。实行引进资金、项目与引进技术、人才相结合，充分利用外部人才资源。对引进的各类急需人才，给予必要政策支持。鼓励海外留学人员自主创业。鼓励和支持设立不同层次、形式多样的人才开发资金渠道。对有突出贡献的人才进行表彰奖励。完善中央国家机关、东中部地区与北部湾经济区干部交流培训机制。

第四节　国家支持政策

国家在有关规划、重大项目布局及项目审批、核准、备案等方面，给予北部湾经济区必要的支持，鼓励东部地区带动和帮助北部湾经济区发展；支持北部湾经济区在符合条件的地区设立保税港区、综合保税区和保税物流中心，拓展出口加工区保税物流功能；支持在北部湾地区设立地方性银行，探索设立产业投资基金和创业投资企业，扩大企业债券发行规模，支持符合条件的企业发行企业债券；支持北部湾经济区发挥开放合作示范作用，推动泛北部湾经济合作成为中国—东盟合作框架下新的次区域合作，加强交通运输、海洋产业、农林渔业、能源开发、跨国旅游、生态环保等重点合作领域规划编制，加快实施合作项目。

第五节　组织实施

国务院有关部门要加强对北部湾经济区发展的指导和协调。广西壮族自治区人民政府要切实加强组织领导，完善规划实施措施，要依据本规划调整相关城市规划、土地利用规划、环境保护规划、海洋功能区划和能源、交通等专项规划，并严格按照规划确定的功能定位、空间布局和发展重点，选择和安排建设项目。

建立健全规划实施监督和评估机制，监督和评估规划的实施和落实情况，协调推进并保障本规划的贯彻落实。在规划实施过程中，适时组织开展对规划实施情况的评估，并根据评估结果决定是否对规划进行修编。

完善社会参与和监督机制。拓宽公众参与渠道，通过法定的程序使公众能够参与和监督规划的实施。同时，推动企业、民间开展全方位、多层次的联合协作，引导社会力量参与规划实施和区域经济合作。

参考文献

[1] 中国共产党第十一届中央委员会第三次全体会议公报[R]. 中共中央文献研究室．三中全会以来重要文献汇编(上)[M]. 北京:人民出版社,1982.

[2] 广西壮族自治区党委、人民政府．崛起的壮乡——新中国五十年(广西卷)[M]. 北京:中国统计出版社,1999.

[3] 中共北海市委员会．广西的改革开放·北海卷[M]. 北京:中央文献出版社,2000.

[4] 广西壮族自治区外经贸厅．广西的改革开放· 外经贸卷[M]. 北京:中央文献出版社,2000.

[5] 廖新华．崛起的壮乡——新中国五十年(广西卷· 资料篇)[M]. 北京:中国统计出版社,1999.

[6] 邓小平．邓小平文选(第三卷)[M]. 北京:人民出版社,1993.

[7] 中共广西壮族自治区委员党史研究室．中共广西地方党史大事记(1949 年 12 月— 1999 年 12 月)[M]. 南宁:广西人民出版社, 2001.

[8] 中共防城港市委员会党史研究室,防城港市人民政府地方志办公室．防城港区八年史料汇编(1985 — 1993)[M]. 南宁:广西人民出版社,1997.

[9] 当代广西丛书,当代广西北海市编委会．当代广西北海市[M]. 南宁:广西人民出版社,1999.

[10] 中共防城港市党史研究室．防城港区八年史料汇编(1985－1993)[M]. 南宁:广西人民出版社,1997.

[11] 广西壮族自治区人民政府．广西年鉴 1988[M]. 南宁:广西年鉴社,1988.

[12] 广西年鉴编辑部．广西年鉴 1993[M]. 广西:广西年鉴编辑部,1993－8.

[13] 广西壮族自治区委员会党史研究室．广西的改革开放·发展计划卷[M]. 北京:中央文献出版社,2000－9.

[14] 广西壮族自治区委员会党史研究室．广西的改革开放·发展计划卷[M]. 北京:中央文献出版社,2000－9.

[15] 广西年鉴 1992[M]. 广西:广西年鉴编辑部,1992.

[16] 广西壮族自治区政策研究室．开放的广西[M]. 广西:广西教育出版社,1990.

[17] 廖德全．亲切关怀巨大鼓舞．庆祝北海进一步对外开放二十周年画册(1984－2004)[M]. 北海:北海市新闻出版印务中心．

[18] 广西年鉴编辑部．广西年鉴 1990[M]. 广西:广西年鉴编辑部．

[19] 廖新华．崛起的壮乡——新中国五十年(广西卷·资料篇)[M]. 北京:中国统计出版社,1999.

[20] 马克思．资本论[M]. 北京:人民教育出版社．

[21] 萨缪尔森,诺德豪斯．经济学[M]. 萧琛,译．北京:人民邮电出版社,2004.

[22] 周小川．我国金融形势和金融市场的发展[N]. 金融时报．2004－7－15.

[23] 西部速度[M]. 武汉:武汉出版社,2011.

[24] 中国商会商务运作[M]. 北京:中国经济出版,2011.